KI in der digitalisierten Medienwirtschaft

Christoph Zydorek
Hrsg.

KI in der digitalisierten Medienwirtschaft

Fallbeispiele und Anwendungen von Algorithmen

Hrsg.
Christoph Zydorek
Fakultät Digitale Medien
Hochschule Furtwangen
Furtwangen, Deutschland

ISBN 978-3-658-37403-7   ISBN 978-3-658-37404-4 (eBook)
https://doi.org/10.1007/978-3-658-37404-4

Die Deutsche Nationalbibliothek verzeichnet diese Publikation in der Deutschen Nationalbibliografie; detaillierte bibliografische Daten sind im Internet über http://dnb.d-nb.de abrufbar.

Springer Gabler
© Der/die Herausgeber bzw. der/die Autor(en), exklusiv lizenziert an Springer Fachmedien Wiesbaden GmbH, ein Teil von Springer Nature 2022
Das Werk einschließlich aller seiner Teile ist urheberrechtlich geschützt. Jede Verwertung, die nicht ausdrücklich vom Urheberrechtsgesetz zugelassen ist, bedarf der vorherigen Zustimmung des Verlags. Das gilt insbesondere für Vervielfältigungen, Bearbeitungen, Übersetzungen, Mikroverfilmungen und die Einspeicherung und Verarbeitung in elektronischen Systemen.
Die Wiedergabe von allgemein beschreibenden Bezeichnungen, Marken, Unternehmensnamen etc. in diesem Werk bedeutet nicht, dass diese frei durch jedermann benutzt werden dürfen. Die Berechtigung zur Benutzung unterliegt, auch ohne gesonderten Hinweis hierzu, den Regeln des Markenrechts. Die Rechte des jeweiligen Zeicheninhabers sind zu beachten.
Der Verlag, die Autoren und die Herausgeber gehen davon aus, dass die Angaben und Informationen in diesem Werk zum Zeitpunkt der Veröffentlichung vollständig und korrekt sind. Weder der Verlag, noch die Autoren oder die Herausgeber übernehmen, ausdrücklich oder implizit, Gewähr für den Inhalt des Werkes, etwaige Fehler oder Äußerungen. Der Verlag bleibt im Hinblick auf geografische Zuordnungen und Gebietsbezeichnungen in veröffentlichten Karten und Institutionsadressen neutral.

Planung/Lektorat: Carina Reibold
Springer Gabler ist ein Imprint der eingetragenen Gesellschaft Springer Fachmedien Wiesbaden GmbH und ist ein Teil von Springer Nature.
Die Anschrift der Gesellschaft ist: Abraham-Lincoln-Str. 46, 65189 Wiesbaden, Germany

Für Katja und die vier

Inhaltsverzeichnis

1 **Algorithmisierung des Medienmanagements revisited**............. 1
   Christoph Zydorek

2 **Disneys algorithmische Produktion von Animationen aus Drehbüchern als Umgestaltung der Vorproduktionsphase bei Filmmedienunternehmen**.................................. 29
   Louis Trouillier und Christoph Zydorek

3 **Algorithmisch automatisierte Artwork Generation im Netflix Empfehlungssystem**.. 57
   Markus Sasalovici

4 **Medienökonomische Bezugsprobleme der Wertschöpfungsstufe der Initiierung und Produktion am Beispiel des Algorithmus SciFiQ**... 87
   Luna Naima Mohr

5 **Procedural Content Generation durch Algorithmen bei Games**.....111
   Maximilian Glassner und Moritz Rehm

6 **Algorithmic Music Generation**...............................133
   Kerstin Buck und Christoph Zydorek

7 **Automatic Scenario Building System bei Mangas**................167
   Riem Yasin

Algorithmisierung des Medienmanagements revisited

Christoph Zydorek

Die Medienwirtschaft und das Medienmanagement sind heutzutage in einem solchen Umfang von technischen Veränderungen betroffen, dass es erforderlich wird, die Automatisierung derjenigen Tätigkeiten genauer in den Blick zu nehmen, die früher als nicht durchgreifend technisch rationalisierbar erschienen (vgl. Rimscha und Siegert 2015, S. 160 f.). Diese Tätigkeiten wurden als zu komplex, zu kreativ, zu intellektuell, zu intuitiv oder nur kognitiv flexibel bewältigbar eingeschätzt, um sie technisch zu substituieren, entlang der nachfolgend zitierten Vorstellung: „Kreative Arbeit kann nur begrenzt systematisiert und in festgelegte Prozesse gegossen werden." (Rimscha und Siegert 2015, S. 161). Der Kultursektor und der Mediensektor galten deshalb als Sektoren, die sich bei entsprechenden Wertschöpfungstätigkeiten durch eine gewisse Resistenz gegen die völlige ökonomische Durchrationalisierung auszeichneten (vgl. Kiefer und Steininger 2014, S. 173 ff.), vor allem bei Content-Konzeptions- (z. B. Ideenentwicklung für Bücher), Content-Produktions- (z. B. Musikkomposition) und Content-Bündelungsprozessen (z. B. Programmgestaltung im Rundfunk). Mit dieser Ökonomisierungsresistenz waren aber auch immer die Fragen verbunden,

- ob die Medien und der allgemeine Kultursektor aufgrund dieser Tatsache in produktiver Hinsicht dauerhaft hinter andere gesellschaftliche Sektoren zurückfallen könnten,
- ob sie nicht hinreichend attraktiv für finanzielle Investitionen seien und

---

C. Zydorek (✉)
Fakultät Digitale Medien, Hochschule Furtwangen, Furtwangen, Deutschland
E-Mail: zyd@hs-furtwangen.de

© Der/die Autor(en), exklusiv lizenziert an Springer Fachmedien
Wiesbaden GmbH, ein Teil von Springer Nature 2022
C. Zydorek (Hrsg.), *KI in der digitalisierten Medienwirtschaft*,
https://doi.org/10.1007/978-3-658-37404-4_1

- ob sie auf mittlere Frist nicht mehr attraktiv für Menschen mit Interesse an finanziell gesicherten Arbeitsverhältnissen sein würden.

In den letzten Jahren finden sich in der akademischen Literatur vermehrt Aufzählungen, bei welchen Content-Wertschöpfungsvorgängen sich die Unterstellung einer Nichtrationalisierbarkeit kreativ-intellektueller Produktion von Medieninhalten heute nicht mehr halten lässt (vgl. Zydorek 2018, zuletzt Saurwein 2022), Nachrichtenmedien berichten z. B. gerne über den neu aufgetauchten alten Meister, der Algorithmen-gestützt gemalt wurde (Guardian 2016), den computergenerierten virtuellen Influencer (T3N 2019), das KI-generierte nie endende Death-Metal-Konzert (Der Standard 2019) und die Ununterscheidbarkeit algorithmisch generierter von menschlich verfassten Nachrichten (New York Times 2015).

Deshalb wird allgemein gefolgert, dass der Medien- und Internetsektor heutzutage, auf der Basis der anwachsenden Bedeutung interaktiver Medienanwendungen (vgl. Zydorek 2018, S. 43 ff., 50 ff.), von der Durchdringung mit Algorithmen in einem großen Ausmaß betroffen ist.

Aus allgemeiner kommunikationswissenschaftlicher Perspektive werden die daraus resultierenden *Veränderungen der öffentlichen Kommunikation* untersucht (vgl. z. B. Gillespie 2014; Hagen et al. 2017; Stark und Margin 2019; Schweiger et al. 2019). Dagegen analysiert die Medienökonomik die *Veränderungen von Medienfinanzierung und Erlösmodellen, von Marktstrukturen, Geschäftsmodellen* im Mediensektor sowie sogar die *Verschiebung der Grenzen zwischen den traditionellen Mediengattungen* (vgl. unten).

Die Idee, eine *systematische medienökonomische Untersuchung* dieser Prozesse und Phänomene durchzuführen, ist aus Sicht der Medienwirtschafts- und Medienmanagementlehre naheliegend. Deswegen hatte ich im Jahr 2015 begonnen, mich mit einem der klassischen Systematisierungskonzepte der Managementlehre, dem *Wertschöpfungskettenkonzept* Michael Porters (2000, vgl. Zydorek 2018, S. 46 ff.), diesen Veränderungen zu nähern. Dies geschah vor dem Hintergrund der nicht neuen Erkenntnis, dass die Medienökonomie vor allem dann Veränderungen an ihrer Wertschöpfung erfährt, wenn sich dadurch ihre wirtschaftliche Effizienz steigern lässt. Dabei setzte ich am Medienökonomen Heinrich (2001, S. 161 f.) an, der die unternehmerische Kosten-Nutzen-Analyse und – daraus resultierend – die Anstrengungen der Medienunternehmen benannte, „... die *allokative Effizienz* zu steigern, also durch Produktinnovationen die Produktqualität immer mehr den Konsumentenpräferenzen anzupassen und/oder ... die sogenannte *produktive Effizienz* zu steigern, also durch Prozessinnovationen einschließlich betrieblicher Reorganisationen eine effizientere Produktionsweise zu erreichen ..." (Heinrich 2001, S. 161 f., Hervorhebungen C. Z.).

1 Algorithmisierung des Medienmanagements revisited

An diesen Grundorientierungen hat sich seitdem nichts verändert: „Soweit Massenmedien Wirtschaftsgüter sind, sind sie in das Teilsystem der Wirtschaft und in sein Zielsystem eingebunden und haben damit, wie jedes Teilsystem der Wirtschaft, das ökonomische Ziel der optimalen Allokation der Ressourcen. Dies bedeutet, Güter und Dienstleistungen so kostengünstig wie möglich und so weit wie möglich entsprechend nach den Wünschen der Nachfrager zu produzieren." (Heinrich 2020, S. 149)

Zusätzlich zu dieser Basisthese wurde in meinem im Jahr 2018 publizierten Buch zum Einsatz von Algorithmen in der Medienökonomie (Zydorek 2018) die Idee verfolgt, dass bestimmte wirtschaftliche Grundtatbestände des Medienbereichs eben eine solche ökonomische Durchrationalisierung erschweren. Ich hatte sie *medienökonomische Bezugsprobleme* genannt und in verschiedenen Kapiteln die jeweiligen *Hauptproblembereiche für jede der Wertschöpfungsstufen* des Medienbereichs, also der Initiierung/Konzeption, Inhalteproduktion und -Beschaffung, der Bündelung und schließlich der Distribution der Inhalte dargelegt und an jeweils einem ausführlichen Beispiel aufgezeigt.

So war anhand der dort diskutierten Beispiele nachvollziehbar geworden, auf welche Weise Algorithmen in verschiedenen Unterbranchen des Mediensektors dauerhafte *Kostenspareffekte* bewirken konnten.

Gut zu erkennen war anhand dieser Beispiele auch die oben zitierte *Anpassung der ausgelieferten Medieninhalte an die Konsumentenpräferenzen*, z. B. anhand der *Personalisierungsgewinne* für den Rezipienten, die im Bereich des Streamings von Audio- und Videoinhalten durch Empfehlungssysteme erreicht werden konnten (Zydorek 2018, S. 131 ff.).

Auf Basis der *Medieninteraktivität* und der dadurch möglichen Sammlung von Nutzungs- und Nutzerdaten wurde es im Gegensatz zu den klassischen massenmedialen Rundfunkanwendungen bei Video- und Audioanwendungen möglich, *jeden Rezipienten mit seinem eigenen Programm* zu erreichen, was dann folgelogisch (aber nicht allein durch diesen Faktor begründet[1]) zu massiven Veränderungen der Nutzungsmuster, mittlerweile nicht nur bei der jüngeren Generation, geführt hat (vgl. Frees et al. 2019, S. 317).

Daneben wurden in dem oben genannten Buch auch

---

[1] Es werden auch weitere Faktoren wie Werbe- und Unterbrechungsfreiheit sowie Zeitsouveränität genannt.

- die *Risikominderung medienökonomischer Investitionen* durch eine verbesserte ex-ante-Kalkulation der Gewinnerwartung in der Initiierungsphase der Produktion von Mediencontent besprochen (Zydorek 2018, S. 69–86),[2]
- die Möglichkeiten der zusätzlichen Produktion und Vermarktung von *Long-Tail-Content* durch algorithmische Contentproduktion, also die Möglichkeit einer *massiven Ausweitung des Publikums von Medienunternehmen* (Zydorek 2018, S. 87–104) sowie auch
- die *Anpassung der Präsentation von Medieninhalten*. In dem dort besprochenen Fall waren es Nachrichteninhalte, die an die Mediennutzungsgewohnheiten junger Zielpublika durch sogenannte Conversational Newsbots, „… automated social actors … interacting with users or content in various ways" (Lokot und Diakopoulos 2015, S. 2) angepasst wurden.

Es war aufgrund der dort diskutierten Beispiele deutlich geworden, dass in einer systematischen Untersuchung der Algorithmisierung der Medienwirtschaft sinnvoller Weise eine dritte Untersuchungsdimension neben der Wertschöpfungskette und den Bezugsproblemen zu berücksichtigen sein würde, da davon auszugehen war, dass sich Unterschiede der Bezugsprobleme in den verschiedenen Wertschöpfungsstufen bei den einzelnen *Subsektoren, Mediengattungen oder Medienproduktwelten* (vgl. Zydorek 2022) des Sektors ergeben würden. Als Untersuchungsraster wurde also – eher implizit – eine dreidimensionale Untersuchungsmatrix angelegt, die durch die Dimensionen

- medienökonomisches Bezugsproblem,
- Medienproduktwelt und
- Wertschöpfungsstufe

aufgespannt wurde (vgl. Abb. 1.1). Innerhalb dieser Matrix kann man nun differenzierter die verschiedenen medienökonomischen Phänomene verorten und diskutieren, die mit dem Einsatz von Algorithmen an den verschiedenen Wertschöpfungsorten zutage treten. Dies wurde damals nur in Form von Schlaglichtern an Beispielen für jede Wertschöpfungsstufe anhand der Text- und Nachrichtenproduktion bzw. -distribution sowie dem Videostreaming vorgenommen.

Das Buch, das Sie in Ihren Händen halten oder auf Ihrem Screen lesen, setzt vom Prinzip her an dieser Idee an, indem die Autoren aus Sicht des Jahres 2021

---

[2] Diese Diskussion ist seit einigen Jahren besonders bei den sogenannten Predictive Movie Analytics intensiviert worden, wo sich mittlerweile eine ganze Anzahl von Firmen betätigen vgl. dazu den Beitrag von Trouillier und Zydorek, Kap. 2.

1 Algorithmisierung des Medienmanagements revisited

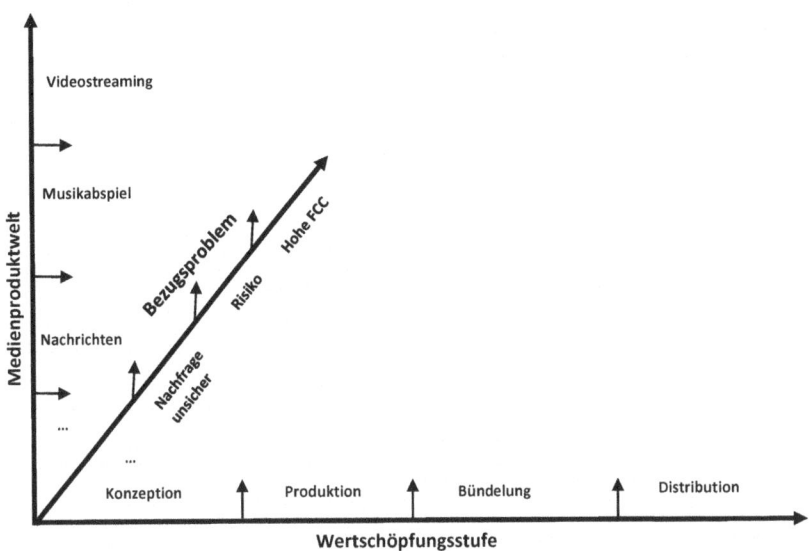

Abb. 1.1 Analysedimensionen der Algorithmisierung der Medienökonomie

Aufsätze beisteuern, die sich mit spezifischen Wertschöpfungsaktivitäten innerhalb verschiedener Medienproduktwelten, wie Filmproduktion, Streaming-Dienstleistungen, Schreibprozesse bei der Buchproduktion, Produktion von Spielewelten, Popmusikkomposition und Produktion von Mangas auseinandersetzen und dort analysieren, *was* hier *warum* im Bereich der Algorithmen passiert ist, was gegenwärtig passiert und was unter Umständen passieren wird. Jeder der enthaltenen Aufsätze ist also in der oben genannten Untersuchungsmatrix bei einer oder mehreren Wertschöpfungsstufen einer Medienproduktwelt, mit den diesen Beispielen spezifischen ökonomischen Bezugsproblemen verortet und bespricht mindestens einen algorithmischen Lösungsansatz für diese Probleme.

Louis Troullier und Christoph Zydorek – Disneys algorithmische Produktion von Animationen aus Drehbüchern
Louis Troullier und Christoph Zydorek befassen sich mit einem Forschungsprojekt der Walt Disney Research Studios, das in der ersten Wertschöpfungsphase der Produktion von Animationsfilmen verortet ist, der *Initiierungs-, Konzeptions- und Vorproduktionsphase der Filmmedienbranche*. Hierbei werden Filmdrehbücher durch Text-zu-Animations-Algorithmen in Storyboards und Animationen übersetzt, die die in den jeweiligen Projekten notwendigen Vorvisualisierungen des späteren

Endproduktes darstellen und für den Herstellungsprozess unabdingbar sind. Die beiden Autoren setzen in ihrer Diskussion an den typischen ökonomischen Herausforderungen der Filmproduktion (hohe unteilbare First Copy Costs, großes Investitionsrisiko) an und fragen danach, welche Auswirkungen der künftige Einsatz dieser Algorithmen für die Wertschöpfung in diesem Bereich haben könnte.

Dabei unterscheidet sich dieser Ansatz insofern von der in Zydorek (2018, S. 69–86) geführten Diskussion, als es dort um die *ökonomisch veranlasste Initiierung* von Wertschöpfungsvorgängen in Medienunternehmen vor dem Hintergrund einer *ex-ante-Abschätzung des ökonomischen Erfolgs eines Medienproduktes* ging, während das in Kap. 2 nachfolgende Beispiel des Algorithmen-Einsatzes sich auf *wirtschaftliche Rationalisierungspotenziale in Medienkonzeptionsprozessen* bezieht. Es lässt sich also erkennen, dass Medienunternehmen auf mehreren Ebenen an den ökonomischen Bezugsproblemen der ersten Wertschöpfungsphase der Medienwirtschaft operieren:

Einerseits mit der *Kalkulation von Erfolgswahrscheinlichkeiten* von Medienprodukten. Hiermit setzt man am Umstand an, dass Medienprodukte ein hohes wirtschaftliches Produktionsrisiko haben und man deshalb nur (möglichst) profitable Produkte überhaupt herstellen will. Deshalb wird das *greenlighting* für diese Produktionsprozesse nicht mehr – wie früher – von der Bewertungsexpertise hinreichend mit den Besonderheiten des jeweiligen Mediensubsektors vertrauten Produzenten abhängig macht. Vielmehr orientiert man sich nun an der Prognose von Erfolg über die datengestützte Analyse von Vergangenheitsdaten und deren Ähnlichkeiten zu den zu bewertenden Projekten.

Andererseits setzt man – wie in dem in diesem Buch diskutierten Beispiel – an *Kostenersparnis- und Qualitätsgewinnpotenzialen* an. Diese sind durch die *Automatisierung kreativer Arbeit,* die durch Einsatz von Algorithmen erzielbare *Zeitersparnis im Produktionsprozess*, durch die *Steigerung des Mengenoutputs an Content* sowie durch eine *Steigerung der Qualität des Outputs* über standardisierte Qualitäts- und Mangelüberprüfung erreichbar, sowie über die für diese Prüfung nun geschaffenen zeitlichen Spielräume.

Und drittens, so wird in dem Aufsatz unter losem Bezug zu markt- und ressourcenbasierten Managementansätzen diskutiert, kann man die Algorithmen als Ressourcen oder Kernressourcen im Wettbewerb mit den Konkurrenzanbietern dann einsetzen, wenn sie eine entscheidende Verbesserung des Kundenwerts (customer value) ermöglichen, indem sie Differenzierungspotenziale bergen, die in der Digitalen Wirtschaft und der Medienwirtschaft in einer Reihe von verschiedenen Dimensionen zu finden sind, etwa bei der *Personalisierung des Contentangebots* (Personalisierungsführer durch Empfehlungsalgorithmen), bei der Überlegenheit der *Passgenauigkeit von Matchmakingfunktionen* in jeder Art von Marktplätzen (Interaktions- oder Koordinationsführer bei Partnerbörsen, Handelsplattformen etc.), durch möglichst vollständige und unter Qualitäts-und Relevanzgesichtspunkten *überlegene Informationsaggregation* (z. B. Informationsführer im Bereich von Newsletter-, Clipping-, Archiv- und Datenbankdiensten). Dazu werde ich weiter unten im Kapitel noch Weiteres ausführen.

In Abgrenzung zu Zydorek 2018 kann man also Folgendes tabellarisch gegenüberstellen (vgl. Tab. 1.1):

Markus Sasalovici – Algorithmisch automatisierte Artwork Generation und Ausspielung im Netflix Empfehlungssystem
Markus Sasalovici untersucht die Wertsteigerungspotenziale, die beim Streamingdienstleister Netflix in der *Personalisierung des Contents von Empfehlungen* stecken. Ausgehend von der Idee, dass nicht die Videoempfehlung alleine, sondern auch die textlichen und visuellen *Inhalte der Empfehlungs-Dienstleistung selbst* personalisiert werden können, exploriert er die automatisierte Artwork Generation und die kundenbezogene Ausspielung in der Empfehlung bei Netflix. Die Thumbnails, die Netflix jedem Kunden in seinen Empfehlungen ausspielt, werden automatisch generiert und dabei auf den Kunden hin personalisiert. Dabei soll der Rezipient darin unterstützt werden, für ihn möglichst die am besten geeigneten und relevantesten Inhalte zu finden und auszuwählen. Man kann diese Form der Unterstützung als *Mittel der individuellen Informationstransparenzsteigerung des Rezipienten bei der Videoauswahl* interpretieren wie auch als ein Mittel, *eine Überforderung des Rezipienten bei Content-Auswahlprozessen* zu verhindern. Informationsökonomisch betrachtet, kann man davon sprechen, dass Videos als Erfahrungsgüter schlecht vor dem Konsum hinsichtlich ihrer Qualität und Eigenschaften als bedürfnisbefriedigende Güter eingeschätzt werden können und sich deswegen eine konkrete Videoselektion durch den Rezipienten im Nachhinein als eine *falsche* Entscheidung erweisen kann, wenn das Video nicht die erwarteten (bedürfnisbefriedigenden) Eigenschaften hat. Der Rezipient ist dann unzufrieden mit dem Produkt und dessen Anbieter Netflix.

In jedem Fall ist er nach einer relativ genau bestimmbaren Zeitspanne der erfolglosen Suche, ca. 60–90 Sekunden, genervt und wählt irgendetwas aus, bricht die Suche ganz ab und tut etwas anderes (vgl. Gomes-Uribe und Hunt 2015, S. 13.2). Beides hat, wie Netflix klar erkannt hat, negative Folgen für zukünftige Auswahlprozesse, die Kundenzufriedenheit oder sogar das Kundenverhältnis zwischen dem Rezipienten und dem Medienunternehmen.

Tab. 1.1 Beispiel zur Initiierungsphase in Zydorek 2018 und in diesem Buch

	Fallbeispiel in Zydorek (2018)	Das hier diskutierte Fallbeispiel
Handlungsproblem	Kommerzielles Risiko aufgrund hoher First Copy Costs des Contents vor seiner Vermarktung im Zuge der Individualisierung des Konsums sich verkleinernder Publika bedingt ein Entscheidungsproblem des Herstellers	Kommerzielles Risiko aufgrund hoher ex ante- First Copy Costs des Contents vor der Vermarktung
Ökonomische Kernfragen	Bewältigung des Produktionsrisikos bei Mediengütern – Was kann/sollte aus ökonomischer Sicht produziert werden? Ist ein Return on Investment zu erwarten?	Senkung der FC Production Costs durch Kostensenkung für Präproduktionsprozesse durch Automatisierung, Verkürzung der Konzeptionsprozesses durch Zeitgewinn in der Präproduktion, Ersetzung von projektspezifischen Kosten durch Einmalinvestition in einen Algorithmus, Aufhebung von Kostenbeschränkungen für Testumsetzungen von Projekten, Standardisierung und Steuerbarkeit kreativer Prozesse
Beispiel im jeweiligen Buch	Demad Driven Content Production, Predictive Analytics	Algorithmisch automatisierte Animationsproduktion aus Drehbüchern
Unternehmensbeispiel	Demand Media/Leaf Group	Walt Disney/Disney Research Studios

(Fortsetzung)

Tab. 1.1 (Fortsetzung)

	Fallbeispiel in Zydorek (2018)	Das hier diskutierte Fallbeispiel
Lösungsansatz	Genaue Ex-ante-Kalkulation des Return on Investment (Search Lifetime Value vs. Kosten der Produktion und Distribution) – Nur ökonomisch erfolgreiche Produkte werden hergestellt bzw. erfolgversprechend gestaltet → Steigerung der allokativen Effizienz durch algorithmische Installation einer ökonomisch-kalkulatorischen Logik, zusätzlich Steigerung der produktiven Effizienz durch Senkung der Produktions- und Transaktionskosten	Kostenersparnis- und Qualitätsgewinnpotenziale durch die Automatisierung kreativer Arbeit, Zeitersparnis im Produktionsprozess, Steigerung des Mengenoutputs an Content, Steigerung der Qualität des Outputs
Algorithmenbezug	Algorithmische Verarbeitung von Web-Anfragen/ Werbedaten und Generierung einer eindeutigen Entscheidung pro/contra Produktion von Content auf Basis einer zuverlässigen Erfolgskalkulation (greenlighting)	Algorithmische Text-zu-Animation-Verarbeitung von Drehbuchcontent zu Storyboards und Animationen

Vor dem Hintergrund der Annahme, dass die Vielfalt der Wahloptionen innerhalb des eigenen Angebots und der diversen Konkurrenzangebote (Amazon Prime Video, Disney+, Apple TV, Sky, Joyn, in den USA HBO Max) für den Rezipienten ein *Entscheidungsproblem* darstellt, kann man davon ausgehen, dass durch eine gute und transparente Entscheidungsunterstützung durch sogenannte *evidence-items* (Thumbnail, Kurzbeschreibung, Darsteller, Auszeichnungen und Preise des Films, match-score Rating, Genreinformationen) ein Personalisierungs- oder Empfehlungsgewinn für Netflix generiert werden kann. Dieser Empfehlungsgewinn kann die Viewtime des einzelnen Kunden, seine Kundenzufriedenheit und damit zusammenhängend die Kundenloyalität befördern und damit eine Abwanderung einmal gewonnener Abonnenten hemmen. Aufgrund der qualitativen Gleichwertigkeit automatisiert erstellter Thumbnails zu durch externe Agenturen erstellten Thumbnails erscheint eine mittelfristige Ersetzung externer Leistungen durch intern automatisiert generierter Thumbnails möglich (vgl. Tab. 1.2).

Tab. 1.2 Beispiel zur Bündelungsphase in Zydorek 2018 und in diesem Buch

	Fallbeispiel in Zydorek (2018)	Das hier diskutierte Fallbeispiel
Handlungsproblem	Inflationäres Wachstum des Medienangebots, Fragmentierung des Publikums, schrumpfende Reichweite für ein bestimmtes Contentangebot, Problem der Erzeugung von hinreichender Aufmerksamkeit von Rezipienten bzw. Reichweite	Zunehmende Konkurrenz bei Video-Streaminganbietern, stark wachsendes Inhalteangebot verschiedener Anbieter, Problem der Erzeugung von hinreichender Aufmerksamkeit von Rezipienten bzw. Reichweite des eigenen Angebots, Entscheidungsprobleme und Überforderung des Rezipienten durch Optionenvielfalt und unklare Produktcharakteristika in Bezug auf ihre bedürfnisbefriedigenden Eigenschaften in der konkreten Nutzungssituation
Ökonomische Kernfragen	Erstellung eines individuell optimalen (subjektiven) Nutzenerlebnisses aus den verfügbaren Anbieterinhalten, Wie steigert man die Publikumsattraktivität und Kundenbindung?	Kundenbindung durch Verbesserung der Kundenzufriedenheit über eine Steigerung der ex-ante Informationstransparenz bei der Güterauswahl von Videos bei Unkenntnis des Anbieters über die kontextbezogenen individuellen Nutzerinteressen, bessere Optionenwahl des Rezipienten -> Kundenzufriedenheit durch Personalisierungsgewinn im Auswahlprozess
Beispiel im jeweiligen Buch	Algorithmische Personalisierung von Videoempfehlungen	Personalisierte Artwork Generation – Algorithmisch personalisierte und kontextualisierte Ausspielung von die Produktauswahl optimierenden Produktinformationen, Evidence-Items
Unternehmensbeispiel	Netflix	Netflix

(Fortsetzung)

Tab. 1.2 (Fortsetzung)

	Fallbeispiel in Zydorek (2018)	Das hier diskutierte Fallbeispiel
Algorithmenbezug	Realtime-Verarbeitung von Nutzungsdaten und Individualisiertes situationsspezifisches Leistungsangebot auf Basis eines Sets von Empfehlungsalgorithmen	Algorithmische Erzeugung von Thumbnails, Kontextbasierte individuelle Antizipation und Voraussage der Kundenaktionen in Content-Selektionsprozessen

Luna Mohr – Algorithmische Initiierung und Produktion von Science-Fiction-Büchern

Werke in Kunst und Musik, die denen bestimmter Künstler oder Musikbands ähneln, werden schon seit längerer Zeit in der Öffentlichkeit diskutiert. Die automatische Generierung von Gebrauchstexten in Wirtschaft und Nachrichtenwesen, dort Automated Content Creation und Algorithmic Journalism genannt, ist mittlerweile zum alltäglichen Standard geworden (vgl. Zydorek 2018, S. 102 ff.). Luna Mohr widmet sich in ihrem Beitrag dem experimentellen Algorithmus ScFiQ, der Autoren ermöglichen soll, ein Science-Fiction-Buch zu schreiben, das nach bestimmen thematischen und stilistischen Regeln verfasst ist, die anhand computergestützter Textanalyse mit einem im entsprechenden Projekt selbst entwickelten Tool aus einer großen Anzahl von Vergleichswerken extrahiert wurden und als Grundlage eines *topic modeling* und eines *content modeling* dienten. Es wurden 400 Themen und 14 thematische Regeln sowie 24 stilistische Regeln formuliert. Nachdem der Autor der Geschichte den Plot anhand der inhaltlichen Regeln entwickelt hatte, wurde der eigentliche Schreibprozess in einem bestimmten Browserfenster überwacht und gesteuert, indem Abweichungen von den gesetzten stilistischen Regeln markiert wurden, damit der Text sofort entsprechend angepasst werden konnte. Luna Mohr führt an konkreten Beispielen diese automatisierte Steuerung der Einhaltung von Regeln im Schreibprozess vor und macht deutlich, dass diese algorithmische Unterstützung von Schreibprozessen vom betreffenden Autor als Einschränkung seiner kreativen Entfaltung und als frustrierend empfunden wird. Die literarische Ergebnisqualität dieses Experiments wurde unterschiedlich aufgenommen.

Unter dem Gesichtspunkt der Lösung der medienökonomischen Bezugsprobleme der Verlagsbranche stellt der besprochene Ansatz allerdings für die Wertschöpfungsphase der Initiierung einen guten Ansatzpunkt dar, da hiermit die beiden dort zugrundeliegenden Kernprobleme, die Unsicherheit der Büchernachfrage sowie die Intransparenz der Güterqualität für die Rezipientenschaft, abgemildert werden können: Die Intransparenz der Buchqualität des für die Käuferin in Frage kommenden Werkes kann man anhand der *Orientierung* an thematisch und stilistisch dem zu kaufenden Werk zugrundeliegenden erfolgreichen *Vergleichswerken* abmildern, selbst wenn es sich nicht um einen bestimmten, der Rezipientin bekannten Autor handelt. Es entsteht also eine höhere *Informationstransparenz* in Bezug auf das zum Kauf in Frage kommenden Werkes für die potenzielle Käuferin, da sie sich an den der Produktion zugrunde liegenden inhaltlichen und stilistischen Regeln (Formatierung) orientieren kann.

Damit steigt für den Buchverlag die mit den Bucheigenschaften zusammenhängende Aussagesicherheit über die zu erwartende Güternachfrage, da die Ähnlichkeit neuer Werke zu bereits verkauften Werken als Grundlage für die Verkaufsprognose herangezogen werden kann (vgl. Tab. 1.3). Es sollte dabei aber deutlich sein, dass die Merkmale des Buchs selbst nur in eingeschränktem Maß seine Verkaufsumsätze erklären kann und andere Faktoren dort in der Summe eine größere Rolle spielen.

Moritz Rehm und Maximilian Glasser – Procedural Content Generation durch Algorithmen bei Games

Moritz Rehm und Maximilian Glasser befassen sich mit der Wertschöpfungsstufe der Contentproduktion im Bereich der Games und zeigen am Beispiel des Grammar-Algorithmus, wie Wertschöpfungsprozesse in der Produktion von Games-Content automatisiert werden können. Ökonomisch gesehen liegt der Fall deshalb einfach: Wie kann durch automatisierte Produktion Games-Content kostengünstiger, komplexer, immersiver und mit einer höheren Output-Menge produziert werden?

Die grundsätzlichen Rahmenbedingungen bei Games sind geprägt von geringen Marktzutrittsbarrieren (und damit potenziell wachsenden Anbieterwettbewerbs), relativ langer Produktionsdauer und hohen Ersterstellungskosten eines Spiels (bis über 100 Mio US$), die zu einem guten Teil aus Aufwänden für kreativ-künstlerische, organisatorische und kaufmännisch-administrative Arbeit bestehen. Es ist zwar für erfolgreiche Spiele von einem eher langsamen Wertverlust durch einen relativ langen Produktlebenszyklus auszugehen, Spiele haben tendenziell Gebrauchsgutcharakter. Dennoch ist aufgrund der hohen First Copy Costs das Investitionsrisiko groß, sollte das in Frage kommende Spiel am Markt ein Flop wer-

Tab. 1.3 Beispiel zur Konzeptions- und Produktionsphase

	Fallbeispiel in Zydorek (2018): Initiierung/Konzeption *und* Produktion	Das hier diskutierte Fallbeispiel: Initiierung/Konzeption und Produktion von Belletristik
Handlungsproblem	Unsicherheit der Nachfrage und großes Produktionsrisiko, Große Anteile (teurer) kreativer/künstlerischer Arbeit an den Produktionsfaktoren von Content	Große Anteile (teurer) kreativer/künstlerischer Arbeit an den Produktionsfaktoren von Content, Unsicherheit des Abnehmers und Unsicherheit des Anbieters über die Güternachfrage: Viele Flops, wenige Hits
Ökonomische Kernfragen	Bewältigung des Produktionsrisikos durch ex-ante-Kalkulation des Return on Investment Steigerung der allokativen Effizienz durch Installation einer ökonomisch-kalkulatorischen Logik Senkung der First Copy Production Costs – Wie können Inhalte möglichst kostensparend produziert werden?	Initiierung: Unsicherheit der Nachfrage, Produktion: Hohe, Fixe First Copy Costs vor Fertigstellung des Manuskripts Rezipient: Fehlende Produkttransparenz und Qualitätstransparenz vor dem Kauf
Beispiel im jeweiligen Buch	Demand Driven Content Production/Predictive Analytics Automated Content Creation/Algorithmic Journalism	Popularitätsorientiertes automated topic/content modeling, inhaltliche und stilistische Standardisierung und Formatierung der Produktion von Science Fiction-Literatur zur Förderung der Kaufbereitschaft potenzieller Rezipienten anhand von empirisch gemessenen inhaltlichen und stilistischen Erfolgskriterien
Unternehmensbeispiel	Demand Media/Leaf Group Narrative Science/Automated Insights	SciFiQ, experimentelles Projekt

(Fortsetzung)

Tab. 1.3 (Fortsetzung)

	Fallbeispiel in Zydorek (2018): Initiierung/ Konzeption *und* Produktion	Das hier diskutierte Fallbeispiel: Initiierung/Konzeption und Produktion von Belletristik
Algorithmenbezug	Algorithmische Verarbeitung von Web-Anfragen/ Werbedaten (genrespezifische) Produktion natürlicher Sprachmitteilungen bei der Erzeugung von Nachrichtentexten	automatisierte Überwachung und Steuerung der Einhaltung von stilistischen Regeln im Schreibprozess menschlicher Autoren

den, sind die vorher angefallenen Investitionen versunkene Kosten. Es geht also um die Maximierung der Spielerzahlen und der Spieledauer. Insofern schließen die Entwicklungen an den Kerngedanken an, der schon bei Hamari und Lehdonvirta (2010) unter dem Titel *Game Design as Marketing* dargelegt wurde, dort allerdings in Bezug auf die Steigerung des Absatzes von virtuellen Gütern innerhalb von Spielen: „… we view game design as one aspect in the company's marketing process …" (Hamari und Lehdonvirta 2010, S. 15).

Kernaufgaben bei der Vermarktung von Games sind die *Kundenakquise*, eine *möglichst lange Kundenbindung* sowie die *Minimierung von Kundenabwanderung*. Die Gewinnmaximierung ist durch eine Maximierung des Produkts aus *Spieleranzahl x Umsatz pro Spieler* zu erreichen. In diesem Kontext lassen sich mit dem Einsatz von Algorithmen zur Contentgenerierung einerseits Kosten einsparen, andererseits können Algorithmen zur Optimierung der *Qualität und der Komplexität des generierten Inhalts* eingesetzt werden. Die Steigerung der Qualität des Contents, die durch den Gamer wahrgenommen wird, ist zudem perspektivisch maßgeblich von den über Procedual Content Generation gesteigerten Individualisierungsmöglichkeiten des Contents für Einzelspieler oder Spielersegmente abhängig. Zunehmend gerät auch die Contentgenerierung (*engagement-oriented content generation*) zur Verbesserung der Kundenbindung in den Blick, die auf die Erzeugung von Spielerinteraktion ausgerichtet ist. Basierend auf der Vermutung, dass customized Games-Content aufgrund ihrer an den Spieler angepassten Eigenschaften eine stärkere Interaktion und Kundenbindung erreichen als am Massenpublikum ausgerichtete Inhalte (vgl. Tab. 1.4).

1 Algorithmisierung des Medienmanagements revisited

Tab. 1.4 Beispiel zur Produktionsphase bei Games

	Fallbeispiel in Zydorek (2018)	Das hier diskutierte Fallbeispiel
Handlungsproblem	Hohe Anteile (teurer) kreativer/ künstlerischer Arbeit an den Produktionsfaktoren von Content, werden als sunk costs relevant	Hohe, unteilbare First Copy Costs, großes Investitionsrisiko bei Games, werden als sunk costs relevant
Ökonomische Kernfragen	Produktivitätssteigerungen durch Senkung der First Copy Production Costs – Wie können Inhalte möglichst kostensparend produziert werden? Produktion Rezipienten-individuellen Contents – Kundenzufriedenheit	Senkung der First Copy Production Costs – Wie können Inhalte möglichst kostensparend produziert werden? Größere Kundenzufriedenheit durch besseren, komplexeren, immersiveren Content
Beispiel im jeweiligen Buch	Produktivitätsfortschritt durch Ersetzung menschlicher Arbeit durch Textroboter, Differenzierung durch Personalisierung der Inhalte Automated Content Creation/ Algoritmic Journalism	Procedural Content Generation im Games Bereich
Unternehmensbeispiel	Narrative Science/Automated Insights	SpeedTree
Algorithmenbezug	(genrespezifische) individualisierte Produktion natürlicher Sprachmitteilungen bei der Erzeugung von Nachrichtentexten	Produktivitätssteigerungen bei der Contentproduktion durch Steigerung des Mengenoutputs, durch Zeitersparnisse/ Geschwindigkeitsgewinne bei der Produktion von Terrains, Qualitäts- und Komplexitätsgewinne beim Content

Kerstin Buck und Christoph Zydorek – Algorithmic Music Generation
Kerstin Buck und Christoph Zydorek untersuchen die Wertschöpfungsstufe der Produktion im Musiksektor und die Veränderungen, die Algorithmen im Hinblick auf die Lösung der ökonomischen Bezugsprobleme bewirken können. Sie beginnen mit einer historischen Betrachtung des Algorithmeneinsatzes in der Musikproduktion und zeigen, dass es schon in den 1950er-Jahren algorithmisch generierte Musik gab und wie die Entwicklung sich in den folgenden Jahrzehnten fortsetzte, sodass heutzutage verschiedene Anwendungen offen, auch für Normaluser, zur Musikproduktion bereitstehen.

Anschließend analysieren sie die Wertschöpfung in der Musikproduktion mit den daran beteiligten Akteuren und werfen einen kurzen Blick auf die Veränderungen bei den Wertschöpfungsstufen der Generierung und Vermarktung von Musikinhalten, die durch die Digitalisierung bewirkt wurden. Danach benennen sie als ökonomische Hauptbezugsprobleme die traditionell im Vergleich zu anderen Wirtschaftssektoren langsame Produktivitätsentwicklung, die in einer schwierigeren Rationalisierbarkeit kreativ-schöpferischer Tätigkeiten im Musikproduktionsbereich begründet liegt. Dennoch wurden auch im Musikbereich immer schon Ansätze verfolgt, um diesen ökonomischen Problemen zu begegnen. So wurde das aufgrund der hohen, unteilbaren First Copy Costs anfallende Investitionsrisiko durch eine entsprechende Reorganisation von Produktionsprozessen gemildert, durch auf Technologie basierende Vereinfachung und Verbilligung sowie durch Standardisierung und Wiederverwertung bei den musikalischen Inputfaktoren. Auch entwickelten sich spezifische und unterschiedliche Formen der Vertrags- und Finanzierungsgestaltung, die der Risikoverteilung und Risikoübernahme dienten. Auf der Seite der Generierung von Einnahmen wurden vor allem Strategien zur Ausweitung der Publikumsreichweite und Anpassung der Produkte an die Bedürfnisse größerer Publika verfolgt.

Neben den schon anhand der bisherigen Digitalisierung der Produktion und Vervielfältigung erreichten Produktivitätsverbesserungen bringen die Potenziale der algorithmisch Musik generierende Anwendungen offenbar schon heute entweder selbständig (also als autonome Agenten) oder unterstützend wirtschaftlich erfolgreiche Musiktitel hervor. Letztlich scheinen die Anwendungen, die die Autoren beschreiben, zur Zeit vor allem als Werkzeug in kollaborativen (Mensch-Algorithmus-) Musikschöpfungsprozessen sinnvoll einsetzbar. Auch in kollaborativen Prozessen substituieren sie menschliche Arbeit, bei der Komposition und Produktion, der Sounderzeugung, bei der schöpferischen Entscheidungsfindung sowie auch bei der popularitätsbezogenen Analyse von bereits produzierter Musik. Auch erweitern und flexibilisieren sie den Output generierter Musik, bis hin zur Anpassung an die jeweilige Verwendungssituation, das jeweilige Zielpublikum, den jeweiligen Ausspielweg sowie an den jeweiligen Modus der ökonomischen Auswertung. Dies ermöglicht in

1 Algorithmisierung des Medienmanagements revisited

der Konsequenz perspektivisch eine Erweiterung der Reichweite produzierter Musik sowie auch eine Einnahmeoptimierung durch Anpassung einmal generierter Musik an unterschiedliche Publika und Verwertungswege (vgl. Tab. 1.5).

Tab. 1.5 Beispiel zur Produktionsphase im Musikbereich

	Fallbeispiel in Zydorek (2018)	Das hier diskutierte Fallbeispiel
Handlungsproblem	Hohe Anteile (teurer) kreativer/künstlerischer Arbeit an den Produktionsfaktoren zur Erstellung der First Copy von Content, werden als Sunk Costs relevant	Hohe Anteile (teurer) kreativer/künstlerischer Arbeit an den Produktionsfaktoren von Content, hohe unteilbare fixe First Copy Costs, begrenzte Produktivitätssteigerung aufgrund der Eigenschaften intellektueller und kreativer Arbeit bei der Musikproduktion, als Produktionsfaktor schlecht quantifizierbar und im Hinblick auf Effizienzsteigerung kontrollierbar, steigende Personalkostenanteile, hohes Investitionsrisiko der Contentproduktion
Ökonomische Kernfragen	Produktivitätssteigerung durch Senkung der First Copy Production Costs – Wie können Inhalte möglichst kostensparend produziert werden? Produktion rezipientenindividuellen Contents – Kundenzufriedenheit	Senkung der First Copy Production Costs – Wie können Inhalte möglichst kostensparend produziert werden? Arbeitsintensität kreativ-schöpferischer Prozesse, Rationalisierbarkeit schöpferischer Kreativität als Produktivkapital, Ausweitung der umsatzrelevanten Reichweite und Verwertungswege
Beispiel im jeweiligen Buch	Automated Content Creation/Algorithmic Journalism	Automated Content Creation/Algorithmic Music Generation
Unternehmensbeispiel	Narrative Science/Automated Insights	Amper Score u. a.
Algorithmenbezug	(genrespezifische) Simulation natürlicher Sprachmitteilungen bei der Erzeugung von Nachrichtentexten, Personalisierung und situative Kontextualisierung von Contentangeboten	Unterstützung der Komposition von Musikstücken durch Algorithmen, Möglichkeit der Anpassung des Content an die Zielgruppe, den einzelnen Rezipienten, den Verwendungs- und Verwertungskontext

Riem Yasin – Automatic Szenario Building bei Mangas
Riem Yasin befasst sich mit einem aktuellen Projekt, in dem Algorithmen in die kreativen Wertschöpfungsschritte der *Generierung von Plots* und der *Character-Entwicklung*[3] in der Konzeptions- und der Produktionsphase von Mangas integriert werden. Diese Algorithmen wurden in Kooperation zwischen einem aus der Speicherindustrie stammendem Unternehmen namens KIOXIA und dem Animationsstudio Tezuka Productions entwickelt und orientieren sowohl die Plotinhalte wie auch die in den Mangas vorkommenden Character am Stil eines bekannten, stilprägenden, ‚Godfather of Manga' genannten, aber 1989 verstorbenen Mangameisters. Die Verwertungsrechte seines Werkes besitzt das von seinem Sohn geleitete Animationsstudio Tezuka Productions (Business Wire 2020). Obwohl Mangas traditionelle Eigenheiten der japanischen Kultur repräsentieren, sind sie dennoch, wie andere Mediengüter auch, Gegenstand medienökonomischer Erwägungen, wenn sie in privatwirtschaftlichen Kontexten produziert und vermarktet werden. Die Plot- und die Character-Generierung, die in der Initiierungs- und Konzeptionsphase der Mangaproduktion liegen, sind Wertschöpfungsschritte, bei denen man von einer großen Bedeutung intellektuell-geistig-kreativer Arbeitsanteile ausgehen kann. Dennoch lassen sie sich mit einigem Aufwand relativ gut automatisieren, wenn es den beteiligten Unternehmen gelingt, entscheidende Aspekte zu generalisieren und datafizieren. Dies geschah im Projekt Tezuka2020 durch eine Dekonstruktion des vorliegenden Materials in drei Akte, in 13 Phasen der Handlungsentwicklung, in Themen, Hintergrundwelten und Charaktere und durch die Parametrisierung dieses Materials. Auf dieser Grundlage erfolgte dann eine Erzeugung neuer Plots als Grundlage neuer Handlungsstränge für neue Mangas.

Die ökonomische Motivation für dieses Experiment kann darin gesehen werden, dass neue Mangas im Stil des verstorbenen Mangameisters (so wie dies auch bei ‚neuen' Songs der Beatles,[4] oder ‚neuen' Bildern von Rembrandt[5] der Fall ist) das Kaufinteresse des Publikums aufgrund der weithin bekannten und qualitativ allseits anerkannten Marke Osamu Tezuka hervorrufen. Die intensive Pressearbeit der Projektbeteiligten verweist zudem darauf, dass man sich neben Bekanntheits-

---

[3] Der Begriff *Character* wird hier im Sinne seiner englischen Sprachverwendung in Spiele- und Comic-Kontexten verwendet, also im Sinne von Person oder Einheit, die handelt und sich verhält.
[4] Vgl. Kap. 6.
[5] Vgl. Guardian 2016.

effekten, die durch die Besonderheit des KI-Manga-Ansatzes entstanden, diese ‚Kundenloyalität' eines bestehenden breiten Zielgruppensegments Osamu Tezukas erhoffte. Ebenso lässt sich ein Interesse an der Steigerung der Effizienz der Produktionsweise durch diese Prozessinnovation vermuten, denn die Anzahl der erzeugten und verwertbaren Plots eröffnete weitergehende Möglichkeiten der Produktion, bislang zumindest einen weiteren algorithmisch mitproduzierten Manga.

Bei der Charactergenerierung wurde in einem aufwendigen mehrstufigen Analyse- und Trainingsprozess des Transferlernens dem System beigebracht, dem einzigartigen Zeichenstils Tezukas ähnliche Manga-Charaktere zu entwickeln, die für die algorithmisch miterzeugte Handlung eingesetzt werden konnten. Beide Wertschöpfungsbereiche konnten also nur teilautomatisiert werden (Tab. 1.6).

Der Untersuchungsansatz und die Ergebnisse der detaillierten Untersuchung einzelner Rationalisierungsansätze in diesem Buch ermöglichen zusammen mit den Ergebnissen von 2018 einen etwas generelleren Blick auf die Medienalgorithmisierung. Ich möchte hier einige Schlüsse und Thesen kurz anreißen, die sich in der weitergehenden Auseinandersetzung mit den Entwicklungen der letzten Jahre formulieren lassen. Diese sind zum Teil gut belegbar, zu einem anderen Teil aber noch eher spekulativ und müssen überprüft werden.

1. Ähnlichkeiten und Übereinstimmungen sowie auch Unterschiede zwischen den ökonomischen Bezugsproblemen der verschiedenen Medienteilbereiche

- Wie schon im Buch von 2018 anhand des Einstiegs in die generelle medienökonomische Algorithmisierungsdiskussion (vgl. Zydorek 2018, Kap. 2) herausgearbeitet und anhand der dortigen Verweise auf die medienökonomische Fachliteratur belegt wurde, lassen sich typische gemeinsame Probleme, aber auch Unterschiede zwischen den verschiedenen Medienproduktwelten im Hinblick auf ihre ökonomischen Bezugsprobleme identifizieren.

So spielt die Eigenschaft der hohen unteilbaren First Copy Costs je nach *der absoluten Höhe der Investition* in die Produktion eines Mediengutes (ein Film, ein AAA-Game vs. ein Song, ein Nachrichtenartikel) eine wichtige Rolle. Je höher das Investitionsrisiko für die einzelne Erstkopie ist, desto bedeutsamer ist eine möglichst umfassende und präzise Erfolgsprognose für den Investor. Insofern verwundert es nicht, dass im Bereich der Filmfinanzierung, nachdem Anbieter von Risikokalkulationsdienstleistungen schon seit über fünfzehn Jahren aktiv sind (vgl. Gladwell 2006), mittlerweile eine ganze Anzahl von Spezialisten solche algorithmenbasierten Dienste anbieten (vgl. Abschn. 2.2.1).

Tab. 1.6 Initiierung, Konzeption und Produktion bei Mangas

	Fallbeispiel in Zydorek (2018) Initiierung/ Konzeption *und* Produktion	Das hier diskutierte Fallbeispiel, Konzeption und Produktion von Mangas
Handlungsproblem	Hohe Anteile (teurer) kreativer/künstlerischer Arbeit an den Produktionsfaktoren von Content, Unsicherheit der Nachfrage und großes Produktionsrisiko	a. Kommerzielles Risiko/Hohe First Copy Costs b. Qualitätsunsicherheit und Entscheidungsüberforderung potenzieller Rezipienten bei Produktüberangebot
Ökonomische Kernfragen	Bewältigung des Produktionsrisikos durch ex-ante-Kalkulation des Return on Investment, Steigerung der allokativen Effizienz durch Installation einer ökonomisch-kalkulatorischen Logik, Senkung der First Copy Production Costs – Wie können Inhalte möglichst kostensparend produziert werden?	a. Kostensenkung und automatische Generierung von Produktkonzepten und entsprechenden Characters b. Signalisierung und Gewährleistung von Produktqualität ggü. potenziellen Konsumenten
Beispiel im jeweiligen Buch	Demand Driven Content Production/Predictive Analytics, Automated Content Creation/Algorithmic Journalism	Automated Szenario Building, Automated Character Generation
Unternehmensbeispiel	Demand Media/Leaf Group Narrative Science/ Automated Insights	KIOXIA/Tezuka Produktions TEZUKA2020
Algorithmenbezug	Algorithmische Verarbeitung von Web-Anfragen/Werbedaten (genrespezifische) Produktion natürlicher Sprachmitteilungen bei der Erzeugung von Nachrichtentexten	Algorithmische Generierung von Plots auf Basis der Verarbeitung großer Vergleichsdatenmengen, Generierung von Characters auf Basis der Verarbeitung großer Trainings- und Vergleichsdatenmengen

2. Übereinstimmungen und Unterschiede zwischen den ökonomisch getriebenen Lösungsansätzen der Bezugsprobleme durch Algorithmisierung

- Die Algorithmisierung als Strategie der Lösung oder Abmilderung der ökonomischen Bezugsprobleme ist nicht an dieselbe Phase gebunden, in der das Bezugsproblem auftaucht oder relevant wird. So versucht man nicht ausschließlich, in der Phase der Contentproduktion dem Problem der unteilbaren, fixen und hohen First Copy Costs von Medieninhalten – etwa durch Kostensenkungsansätze – zu begegnen, sondern Strategien werden in der Initiierung (durch Risikokalkulation, Predictive Analytics) ebenso wie auch in der Bündelung (durch Steigerung der individuellen Kundenzufriedenheit) und der Distribution (durch Maximierung der Reichweite) entwickelt und umgesetzt.
- Für die gegenwärtige Phase der zunehmenden Durchdringung des Medienbereichs mit Algorithmen kann vermutet werden, dass (Forschungs-)Projekte zu Rationalisierungsbemühungen eher dort stattfinden, wo ein Algorithmeneinsatz unter technologischen Gesichtspunkten betrachtet (z. B. Zerlegbarkeit der Prozesse in Regelketten von Handlungsanweisungen, Parametrisierungspotenziale von Strukturen und Inhalten, wie z. B. Tempo und Quantisierung bei Musik oder Plots bei Manga-Inhalten) überhaupt und prinzipiell denkbar oder schon möglich ist, als dass man die Forschungs- und Umsetzungsprojekte an den erreichbaren Rationalisierungspotenzialen der Wertschöpfungsstufe oder der Produktwelt orientiert. So kann man am Beispiel der Science-Fiction-Literatur (Kap. 4) erkennen, dass stilistische Parameter, die eher quantifizierbar sind (z. B. prozentualer Anteil an Dialog im Text, Menge von Adverbien im Text) algorithmisch optimiert werden, inhaltliche Aspekte werden dagegen in der Textanalyse zwar berücksichtigt (wie bei der computergestützten Textanalyse von Themen mit dem Tool GutenTag in Abschn. 4.3.1) beim konstruktiven content modeling eher noch nicht berücksichtigt. Beim inhaltlichen Aspekt des Szenario Buildings bei Mangas lassen sich inhaltliche Aspekte, die Plots, nicht nur parametrisieren (vgl. Abb. 7.8, Wertschöpfungsstufen 1–4), sondern dann auch neu kombinieren. Allerdings verbleibt dort dann auch die Prüfung der Sinnhaftigkeit der generierten Handlungen in menschlicher Hand.
- Auch ist die Fokussierung von Rationalisierungsanstrengungen in Bezug auf die chronologische Folge der Wertschöpfungsschritte der Contentproduktion zu beachten. Während in der frühen Phase der Algorithmisierung die auf der Basis der Nutzung *interaktiver* Medien entstehenden Möglichkeiten der Auswertung von Nutzer- und Nutzungsdaten in den beiden späteren Wertschöpfungsphasen *Bündelung* (z. B. Empfehlungssysteme beim Streaming) und *Distribution* (beliebige modulare Konfiguration und ubiquitäre Distribution, vgl. Zydorek

2018, Kap. 6) im Vordergrund standen, stellen wir nun fest, dass neben der *Produktion* auch die *Initiierung und Konzeption* von Mediengütern, also die ersten beiden Wertschöpfungsphasen stärker in den Blick genommen werden. Man könnte es als ein Anzeiger für diese Richtigkeit dieser Vermutung sehen, dass sich in diesem Buch neben Kap. 2 (Animatics, Storyboards in Film), Kap. 4 (Topic- und Content Modeling in Science Fiction Literatur), Kap. 5 (Gamescontents), Kap. 6 (Musikproduktion) und Kap. 7 (Szenario Building und Characters im Manga) mit der Algorithmisierung der ersten beiden Wertschöpfungsphasen befassen.

3. Übertragung von Algorithmisierungsansätzen zwischen den Medienteilsektoren

- Algorithmische Rationalisierungsprojekte innerhalb verschiedener Medienproduktwelten operieren nicht, ohne dass sie sich gegenseitig beeinflussen oder befruchten. Erkenntnisse sind eher nicht ausschließlich in ihrem konkreten Entstehungskontext relevant, erfolgreiche Ansätze werden produktweltübergreifend registriert, hinsichtlich ihrer Rationalisierungspotenziale und Auswirkungen auf den Anbieterwettbewerb sowie auch in Bezug auf ihre Imitations- und Substitutionspotenziale durch andere Nutzenkomplexe taxiert und können durch das Medienmanagement auf andere Produktwelten und andere Wertschöpfungsstufen übertragen und dort adaptiert werden.

So stellt sich beispielsweise aktuell die Frage, inwiefern Ansätze, die vor einigen Jahren im Bereich der Nachrichtenberichterstattung hinsichtlich eines *zielgruppen- oder kundenindividuellen Zuschnitts des Contents* entwickelt wurden – sowohl bei der Zusammenstellung des Programms (der sogenannten Product Copy, z. B. der gesamten Zeitung, des TV-Programms) als auch bei der Erzeugung des einzelnen Nachrichtenbeitrags selbst (der sogenannten Module Copy, vgl. Zydorek 2018, S. 115) – mit der Algorithmisierung der Contentgenerierung auch auf andere Produktwelten übertragbar sind.

Bei der Generierung von Nachrichtentexten anhand von Natural Language Generation-Algorithmen kann man Content „... konkret und spezifisch auf Kundenwünsche (der Nachrichtenorganisation) zuschneiden. Medienökonomisch gesehen ist aber die Generierung rezipientenspezifischer Medieninhalte von noch größerer Bedeutung, weil nicht mehr allein in der Zusammenstellung der Nachrichten aus Modulen, sondern auch in Bezug auf die Tonalität, den Blickwinkel und die spezifischen Vorlieben des Rezipienten ausgerichtete Endprodukte ausgeliefert werden können, was als Wettbewerbsvorteil beim Rezipienten auf der Basis differenzierten Medienangebots ... gelten kann." (Zydorek 2018, S. 106).

Sowohl das auf die Produktion von Games-Content bezogene Kap. 5 (vgl. speziell Abschn. 5.7) wie auch die Ausführungen zur Musikproduktion in Kap. 6 (vgl. speziell Abschn. 6.9) geben Anlass dazu, über die Personalisierung oder zumindest über die zielgruppenspezifische Differenzierung von dort produziertem Content noch intensiver nachzudenken, da sich mit der Algorithmisierung der Contentproduktion nun Möglichkeiten ergeben, zu vertretbaren Kosten und Zeitaufwänden den Content auch in diesen Produktwelten differenziert anzubieten und so einen individuellen Kundenmehrwert zu erzeugen.

4. Aktuelle und potenzielle Folgen der Algorithmisierung für die Medienteilbereiche sind klarer und eindeutiger erkennbar

- Es ist zu verzeichnen, dass sich im Internetbereich, schon (aber nicht allein) im Zusammenhang mit der überwiegenden Werbefinanzierung vieler Inhalte, mittlerweile eine *algorithmengetriebene Vermittlungslogik* der Inhalte flächendeckend durchgesetzt hat (vgl. z. B. Stark und Magin 2019, S. 386 ff.), die andere Kriterien der Selektionsrelevanz bei der Information, der Unterhaltung und der Interaktion, bei Texten, Video und Audio, bei professional content und user generated content nun völlig dominiert: die *Reichweite*, Popularität oder Publikumspräferenz. Damit hat sich die oben diskutierte *allokative Effizienz* als ökonomische Handlungsmaxime im Internet in den Algorithmen auf allen relevanten Plattformen und auf breiter Ebene vergegenständlicht.

Über den Wettbewerb von Internetanwendungen mit anderen werbe(mit)finanzierten Medien, z. B. bei Videoangeboten des privaten Free TV oder bei Nachrichten in Tageszeitungen, entstehen auch dort gravierende Konsequenzen bei der Erlösgenerierung und somit auch bei den Kriterien der Contentauswahl[6] durch den Contentanbieter. Dies bedeutet für das Medienmanagement, dass sich das gesamte Medienumfeld quasi automatisch dieser Form der Effizienzoptimierung fügt bzw. fügen muss. Und zusätzlich heißt dies, dass man entweder im Wettbewerb mit vielen anderen Contentanbietern innerhalb dieses Spielfeldes mit den gegebenen Mitteln um Reichweite konkurriert – sich also fragt, mit welchen Mittel man am

---

[6] So findet man bei Stark und Magin (2019, S. 388) den Hinweis auf eine Studie, die belegt, „… dass Social-Media-Redakteure in Regionalzeitungen den ‚Spielregeln des News Feed von Facebook' folgen, weil Reichweitenmaximierung bei der Auswahl der Inhalte im Vordergrund steht." (ebd.).

meisten Reichweite erzielt – oder auf einer grundsätzlicheren Ebene nachhaltige Wettbewerbsvorteile zu erzielen suchen muss. Bei Nachrichten werden die negativen Folgen dieser Entwicklung als Verflachung und Boulevardisierung beklagt (vgl. z. B. Rimscha und Siegert 2015, S. 65 ff.). Dass eine flächendeckende Werbefinanzierung eine abnehmende Contentqualität zur Folge haben würde, wurde bereits in der Mitte der Neunziger Jahre im Zusammenhang mit dem Einzug der Werbefinanzierung in das World Wide Web befürchtet. Dies liegt wiederum auch darin begründet, dass das werbefinanzierte Erlösmodell der *Kostenoptimierung* als zweiter Grundstrategie nicht entgegensteht, sondern z. B. im Nachrichtenwesen im Hinblick auf die Produktion eher unterhaltender, Human Interest-orientierter Inhalte statt aufwendiger, rechercheintensiver Themen- und Informationsselektion entgegenkommt (Rimscha und Siegert 2015, S. 63).

- Nicht nur die Operationsmodi *innerhalb* der Medienproduktwelten können sich verändern, sondern auch die *Produktwelten und ihre Abgrenzungen* können sich mit der Algorithmisierung wandeln, Medienproduktwelten können zusammenwachsen oder sich um neue Wertschöpfungskonfigurationen, wie z. B. um die Programmgestaltung über Empfehlungssysteme neu ausdifferenzieren. Wie an anderer Stelle (Zydorek 2018, S. 115 ff.) genauer beschrieben, übernehmen algorithmen-basierte Empfehlungssysteme die Bündelungsfunktion von Contentmodulen in Medienprogrammen, die früher als Produkt von Redaktionen und Programmabteilungen erstellt wurden. Dabei generieren sie kein massenkompatibles, sondern ein Rezipienten-individuelles Programm, die spezifischen konkreten Empfehlungen. Die Programmgestaltung bzw. -Bündelung und das Angebot ihrer Inhalte haben ihren Charakter mit ihrer Algorithmisierung so grundlegend verändert, dass sich frühere Produktweltabgrenzungen, wie sie zwischen Musikmarkt und Radio sowie die zwischen TV- und Videomarkt galten, verschoben haben. Streaming ist eben nicht als eindeutiger Nachfolger des Rundfunks zu sehen, vielmehr substituieren Streamingdienste in hohem Maß diejenigen Dienstleistungen, die auf Märkten für Video- und Audioabspiel angeboten wurden. Wer früher Vinylalben, CDs oder Dateien aus dem Download gehört hat, nutzt heute für den alltäglichen Musikkonsum einen Streamingdienst (vgl. Tschmuck 2020, S. 219 ff.).

5. Rückwirkungen dieser Entwicklungen auf das Medienmanagement und ihre dortige adäquate Berücksichtigung

Taktisch-operativ gesehen, kann man mit zunehmender Algorithmisierung auch Veränderungen im Gefüge der Wertschöpfungsstufen feststellen. So ist eine eindeutige Trennung der Wertschöpfungsstufen der Bündelung und der Distribution im Zusammenhang mit der bidirektionalen und interaktiven Kommunikation im Internet oder im Streamingbereich nicht mehr möglich. Dort, wo Content-Auswahlprozesse des Rezipienten aufgezeichnet werden und durch algorithmische Personalisierung ergänzt werden (aktive und passive Personalisierung), verschmelzen die beiden in den traditionellen Massenmedien noch getrennten Wertschöpfungsschritte. Ebenso ist anhand der nachfolgenden Kap. 4, 6 und 7 festzustellen, dass Initiierung und Produktion von Content nicht mehr überall eindeutig trennbar sind: So greift eine algorithmische Entscheidungsunterstützung, wie im nachfolgenden Beispiel der Schreibprozesse von Science-Fiction-Literatur in Kap. 4, nicht nur in den konkreten Contentproduktionsprozess ein, sondern auch in grundlegendere konzeptionelle, stilistische und formatorientierte Entscheidungen, die zu den kreativen, organisatorischen und ökonomischen/kaufmännischen Vorarbeiten gehören, die für die Ausführung der nachfolgenden Wertschöpfungsprozesse die Voraussetzung sind (vgl. Zydorek 2018, S. 70). Auf diese Weise geschieht das, was schon Anfang der 2000er-Jahre von Zerdick et al. (2001) im Zusammenhang mit dem Siegeszug des Internets vermutet wurde: Die Auflösung einer von Michael Porter (2000) ursprünglich formulierten Chronologie der Wertschöpfungsstufen im Medienbereich.

Strategisch gesehen, wird heute, vier Jahre nach der Publikation meines ersten Buches zu diesem Thema aus Sicht der Medienökonomik und des Medienmanagements deutlich, dass eine Beschränkung der Diskussion auf produktive und allokative Effizienz nicht weit genug greift, um die relevanten Phänomene ausreichend zu beschreiben und angemessen über die Konsequenzen der gegenwärtigen Veränderungen der Medienwertschöpfung für das Medienmanagement nachzudenken. Eine *generellere* Herangehensweise ist gefragt. Algorithmen werden nun als Thema des strategischen Medienmanagements diskussionsrelevant, weil die Eingriffe und Folgen in Medienunternehmen wesentlich weitreichender sind und deshalb meines Erachtens auch grundsätzlicher analysiert werden müssen. Es bedarf eines *strategisches Medienmanagements der Algorithmisierung*.

Hier bieten sich neben den schon angesprochenen Wertschöpfungsketten und neben den wettbewerbsrelevanten Diskussionskontexten, die sie bei Michael Porter hatten (Kostenführerschaft und Differenzierung), auch die Zusammenhänge des sogenannten ressource based view des strategischen Managements (vgl. Welge et al. 2017, S. 85 ff.) als Analysetools an, die die Bedeutung der Ressourcenausstattung von Unternehmen für ihre Leistungsfähigkeit fokussieren. Wenn man Unternehmen als Portfolio einzigartiger, strategisch und erfolgsrelevanter Ressourcen betrachtet (ebd.), sind Algorithmen als komplexe Kombinationen *technisch-physischer*, *humankapitalbezogener* und *organisationaler* Bestandteile Ressourcen, denen man aus Managementsicht das Potenzial zuschreiben kann, mittel- bis langfristig und nachhaltig strategisch relevant zu werden, aufwendig und teuer in der Erstellung zu sein, sowie schwierig zu imitieren und zu substituieren – also Kernressourcen des Medienunternehmens im Sinne des strategischen Managements.

Literatur

Business Wire (2020) Kioxia Announces English Version of World's First AI-Designed Manga. https://www.businesswire.com/news/home/20200603005356/en/Kioxia-Announces-English-Version-of-World%E2%80%99s-First-AI-Designed-Manga, Abruf. 22.2.2022

Der Standard (2019) So klingt es, wenn eine KI ein nie endendes Death-Metal-Konzert veranstaltet, https://www.derstandard.de/story/2000101819468/kuenstliche-intelligenz-sorgt-fuer-death-metal-konzert-das-nie-endet, Abruf 22.2.2022

Frees, B./Kupferschmitt, T./Müller, T. (2019): Massenkommunikation Trends 2019, in: Media Perspektiven 7-8/2019, S. 314–322

Gillespie, T. (2014) The Relevance of Algorithms in: Gillespie, T. Boczkowski, P.J. Foot, K.A.(2014) Media Technologies, Cambridge: MIT University Press. S. 167–194.

Gladwell, M. (2006) The Formula – What if you build a machine to predict hit movies? The New Yorker, 16/2006, S. 138.

Gomez-Uribe, C.A., Hunt, N. (2015) The Netflix Recommender System: Algorithms, Business Value and Innovation. in: ACM Transactions on Management Information Systems, Vo.6. No.4. Article 13, Publication date: December 2015.

Grundlagen – Prozess – Implementierung, 7. Aufl. Wiesbaden: Gabler.

Guardian (2016) New Rembrandt to be unveiled in Amsterdam, The Guardian Online, 5.4.2016, https://www.theguardian.com/artanddesign/2016/apr/05/new-rembrandt-to-be-unveiled-in-amsterdam

Hagen, L.M., Wieland, M., In der Au; A.-M. (2017) Algorithmischer Strukturwandel der Öffentlichkeit in: Medien Journal – Zeitschrift für Medien- und Kommunikationsforschung, 2/2017, Digitale Revolution in der Demokratie

Hamari, J./Lehdonvirta V., (2010) Game design as marketing: How game mechanics create demand for virtual goods, in: Int. Journal of Business Science and Applied Management, Volume 5, Issue 1, 2010, S. 14–29

Heinrich, J. (2001). Ökonomisierung aus wirtschaftswissenschaftlicher Perspektive, in: M&K -Medien & Kommunikationswissenschaft, Jahrgang 49 (2001), Heft 2, S. 159–166.

Heinrich, J. (2020). Mediengüter zwischen Wirtschafts- und Kulturgut. In: Krone, J. & Pellegrini, T. (2020)(Hrsg.) Handbuch Medienökonomie. Wiesbaden: Springer, S. 145–163.

Kiefer, M.L. Steininger, C. (2014) Medienökonomik: Einführung in eine ökonomische Theorie der Medien. 3. Aufl. München, Wien:Oldenbourg,

Lokot, T. Diakopoulos, N. (2015) Newsbots – Automating news and information dissemination on Twitter. Digital Journlism. 2015. https://doi.org/10.1080/21670811.2015.1081822.

New York Times (2015) Did a Human or computer write this? 7. March 2015. https://www.nytimes.com/interactive/2015/03/08/opinion/sunday/algorithm-human-quiz.html?_r=0&mtrref=undefined&gwh=0D95DDACF98AE92D9CBDA65E033CD2CE&gwt=pay&assetType=PAYWALL , Abruf 22.2.2022.

Porter, M.E. (2000) Wettbewerbsvorteile (Competitive Advantage), 6. Aufl., Frankfurt/New York: Campus Verlag.
Rimscha, B.V. & Siegert, G. (2015). Medienökonomie. Wiesbaden: VS Verlag.
Saurwein, F. (2022) Algorithms on the Internet: Factor of Media Change and Challenge for Change Management. in: Karmasin, M. et al. (Hrsg.) (2022) Media and Change Management. Cham: Springer. S. 419–439
Schweiger, W., Weber, W., Prochazka, F., Brückner, L. (2019) Algorithmisch personalisierte Nachrichtenkanäle, Begriffe, Nutzung, Wirkung, Wiesbaden: Springer VS
Stark, B. & Margin, M. (2019) Neuer Strukturwandel der Öffentlichkeit durch Informationsintermediäre: Wie Facebook, Google&Co. Die Medien und den Journalismus verändern. in: Eisenegger et al. (Hrsg) (2019) Wandel der Öffentlichkeit und der Gesellschaft. Wiesbaden: Springer VS
T3N (2019) 1,5 Millionen Follower und doch nicht echt: Wie virtuelle Influencer funktionieren. https://t3n.de/news/15-millionenfollower-echt-1207032/, Abruf 22.02.2022
Tschmuck, P. (2020) Ökonomie der Musikwirtschaft, Heidelberg: Springer.
Welge, M. Al-Laham, A. Eulerich, M. (2017) Strategisches Management.
Zerdick, Axel et al. (2001). Die Internet-Ökonomie, Strategien für die digitale Wirtschaft. 2. Aufl. Berlin: Springer.
Zydorek, C. (2018) Grundlagen der Medienwirtschaft – Algorithmen und Medienmanagement. Wiesbaden: SpringerGabler
Zydorek, C. (2022) Einführung in die Medienwirtschaftslehre. 3.Aufl. Wiesbaden: SpringerGabler

Disneys algorithmische Produktion von Animationen aus Drehbüchern als Umgestaltung der Vorproduktionsphase bei Filmmedienunternehmen

Louis Trouillier und Christoph Zydorek

2.1 Einleitung

Filmmediengüter erzielen bis zum Jahr 2020 neben Serienproduktionen eine große Nachfrage bei der Bevölkerung Deutschlands; die Häufigkeit des Konsums dieser Medieninhalte nimmt tendenziell hierzulande weiterhin zu (VuMA 2020). Ein erfolgreicher Hersteller dieser Art von Mediengütern ist die Walt Disney Company, die mit einer Vielzahl an Animationsfilmen im Bereich der AV-Unterhaltungsproduktion tätig ist (Forbes 2021).

Konzerne wie Disney stehen dabei in wirtschaftlicher Konkurrenz mit anderen global tätigen Medienunternehmen (Forbes 2021), sodass neben der Differenzierung gegenüber Wettbewerbern über die Qualität ihrer Produkte die effizientere Gestaltung ihrer Wertschöpfungsprozesse als nachhaltige Entwicklungsstrategie betrachtet wird. Als eine strategische Entwicklungsrichtung für die Realisierung spürbarer Effizienzgewinne wird seit einigen Jahren die *Automatisierung von Wertschöpfungsvorgängen* nicht nur in Aggregation, Bündelung und Distribution von

L. Trouillier (✉)
Master Design Interactive Media, Hochschule Furtwangen, Baden-Baden, Deutschland
E-Mail: louis@idee-de-trouillier.de

C. Zydorek
Fakultät Digitale Medien, Hochschule Furtwangen, Furtwangen, Deutschland
E-Mail: zyd@hs-furtwangen.de

© Der/die Autor(en), exklusiv lizenziert an Springer Fachmedien
Wiesbaden GmbH, ein Teil von Springer Nature 2022
C. Zydorek (Hrsg.), *KI in der digitalisierten Medienwirtschaft*,
https://doi.org/10.1007/978-3-658-37404-4_2

Medieninhalten gesucht, sondern es werden auch in *kreativen Konzeptions- und Produktionsschritten* Algorithmen angewendet. Damit ist die Automatisierung von Wertschöpfungsprozessen in Produktionsbereiche von Mediengütern vorgedrungen, die früher als nicht automatisierbar galten, wie beispielsweise in die Generierung von Nachrichtentexten, Musiktiteln, Fotos, Videos, Kunstwerken etc. (vgl. Zydorek 2018).[1]

Disney ist mit seinen Research Studios in den Bereichen Artificial Intelligence (Perception and action to reasoning, problem solving and creativity), Machine Learning (Probabilistic modeling and deep learning) und Visual Computing (Computer Graphics and Computer Vision) tätig (vgl. Disney Research Studios o. J., Our research areas). Somit ist der Konzern also offenkundig an der Exploration von weiteren Möglichkeiten interessiert, innovative Technik in die Contentwertschöpfung einzubeziehen.

Als ein Beispiel für diese zunehmende Algorithmisierung in der kreativen Filmmedienproduktion werden wir in diesem Beitrag einen in dem Aufsatz *Generating Animations from Screenplays* (Zhang et al. 2019) diskutierten Algorithmus untersuchen. Die Autoren stellen darin eine technische Möglichkeit vor, wie zukünftig in der Wertschöpfung der Filmmedienbranche die Drehbuch-Animationen und Storyboard-Kreation als Teil der Medienkonzeption und Produktionsinitiierung durch eine algorithmische Generierung von Animationen teilweise automatisiert werden können (vgl. Zhang et al. 2019, S. 1). Wir greifen dies hier auf, indem wir eine Einordnung in die medienökonomische Algorithmisierungsdiskussion (vgl. Zydorek 2018) versuchen.

Dazu erklären wir zunächst den Wertschöpfungsprozess in der Filmmedienwirtschaft und greifen die für uns relevante Phase der *Initiierung und Vorproduktion* des Mediengutes heraus. Danach besprechen wir die besonderen ökonomischen Herausforderungen der Filmmedienproduktion als Ansatzpunkt für algorithmische Rationalisierungspotenziale. Daran schließt sich eine Erörterung an, auf welche Weise dieser Algorithmus im Hinblick auf die unter 2.3 herausgearbeiteten ökonomischen Bezugsprobleme der Filmmedienproduktionsbranche (vgl. Zydorek 2018, S. 46–50, S. 71 f.) sowie in Anbetracht der wirtschaftlichen Rationalisierungspotenziale wettbewerbsrelevant eingesetzt werden könnte. Abschließend werden einige Folgen einer praktischen Implementation des Algorithmus kompakt beleuchtet. Wir bezeichnen den im o. g. Forschungsbeitrag diskutierten Algorithmus im Folgenden kurz als *Disneys Algorithmus*.

---

[1] Hierzu seien nur exemplarisch die Diskussionen um sogenannte Video Deep Fakes oder der Produktion von Musik und Bildern im Stil bereits verstorbener Künstler erwähnt.

2.2 Die Filmmedienbranche und ihre Wertschöpfung

Eine entsprechende Wertkette, die auf dem von Michael Porter (2001, S. 52, Figure 5.2) vorgestellten Ansatz einer chronologischen Abfolge von typischen Wertschöpfungsschritten in verschiedenen Branchen aufbaut, ist in der Filmmedienbranche nach bislang erschienenen Forschungsbeiträgen sowie der Grundlagenliteratur nicht einheitlich. Dies erschwert die Einordnung der Drehbuch- und Storyboard-Produktion in die verschiedenen Wertkettenmodelle. So fasst Wirtz (2020, S. 130, Fig. 7.3) beispielsweise zusammen, dass die Wertkette der Filmbranche in vier Bereiche aufgeteilt sei: 1. Beschaffung/Vorproduktion, 2. Filmproduktion/Postproduktion, 3. Handel mit Rechten/Filmverleih sowie 4. Nutzung (Kino; Nebenmarkt). Eliashberg et al. (2006, S. 639, Figure 1) zeigen mit ihrer Wertkette für Filmmedien hingegen eine Darstellung mit 1. Produktion, 2. Kino-Vertrieb, 3. Ausstrahlung und 4. Konsum. Dieser Gliederung stimmen auch Mark Young et al. (2009, S. 3 f., sowie Figure 1, S. 37) mit ihrer Wertkette zu, die zusätzlich zur oben genannten Vermarktung die Lizensierung und die Nutzung der Inhalte für andere Formate angesetzt haben. Mark Young et al. (2009, S. 6) erwähnen für ihre erste Phase der Wertschöpfung, die Produktion, dass zunächst ein Rechteeigentum, wie etwa ein Drehbuch, erworben wird. Auch Eliashberg et al. (2006, S. 639) beschreiben die Produktionsphase mit „… activities needed to produce one copy (…) of the movie". Beides deckt sich mit der nach Zydorek (2018, S. 69 ff.) für die Medienbranche geltenden allgemeinen Wertschöpfungskette und hier ihrer ersten Phase der *Initiierung, Konzeption und Formatentwicklung* sowie der in Zydorek (2017, S. 133) dargestellten Wertschöpfungskette des Rezipientenmarktes, nach der in der ersten Wertschöpfungsstufe für Mediengüter neben organisatorischen und ökonomisch-kaufmännischen Vorarbeiten etwa Konzepte, erste schriftliche Formulierungen, Kalkulationen und Skripte besonders durch kreative Arbeitsleistung erstellt werden. Da die Darstellungen von Wirtz 2020 und Zydorek 2017 und 2018 die erste Wertschöpfungsstufe kleinteiliger betrachten und die von den anderen Autoren genannten Stufen sich auch dort integrieren lassen, verwenden wir die Wertkette von Wirtz (2020, S. 130, Fig. 7.3) (vgl. Abb. 2.1) im Weiteren als Basis für die Filmmedienbranche und die Phase der Produktinitiierung und ergänzen sie mit den Beiträgen von Eliashberg et al. (2006, S. 639) und Mark Young et al. (2009, S. 6) (vgl. Abb. 2.2).

Wie sich Disneys Algorithmus in diese erste Stufe der Wertschöpfung einfügt, die wir im weiteren Verlauf der Arbeit als *Initiierungs- und Vorproduktionsphase der Filmmedienbranche* bezeichnen werden, erläutern wir im nachfolgenden Kapitel. Hier sei bereits darauf hingewiesen, dass sich diese Erörterung von der in

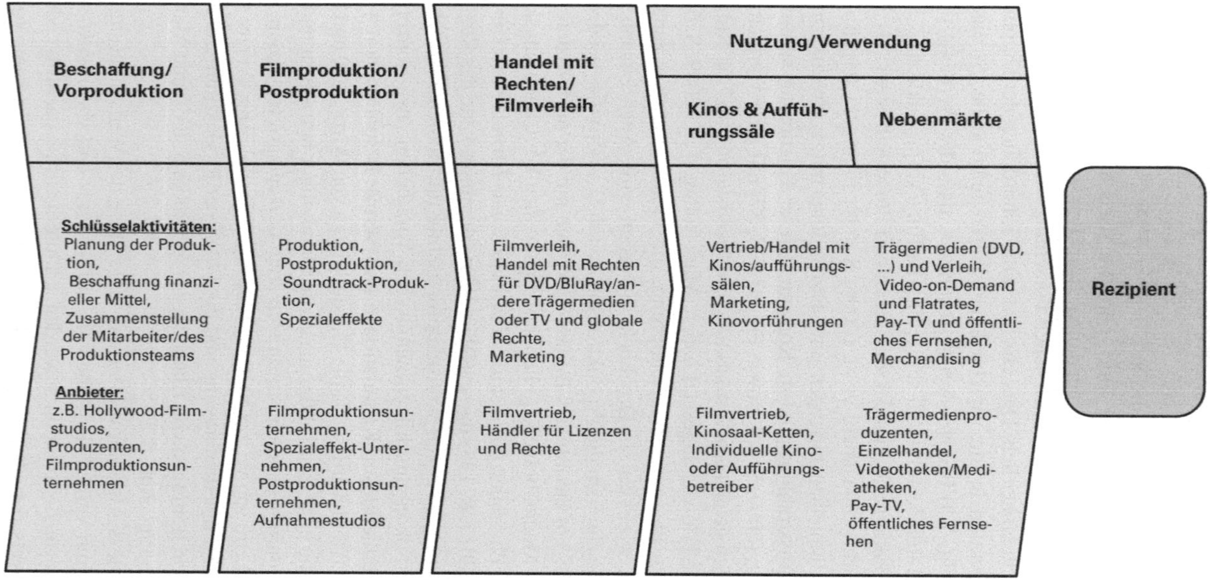

Beschaffung/ Vorproduktion	Filmproduktion/ Postproduktion	Handel mit Rechten/ Filmverleih	Nutzung/Verwendung	
			Kinos & Aufführungssäle	Nebenmärkte
Schlüsselaktivitäten: Planung der Produktion, Beschaffung finanzieller Mittel, Zusammenstellung der Mitarbeiter/des Produktionsteams	Produktion, Postproduktion, Soundtrack-Produktion, Spezialeffekte	Filmverleih, Handel mit Rechten für DVD/BluRay/andere Trägermedien oder TV und globale Rechte, Marketing	Vertrieb/Handel mit Kinosaal/aufführungssälen, Marketing, Kinovorführungen	Trägermedien (DVD, ...) und Verleih, Video-on-Demand und Flatrates, Pay-TV und öffentliches Fernsehen, Merchandising
Anbieter: z. B. Hollywood-Filmstudios, Produzenten, Filmproduktionsunternehmen	Filmproduktionsunternehmen, Spezialeffekt-Unternehmen, Postproduktionsunternehmen, Aufnahmestudios	Filmvertrieb, Händler für Lizenzen und Rechte	Filmvertrieb, Kinosaal-Ketten, Individuelle Kino- oder Aufführungsbetreiber	Trägermedienproduzenten, Einzelhandel, Videotheken/Mediatheken, Pay-TV, öffentliches Fernsehen

→ Rezipient

Abb. 2.1 Eigene Darstellung der Wertschöpfungskette auf Basis von Wirtz (2020, S. 130, Fig. 7.3), Eliashberg et al. (2006, S. 639) sowie Mark Young et al. (2009, S. 6)

Abb. 2.2 Ergänzende Darstellung der Initiierungs- und Vorproduktionsphase auf Basis von Wirtz (2020, S. 130, Fig. 7.3), Eliashberg et al. (2006, S. 639 f.) sowie Mark Young et al. (2009, S. 6)

Zydorek (2018, S. 69–86) geführten Diskussion insofern grundsätzlich unterscheidet, als es dort um die *ökonomisch veranlasste Initiierung* von Wertschöpfungsvorgängen in Medienunternehmen vor dem Hintergrund einer *ex-ante-Abschätzung des ökonomischen Erfolgs (Risikoabschätzung)* eines Medienproduktes geht, während das nachfolgende Beispiel sich auf die Realisierung von *technologisch ermöglichten Rationalisierungspotenzialen in Medienkonzeptionsprozessen* beziehen wird. Algorithmen werden hier also in unterschiedlichen Weisen eingesetzt: Zu einerseits der *kaufmännischen Risiko- und Erfolgskalkulation* und andererseits *der technischen Substitution menschlicher kreativer Ausführungsarbeit*.

2.2.1 Die Initiierungs- und Vorproduktionsphase der Filmmedienproduktion

Die für Disneys Algorithmus als Diskussionsgegenstand relevante Initiierungs- und Vorproduktionsphase der Filmmedienproduktion (bei Wirtz, 2020, S. 130, Fig. 7.3 Procurement/Pre-production) umfasst die folgenden Schlüsselaktivitäten: Die Produktions- bzw. Projektplanung gliedert einerseits die Beschaffung finanzieller Ressourcen wie auch die Zusammenstellung der Crew aus z. B. Regisseuren, Schauspielern und Kamerapersonal. Die Anbieter für verschiedene dieser Schlüsselaktivitäten sind beispielsweise große Hollywood-Studios, Produzenten und Filmproduktionsunternehmen (Wirtz, 2020, S. 130, Fig. 7.3). Eliashberg et al. (vgl.

2006, S. 640) führen für diese Phase weiter aus, dass neben der Finanzierung in der Initiierungs- und Vorproduktionsphase auch Sets und Kostüme entworfen sowie Drehorte bestimmt werden.

Darüber hinaus wird im Auftrag der Produzenten bzw. des Filmmedienunternehmens ein *Story*-Konzept erworben oder entwickelt, wie etwa in Form eines vollständigen Drehbuchs. Für gewöhnlich bieten jedoch zuvor die Drehbuchautoren ihre Werke mithilfe ihrer Literaturagenten zur Prüfung bei unabhängigen oder mit einem Filmproduktionsunternehmen verbundenen Produzenten an. Bei Interesse seitens der Produzenten werden Verträge zum Verkauf des Drehbuchs und zur Zahlung eines finanziellen Vorschusses für den Drehbuchautor verfasst; der Literaturagent erhält davon einen Prozentsatz (Eliashberg et al. 2006, S. 640). Letztendlich wird in dieser Wertschöpfungsstufe des Filmproduktionsunternehmens entschieden, welches Drehbuch und welches Filmmediengut im Anschluss produziert wird. Diese Entscheidungsfindung wird im Fachkreis als *greenlighting* bezeichnet. Es kursieren Annahmen, dass sich die Führungskräfte der Filmmedienunternehmen bei diesen Richtungsentscheidungen nach persönlichen Vorlieben richten, sowie auch die Unterstellung, dass aufgrund von Risikovermeidungserwägungen im Hinblick auf die Rentabilität des Projektes und damit der Sicherheit ihrer eigenen Beschäftigung eher Filme für den kleinsten gemeinsamen Nenner der Rezipienteninteressen ausgewählt werden (Mark Young et al. 2009, S. 8 f.), um möglichst große Zielgruppensegmente zu erreichen und so über die Steigerung der Reichweite perspektivisch einen kommerziellen Erfolg zu erreichen. Außerdem kommen auch hier heutzutage schon *Risikobewertungsalgorithmen* zum Einsatz, die eine Einschätzung des zu erwartenden Umsatzes und sogar eine Optimierung des Produktes nach kommerziellen Erwägungen ermöglichen sollen (vgl. z. B. Economist 2016; SZ 2020).[2]

Im nächsten Abschnitt werden wir die Prozesse der Produktion von Animationen darlegen, welche zur Vor-Visualisierung des Drehbuchs und der Darstellung der Struktur des geplanten Filmmedienguts dienen (Hart 2008, S. 175).

---

[2] Die Website Tracxn.com (Abruf 16.11.2021) zählt in diesem Tätigkeitssegment der *Predictive Media Analytics/Movie Analytics/Box-Office Forcasting* eine ganze Anzahl von Firmen wie Epagogix.com (London), Largo.com (Lausanne), Greenlight Essentials (Waterloo), Hangzhou Fire Technology (Hangzhou), Fliq (Philadelphia), ScriptBook (Antwerpen), SpecScout.com etc. auf.

2.2.2 Produktionsprozesse von Animationen zu Drehbüchern und ihre Bedeutung für die Wertschöpfung

Ein *Drehbuch* wird von Price (2013, S. 16) als eine textbasierte Geschichte beschrieben, die in Szenenabfolgen für die Filmproduktion formuliert und unterteilt ist. Dabei entspricht das Drehbuch in seiner Struktur der Filmdauer des geplanten Filmmedienguts. Formal besteht es aus *Szenenkapiteln* und diese aus *funktionalen Bestandteilen* wie etwa *Überschriften* mit Zeit- und Ortsangaben, *Namen, Beschreibungen inklusive Handlungen und Konversationen* von Akteuren, *Slug Lines* (Szenenüberschriften) (Price 2013, S. 2), in den Dialog eingefügte *Aktionen* sowie *Kameraüberblendungen* (Zhang et al. 2019, S. 3). Das Drehbuch besteht meistens aus drei bis vier *Akten*: Beginn, (Komplikation), Mittelteil und Schluss der Dramaturgie (Price 2013, S. 204–208). Sind die genannten funktionalen Bestandteile vorhanden und einfach identifizierbar, kann man das Drehbuch als *gut formatiert* bezeichnen (Zhang et al. 2019, S. 3). Dies wird weiter unten (vgl. Abschn. 2.4) in Bezug auf die algorithmische Verarbeitbarkeit der Textinhalte bedeutsam.

Der Drehbuchautor steht für dieses Werk in der Regel nicht durch das Filmproduktionsunternehmen – das Studio – unter Vertrag, sondern ist ein selbstständiger Anbieter (Price 2013, S. 202).

Hart (2008, S. 3) beschreibt *Storyboards* als Mittel der Vorproduktion und Vorvisualisierung von Filmmedien, das aus mehreren, aneinander gereihten Zeichnungen oder Bildern besteht und das Drehbuch des Filmes Szene für Szene darstellen (vgl. Abb. 2.3). Dabei ergänzen Storyboards das Drehbuch als Organisationshilfe für die Narration und Struktur des Mediums, bevor die Dreharbeiten begonnen werden (Hart 2008, S. 3). Wenn sie nicht per Hand gezeichnet werden, ist es durchaus auch üblich, direkt 3D-Animationen als Storyboard zu erstellen (Kelly und Rosson 2008, S. 59). Über ein modular angelegtes Storyboard lässt sich der Erzählfluss der bspw. von der Walt Disney Company animierten Handlung im Bedarfsfall auch neu anordnen (Pallant und Price 2018, S. 14 f.).

Animationen aus Drehbüchern und die daraus entstandene Szenenunterteilung in Storyboard-Bilder sind Teile der Wertschöpfungsphase Vorproduktion und Initiierung. Die aus dem Storyboard erstellte Animation wird gemeinhin als *Animatic* bezeichnet (Hart 2008, S. 175) und gilt für die Produktion etwa von Animationsfilmen als unerlässlich (Kelly und Rosson 2008, S. 66). Animatics werden im Prozess der Vorvisualisierung erstellt. Diese Animationen enthalten dadurch bereits erste, bewegte visuelle Effekte und können die Szenendauern widerspiegeln – ähnlich wie Drehbücher selbst. Überdies ist es möglich, dass Animatics bereits Musik und Dialog beinhalten. Die Animationen kommen damit dem Endresultat des

Abb. 2.3 In Hart 2008 (S. 165, Figure 9–12, Storyboard of The Godfather, Part 1) aufgeführtes Beispiel eines Storyboards

Filmmedienguts näher als das statische Storyboard, sind aber deutlich kosten- und zeitaufwändiger in ihrer Produktion. Mit einem Animatic wird die Demonstration der Szenenabfolge erleichtert und die Zeitabstände bzw. das Zeitmanagement der Filmszenen sind präziser planbar. Auch Spezialeffekte können so bereits eingeplant werden, bevor es mit der Produktionsphase als nächstes, wesentlich kostenintensivere Wertschöpfungsstufe weitergeht. Somit ist ein Animatic eine wesentliche Unterstützungsleistung für bspw. den Produzenten und den Regisseur (Hart 2008, S. 175).

Die an diesem Prozess beteiligten Akteure mit ihren Aktivitäten und Arbeitsschritten sowie die erste Einordnung des Beispielalgorithmus in die Vorproduktionsprozesse eines Filmmedienunternehmens erläutern wir im folgenden Abschnitt.

Der *Storyboard Artist* handelt mit Fokus auf Vorvisualisierung (*Previsualization*) laut John Hart (2008, S. 9) in direkter Zusammenarbeit mit Produzenten, Regisseuren und Produktions- sowie Licht-Designern. Dieser künstlerische Akteur entwirft zuerst eine Konzeptskizze oder kleinteilige *thumbnail sketches*, die das Drehbuch in einzelne Bilder übersetzen. Dies hilft den Produzenten und Regisseuren, die bis zu diesem Punkt textgebundene narrative Handlung klarer mit einer einheitlichen visuellen Vorstellung umzusetzen (Hart 2008, S. 9). Bei der Walt Disney Company hat sich z. B. die Vorvisualisierung von groben Skizzen so weiterentwickelt, dass dort auch Farbeinsatz und direkt sequenzielle Animationen des Drehbuchs genutzt werden (Hart 2008, S. 15). Von einem *Storyboard Artist* wird einerseits spontane Kreativität und Beherrschung künstlerischen und gestalterischen Handwerks verlangt, so z. B. die Fähigkeit des Künstlers, visuell die Bewegung des menschlichen Körpers darzustellen. Andererseits muss er in der Lage sein, unter Zeitdruck und auf direkte Anfrage hin Entwürfe in hochprofessioneller Qualität zu erstellen, die den visuellen und narrativen Anforderungen seitens der Vielzahl an höhergestellten Akteuren wie Produzenten und Regisseure entsprechen (Hart 2008, S. 27). Zusammen mit dem Storyboard Artist arbeitet anschließend, sofern eine Animation auf Basis des Storyboards gewünscht ist, der Animatics Expert (Hart 2008, S. 175).

Animatics Expert und Storyboard Artist bestimmen infolge dessen die einzelnen notwendigen Bilder des Storyboards (Hart 2008, S. 175 f.). Diese Bilder müssen dann manuell eingescannt und als Dateien betitelt werden. Bei umfangreichen Storyboards kann dies zu einem zeitaufwändigen Prozess werden. Anschließend werden alle Bilder (auch als *Frames* bezeichnet (Bühler et al. 2017, S. 25, Abb. unten rechts)) in eine Reihenfolge gebracht, um die Bewegungen mit dem Drehbuch und dem Soundtrack abzustimmen. Für den weiteren Prozess wird eine Animationssoftware genutzt (Kelly und Rosson 2008, S. 67 f.). Zusätzlich werden Überleitungen von einem Szenenbild zum nächsten entworfen und daraufhin Kamerabewegungen nachgebildet und zeitlich geplant. Dies gibt Aufschluss über die voraussichtlich tatsächliche Länge des Films. Mittels der sorgfältigen Planung von Filmschnitten könnten später in der Filmproduktion mögliche Fehler vermieden und so an Budget gespart werden. Neben dem Filmschnitt kann anhand von Animatics die Verwendung aufwändiger Spezialeffekte vorausgeplant und die gesamte Atmosphäre und visuelle Erscheinung des geplanten Films herausgearbeitet werden (Hart 2008, S. 175 f.).

Die kreative Arbeit der Akteure bis hin zur Produktion dieser Animationen schöpft einen besonderen Mehrwert für die Filmmedienproduktion des Genres, in dem Disney tätig ist. Der nächste Abschnitt befasst sich mit der Einordnung des Vorproduktes, das als Ergebnis dieses Wertschöpfungsprozesses entsteht. Damit werden die Rahmenbedingungen und Handlungsorientierungen deutlich, die in diesen Produktionsprozessen aufgrund ihrer erwerbswirtschaftlichen Rahmenbedingungen eine wesentliche Rolle spielen.

2.3 Ökonomische Eigenschaften von Filmmediengütern und ökonomische Bezugsprobleme der Filmmedienunternehmen

Diese hier relevanten *medienökonomischen Bezugsprobleme* sind Hindernisse und Problematiken, die sich aus einer besonderen Betrachtung der Wertschöpfungsstufen Initiierung/Konzeption, Produktion, Bündelung, Distribution und Konsum von Medieninhalten vor dem Hintergrund der profitorientierten Handlungsorientierung von erwerbswirtschaftlich ausgerichteten Medienunternehmen ergeben (Zydorek 2018, S. 46).

Zunächst ist ein Film ein immaterielles Gut, das als eine *Dienstleistung* an einem potenziellen Konsumenten zu betrachten ist. Diese wird nur dann produziert, wenn der Rezipient sich dazu entscheidet, sie anzusehen und sich dabei hinreichend auf den Rezeptionsprozess einzulassen, also Zeit, Geld und Aufmerksamkeit in den Rezeptionsprozess investiert und auf diese Weise Bedürfnisbefriedigung im Hinblick auf seine vorhandenen mit einer solchen Rezeption verbundenen Handlungsmotive, z. B. Unterhaltung, Vergnügen, Entspannung, Ablenkung, ästhetischer Genuss, Zeitvertreib, Erleben von tiefen Emotionen etc.,[3] erfährt.

Problematisch ist dabei aus Sicht des Anbieters zunächst, dass die Qualität des angebotenen Produkts oder des Ausmaßes an Bedürfnisbefriedigung, das ein potenzieller Rezipient daraus ziehen kann, von diesem nicht per se *im Vorhinein eingeschätzt werden kann*. Der Film ist also ein *Erfahrungsgut*, für dessen Konsum sich ein potenzieller Rezipient dann entscheidet, wenn er sich davon einen hinreichenden Konsum-Mehrwert erwartet und bei dem die Qualitätsunsicherheit eines potenziellen Rezipienten unter Umständen den Güterkonsum verhindert. Eine entsprechende Kommunikation des Anbieters mit der Zielgruppe sollte eine positive Erwartung fördern, indem sie das Mediengut beim potenziellen Rezipienten zunächst einmal bekannt macht und ihm überzeugende Qualitätssignale sendet, damit er vorab vom Wert des Films überzeugt wird (*Signaling*, vgl. Zydorek 2017, S. 193).

Ob der Film eine hinreichende Publikumsreichweite erreicht, die seine Refinanzierung ermöglicht, ist keineswegs sicher, zumal die Refinanzierung nicht allein von der Kino-Ausstrahlung, sondern auch der weiteren Rechteverwertung (Home Entertainment, TV-Lizenzen, Merchandising) abhängig ist. So kann es mehrere Jahre dauern (vgl. SZ 2020, S. 10), bis klar ist, ob der Film ein ökonomischer Hit oder Flop wird. Die Produktionskosten, die als *first copy costs* (Erstkopiekosten)

---

[3] Vgl. als tabellarische Übersicht über durch Mediengüter befriedigte Bedürfnisse Zydorek 2018, S. 19.

der gesamten, erstmaligen Produktion eines Filmmedienguts anfallen (ca. 50 % ggü. Distributionskosten – Verleih und Kinodistribution – von 47 %, vgl. Wirtz 2016, S. 363), sind also vorzufinanzieren. Demnach fallen fast die gesamten entstehenden Kosten *vor der ersten Veröffentlichung und Vermarktung* des Films an. Dies stellt ein erhebliches finanzielles Risiko für die Filmmedienproduktion dar.

Der Film ist darüber hinaus oft kein Gebrauchsgut, sondern eher ein *Verbrauchsgut* in dem Sinn, dass er vom Rezipienten in der Regel nur einmal angeschaut wird und sein Wert für den Rezipienten danach im Regelfall stark absinkt oder verschwindet. In diesem Kontext spielt auch die *Aktualität* der Filmvorführung eine Rolle für seinen Wert, weil oft nur in einem begrenzten Zeitraum nach der ersten Veröffentlichung ein breites Interesse an seiner Rezeption vorhanden ist (vgl. Castendyk 2014, S. 53).[4]

Für die Filmmedienbranche ergibt sich das Problem, dass die Nachfrage nach den Filmmediengütern stets unsicher und schwer beeinflussbar ist, was sich mit dem oben beschriebenen Umstand paart, dass die Güter dafür bereits *vorab vollständig produziert* sein müssen. Zusätzlich erschwert eine kontinuierlich steigende Anzahl von Filmstarts die Möglichkeit, eine ausreichende Reichweite und damit zufriedenstellende Einnahmen zu erzielen (vgl. Castendyk 2014, S. 135 ff.).[5] Da der Geschäftserfolg von Filmmedienunternehmen wie der Walt Disney Company von dem Erfolg ihrer Filmmedien abhängt, handelt es sich um eine wesentliche, für das betreffende Unternehmen überlebenswichtige Herausforderung (vgl. Wirtz 2016, S. 372).

In Anlehnung an die bei Zydorek (2018, S. 71 f.) in Bezug auf die Wertschöpfungsstufe der Initiierung und Konzeption (allerdings in Bezug auf Nachrichten) diskutierten Bezugsprobleme lässt sich also tabellarisch (für die Filmmedienwirtschaft) zusammenfassen (vgl. Tab. 2.1):

---

[4] Lt. einer bei Castendyk (2014, S. 53) zitierten Faustregel von Programmkinobetreibern ein Drittel Umsatz in der ersten Woche, ein Drittel in der Woche zwei bis sechs, nach der sechsten Woche das dritte Drittel.

[5] Die jährlichen Filmstarts sind von 430 im Jahr 2003 auf 643 im Jahr 2018 angestiegen (vgl. Castendyk 2014, S. 136 und https://www.filmdienst.de/artikel/38812/kinostarts-in-deutschland, Abruf 06.12.2021).

Tab. 2.1 Eigenschaften von Filmcontents

Bereich Kosten (hoch, fix, ex ante)
-relativ hohe, nennenswert durch menschliche Arbeit verursachte Erstellungskosten
-diese Kosten sind im klassischen Produktionsmodell Fixkosten des Medienunternehmens
-sie sind Kosten der Erstkopie des Produktes (first copy costs)
-sie fallen als Gesamtsumme vor der Markteinführung an
Bereich Produkt (immateriell, Dienstleistung, Unikat, mit externen Produktionsfaktoren hergestellt)
-Entstehende Mediengüter sind jeweilig Unikate
-Sie haben diffuse, z. T. subjektiv abhängige Qualitätsmerkmale (z. B. Unterhaltungswert, Aktualität, ästhetisches Empfinden, individuelle Vorerfahrung)
-beim Anbieter herrscht prinzipiell Unklarheit über die Rezipientenpräferenzen
-Inhalte sind nur bedingt testbar hinsichtlich des Markterfolges bzw. Erfolgsprognosen für den Anbieter auf Basis von Produkttests sind unsicher
-Knappheit externer Produktionsfaktoren (Zeit, Interesse, Aufmerksamkeit), die der Rezipient einbringt
Bereich Nachfrage/Konsum (unsicher, schlecht prognostizierbar, voraussetzungsvoll)
-Qualitätsunsicherheit des Nachfragers aufgrund von Erfahrungseigenschaften der Contents
-Filme sind deswegen ex ante schlecht beurteilbar
-Die Nachfragemenge (gemessen z. B. am Einspielergebnis des Films) ist deswegen schlecht/nicht verlässlich planbar/prognostizierbar
-Erhöhung des Risikos durch Abhängigkeit von Erst- und Folgeverwertung der Contents und Rechte (Vertrieb in anderen Formaten wie Video on Demand, DVD/Blue Ray, TV, aber auch Merchandising)

2.4 Klassische Bezugsproblemlösung in der Filmmedienproduktion

Für die Filmmedienproduktion ist es eine gängige Notwendigkeit, die durch einige wenige erfolgreiche Filme (*Hits*) erzielten Erlöse zum Ausgleich und zur Querfinanzierung für die für finanziell nicht erfolgreichen *Flops* zu verwenden (Zydorek 2018, S. 72). Aufgrund der im vorherigen Kapitel beschriebenen, hohen fixen First-Copy-Kosten geschieht es auch, dass Produzenten einen Teil der Kosten aus der gesamten Filmmedienproduktion übernehmen, und dafür dann ganz oder teilweise die sekundären und tertiären Verwertungsrechte zu behalten, wie z. B. den DVD-Vertrieb im Ausland (Zydorek 2018, S. 73). Wenn der Film dann zum wirtschaftlichen Erfolg für das Produktionsunternehmen wird, werden erhebliche Gewinne erzielt, bei einem Flop ist die Investition verloren, da das Produkt nur schlecht anderweitig vermarktet werden kann (Zydorek 2018, S. 73).

Im Sinne der Effizienzsteigerung und Rationalisierung der Produktionsprozesse von Filmmediengütern sind darüber hinaus zwei klassische Grundstrategien bekannt: Die Steigerung der *allokativen Effizienz* umfasst die Angleichung der Eigenschaften und Qualität des Produkts an die Vorlieben der Konsumenten oder die Beeinflussung der Konsumentenbedürfnisse durch Werbeeinblendungen. Dahingegen besteht die Steigerung der *produktiven Effizienz* in der Optimierung des Aufbaus der Medienproduktionsprozesse und der Umstrukturierung des Betriebs nach Gesichtspunkten der Kosten- und Effizienzoptimierung (Zydorek 2018, S. 71 f. nach Heinrich 2001, S. 161 ff.). Um die zwei Strategien umzusetzen, können von Filmmedienunternehmen verschiedene Ansätze verfolgt werden.

Zur Steigerung *allokativer Effizienz* und zur Erhöhung der Erfolgswahrscheinlichkeit des Filmmedienguts beim Rezipienten dienen auch heute Ansätze, die in der Vergangenheit in Form von Daumenregeln zur Risikominderung seitens der Produzenten verfolgt werden. So galt es für viele Produzenten bisweilen als Praxis, zur Steigerung der Wahrscheinlichkeit eines Filmerfolgs gegenwärtig erfolgreiche Schauspieler anzuheuern, Produktionsaufträge nach *Track Records* (Referenzlisten) zu vergeben, bekannte Buchvorlagen zu verfilmen und eine erfolgsgerichtete Release-Strategie zu verfolgen (Zydorek 2018, S. 70; vgl. Economist 2016; Wirtz 2016, S. 373 f.). Die Imitation bereits erfolgreicher Themen, Ästhetiken, Genres und Formate und Vermeidung zu großer Innovationen sind ebenfalls Taktiken, um das Risiko von *Flops* zu mindern (vgl. Zydorek 2018, S. 74 nach Kiefer und Steininger 2014, S. 197). Andere in der Vergangenheit praktizierte Maßnahmen sind das Durchführen von Marktforschung oder Vorab-Produkttests, um zeitgemäße Rezipientenpräferenzen zu entdecken oder den Erfolg eines konkreten Produkts vorab zu testen sowie Kundenbindungsversuche über Markenbildung und Produktwerbung, Rezensionen/Reviews, Trailer, Social Media Werbung etc. (vgl. Zydorek 2018, S. 74; Zydorek 2017 S. 141 ff.; Wirtz 2016, S. 375, 397). Ein gegenwärtig prominenter Ansatz der Steigerung der allokativen Effizienz von Filmmediengütern, der auf dem Einsatz künstlicher Intelligenz, Machine Learning und dem Einsatz Neuronaler Netze beruht, ist der bereits oben (vgl. FN 1) kurz angesprochene Ansatz der *Predictive Media Analytics*. Diesen Ansatz der Steigerung allokativer Effizienz werden wir an anderer Stelle besprechen.

Für eine höhere *produktive Effizienz* und Vorteile im Kosten- und Effizienzwettbewerb kann ein Medienunternehmen etwa fixe Kosten in variable Kosten umstrukturieren, in dem etwa fest angestellte Mitarbeiter durch tätigkeitsbezogen verdingte Freelancer ersetzt werden, Einsparungen von Kosten durch Qualitätsminderung, Etablierung von Handlungsroutinen bei der Produktion oder Spezialisierung auf Kerntätigkeiten und entsprechendes Outsourcing von Leistungen betrieben wird, oder es kann eine Finanzierungsbeteiligung von Wertschöpfungspartnern, Zulieferern oder Abnehmern verlangt werden (vgl. Zydorek 2018, S. 73). Nach Mark Young et al. (2009, S. 3) werden bei US-Filmmedienunternehmen wie die Walt Disney Company auch Akteure wie Storyboard Artists und Animatics Experts eher auf Filmprojektbasis als in permanenter Anstellung engagiert.

Einer der Kernansätze der Steigerung der produktiven Effizienz besteht aber natürlicherweise darin, Kosten durch *neue Produktionsmethoden*, besonders durch *Automatisierung*, zu senken, die sogenannte *Technologieoption* (vgl. Zydorek 2018, S. 73). Man setzt also neue Technologie ein, um Mitarbeiter zu ersetzen, um Content herzustellen, zu extrahieren, zu verarbeiten und zu variieren (vgl. auch Zydorek 2018, S. 95). Diese letztgenannte Option der Steigerung der produktiven Effizienz durch *Ersetzung von Arbeit durch Kapital*, in diesem Beispiel durch einen auf *Natural Language Processing* beruhenden *Text-zu-Animations-Algorithmus*,[6] ist der in diesem Beitrag diskutierte Ansatz der Rationalisierung der ersten Wertschöpfungsphase der Filmmedienwirtschaft.

2.5 Disneys Text-zu-Animations-Algorithmus

Algorithmen sind nach Zydorek (2018, S. 53 ff.) im Kontext der Medienwertschöpfung von Medienunternehmen zur Umsetzung ihrer geschäftlichen Interessen und Absichten programmierte Regeln, denen ein in Programmiercode übersetztes Modell des Umgangs mit Content zugrunde liegt und die zur Steigerung ihrer Wirkung fortlaufend optimiert werden.

Algorithmen organisieren und kombinieren die vorhandenen Inhalte bzw. Datenmengen (den *Input* in die Datentransaktion), weisen diesen Relevanz zu (*Throughput*), um mit dem daraus erzeugten Datensatz (dem *Output*) auf Nutzereingaben und -ziele schnell und gezielt zu reagieren (Zydorek 2018, S. 53 ff.). Das im Forschungsbeitrag von Zhang et al. (2019) vorgestellte System ist ein solcher Algorithmus, der sich allerdings, anders als in anderen Wertschöpfungsstufen, auf die *Selektion zielrelevanter visueller Präsentationen* von Text bezieht.

Der Forschungsbeitrag behandelt einen Text-zu-Animation-Algorithmus, der aus einem Text-Input – von Zhang et al. anhand von Drehbuch-Textinhalten untersucht – Animationen erstellt. Der Unterschied zu bereits eingesetzten Algorithmen mit ähnlicher Funktionsweise besteht in der Fähigkeit des präsentierten Ansatzes, mit *komplexeren Sätzen des Text-Inputs* umgehen zu können und so eine höhere Funktionalität bei der effizienten Aufgabenumsetzung zu zeigen. Dieser System-

---

[6] Genau genommen handelt es sich um eine Anzahl von Algorithmen, die hier zusammenwirken.

2 Disneys algorithmische Produktion von Animationen aus Drehbüchern als ...

Mehrwert wird durch eine systematische Textvereinfachung innerhalb des Automatisierungsprozesses des Algorithmus und durch ein System zur Generierung von Animationen ermöglicht (Zhang et al. 2019, S. 1). Das von Zhang et al. beschriebene System agiert dabei ausschließlich entsprechend den Interessen der Züricher Disney Research Studios der Walt Disney Company (Disney Research Studios 2019), welche sich auf Forschung spezialisiert hat, „… um der Walt Disney Company zu helfen, ihre Unterhaltungsprodukte, Dienstleistungen und Inhalte zu differenzieren" (Disney Research Studios o. J.; Übersetzung durch die Autoren). Obwohl dieses allgemeine Zitat auf der Website des Instituts den *Produktdifferenzierungsaspekt* der Forschung für die Mediengüter Disneys herausstellt, wird im konkreten Beitrag der Zeitgewinn des Algorithmus im Produktionsprozess („… faster prototyping and proof of concept for content creators …", Zhang et al. 2019, S. 1) herausgestellt.

Wie auch andere, bereits existierende Text-zu-Animation-Systeme nutzen Zhang et al. für ihren Algorithmus eine *Natural Language Processing (NLP)-Pipeline* (Zhang et al. 2019, S. 1)), mit deren Hilfe die Informationen aus dem eingegebenen Text gefiltert und diese für das System der Animationsgenerierung auf passende *Aktionsrepräsentationen* angewendet werden. Das System nutzt dabei ein spezielles Set von sprachlichen Transformationsregeln, um komplexe Sätze des Text-Inputs zu vereinfachen. Die aus den vereinfachten Sätzen gewonnenen Informationen dienen dann zur automatisierten Produktion grob gestalteter Storyboards, besonders jedoch von Videoanimationen, welche den Textinput als Bewegtbild darstellen (Zhang et al. 2019, S. 2). Der Algorithmus lässt sich in Form der Input-Throughput-Output-Struktur algorithmischer Selektionsapplikationen darstellen (siehe Abb. 2.4), da die Automatisierung ihrer Schrittabfolge sehr ähnlich ist (vgl. Zydorek 2018, S. 55 f. nach Just und Latzer 2016).

In Disneys Algorithmus übersetzen die *NLP-Submodule* den Input-Text in vordefinierte *Zwischenaktionsrepräsentationen*. Die Animationsgenerierungs-Engine produziert dann simple Animationen aus diesen Repräsentationen. Zu Beginn jedoch, nachdem ein Drehbuch als Text-Input gewählt wurde, extrahiert das Skriptanalyse-Modul bzw. Drehbuchanalyse-Modul die relevanten Textteile für die später folgende Animation (siehe Abb. 2.4: linke Seite, *Throughput 1*). Drehbücher stellen in diesem Kontext textbasierte Szenenabfolgen dar, wobei jeweils eine Szene einer Reihe von aufeinanderfolgenden Bewegungsaufnahmen im Bezug zum Einsatz von Kameras entspricht (Zhang et al. 2019, S. 1 ff.). Zur beispielhaften Verdeutlichung wird in Abb. 2.5 die Originalgrafik aus Zhang et al. (2019) gezeigt, die die Verarbeitung eines konkreten Drehbuchsatzes verdeutlicht.

Besteht ein Drehbuch aus den oben (vgl. Abschn. 2.2.2) genannten Bestandteilen, gilt es als *gut formatiert*; weisen Drehbücher Abweichungen von diesen defi-

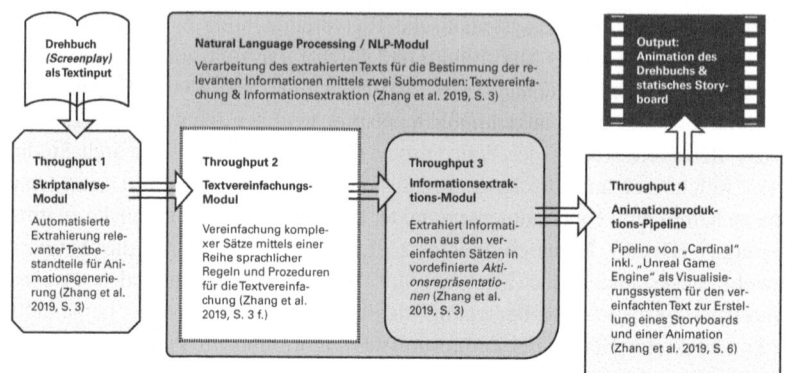

Abb. 2.4 Grafische Darstellung des Input-Throughput-Output-Algorithmus, basierend auf Zhang et al. 2019 (S. 2, Figure 1), durch die Textinhalte (vgl. Zhang et al. 2019, S. 6) ergänzt

nierten Bestandteilen auf, werden sie als *schlecht formatiert* klassifiziert (Zhang et al. 2019, S. 3). Für gut formatierte Drehbücher wird anschließend ein eigenständiges Analysemodell auf der Basis von handgemachten Zuordnungsregeln verwendet, das die Inputs aus dem Drehbuch in die funktionalen Bestandteile segmentiert; für die Analyse schlecht formatierter Drehbücher wurde ein weiteres Modell entwickelt, um den Input-Text anhand spezifischer *syntax simplification rules* (vgl. Zhang et al. 2019, S. 5) so zu vereinfachen, dass aus komplexen Satz-Inputs (etwa Sätze, die von der Subjekt-Verb-Objekt-Struktur abweichen) mehrere einfachere Sätze mit eindeutigen und verarbeitbaren Bedeutungen (*ein* handelnder Charakter und *eine* eindeutige ihm zugehörige Aktion) generiert werden konnten. Im Submodul der *Informationsextraktion* werden Informationen aus den vereinfachten Sätzen extrahiert (Zhang et al. 2019, S. 3). Diese Sätze werden dann hinsichtlich ihrer Akteure, Objekte und Handlungen mit vordefinierten Aktionsrepräsentationen, wie z. B. Startzeit, Emotion, Ziel, Requisite etc. (Zhang et al. 2019, S. 6) einer *animation engine* abgeglichen und dort, wo keine *exakten* Entsprechungen zu finden sind, jeweils *ähnlichen* Entsprechungen zugeordnet (Zhang et al. 2019, S. 5 ff.).

Im *Animationsproduktions-Modul* bzw. der -Pipeline werden anschließend die Prä-Visualisierungen des Textinputs in Form von 3D-Animationen und 3D-Storyboard-Bildern auf Basis der *Aktionsrepräsentationen* generiert. Dazu wird die bereits vorab existierende Animations-Pipeline *Cardinal* und die Animationsproduktionssoftware *Unreal Engine* mit ihren vorgefertigten Animationen, 3D-Objekten und -Charaktermodellen verwendet. Es werden hierbei also keine neuen

2 Disneys algorithmische Produktion von Animationen aus Drehbüchern als … 45

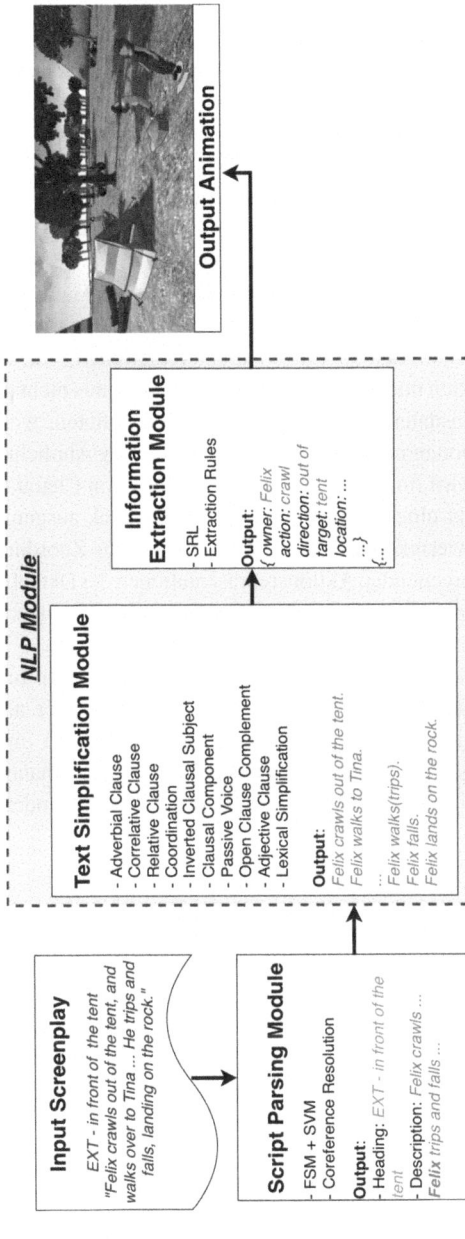

Abb. 2.5 Systemarchitektur an einem Beispielsatz aus einem Drehbuch

3D-Modelle angefertigt, sondern auf eine schon existierende Bibliothek der Software zurückgegriffen (Zhang et al. 2019, S. 6).

Die Autoren ermittelten durch eine Befragung von 22 Endnutzern des Systems die Qualität seines Ergebnisses, indem jeweilig 20 Paare aus Satz und Animation anhand einer Likert-Skala im Hinblick darauf zu bewerten waren, ob die Animationen den Texten angemessen bzw. entsprechend seien, also wieviel der Textinformation in dem jeweiligen Video erkennbar repräsentiert sei. 68 % der befragten Probanden bewerteten die Video-Prävisualisierungen mit dem Mittelwert der Fünf-Werte-Likert-Skala oder besser (Zhang et al. 2019, S. 9).

Bekannte Limitationen von Disneys Algorithmus liegen laut Zhang et al. (2019, S. 9) erstens in fehlenden Gesichtsanimationen[7] und damit zusammenhängend, wenig detaillierten Informationen über die Charaktere. Zweitens entstehen Probleme bei bestimmten Objekten und Aktionen, die vom Algorithmus nicht passend auf die Inhalte der Animationsdatenbank angewandt werden konnten, weil sie den dort vorliegenden Animationen nicht entsprachen und zu wenig Ähnlichkeit aufwiesen. Ein drittes Problem wird im Fehlen detaillierterer *Teile* von Charakteren oder Objekten (z. B. dem Kopf eines Charakters) in der Datenbank ausgemacht und viertens lassen sich Schwierigkeiten des Algorithmus mit der Zuordnung von ähnlichen Wörtern zu entsprechenden Aktionsrepräsentationen der Datenbank feststellen (z. B. wurde die Animation *look* nicht der Textaktion *watch* zugeordnet) (Zhang et al. 2019, S. 9).

Wie der Einsatz von Disneys Algorithmus in den Wertschöpfungsprozess der Filmmedienbranche aus der Perspektive der Untersuchung der algorithmischen Durchdringung gesellschaftlicher Kommunikationsprozesse zu interpretieren ist und welche Rationalisierungspotenziale im Hinblick auf die vorhandenen Prozesse und Akteure bestehen könnten, wird in den beiden folgenden Abschnitten behandelt.

2.6 Disneys Algorithmus als Medientechnologie im sozialen Kontext

Die im Kontext der Disney Research Studios von Zhang et al. erforschten und präsentierten Algorithmen automatisieren die Animationsproduktion aus Drehbüchern. Hierbei liegt der Fokus auf der Verarbeitbarkeit auch komplexer Sätze, da vormals existierende Systeme aufgrund der Tatsache, dass sie lediglich simple

---

[7] Gesichtsausdrücke (facial expression information) sind absichtlich in den hinterlegten 3-D-Modellen nicht angelegt.

Input-Sätze verarbeiten können, in ihrer praktischen Anwendung eingeschränkt sind. Dazu wird eine funktionsfähige NLP-Pipeline erstellt, die anhand selbst generierter linguistischer Transformationsregeln Informationen aus diesen Texten extrahiert und diese mit Inhalten einer Wissensdatenbank *mappt*. Die extrahierten Inhalte werden zur Generierung eines groben Storyboards und von Videos benutzt, die diese Informationen repräsentieren.

Für die hier diskutierten Algorithmen gilt, was Napoli (2014, S. 343) über Medientechnologien äußert, dass sie

> … both constrain and facilitate communicative practices and preferences, and (…) provide base structures and parameters that regulate the production, distribution and consumption of content (…) they have the capacity to (…) impact content production decisions. All of this is achieved through mechanisms that are technological in nature but that are developed and frequently refined and recalibrated within complex social processes that are impacted by organisational and supraorganisational environmental decisions.

Versucht man, diesen Prozess mit den bei Zydorek (2018, S. 54 ff.) genannten funktionalen Anwendungsbereichen von Algorithmen (in der Medienwirtschaft) abzugleichen, ist erkennbar, dass die Relevanzzuweisungsfunktion, die Disneys Algorithmus übernimmt, vordergründig auf eine *möglichst vollständige Umsetzung* des jeweilig zu verarbeitenden Drehbuchtextes bzw. aller in ihm codierten Informationen ausgerichtet ist.

Damit kann man den Algorithmus allgemein als Instrument des Bereiches der *Selektion von Informationen* (aus Drehbüchern) bezeichnen, da er auf Basis der zugrundeliegenden, von den technischen Entwicklern proceduralisierten (Simplifikations- und Abbildungs-)Regeln entscheidet, welche Inhalte von Drehbüchern verarbeitbar oder nicht (d. h. gut oder schlecht formatiert) sind, welche Informationen aus dem produzierten Drehbuch als umsetzungsrelevant berücksichtigt werden. Es findet insofern ein algorithmisiertes *Filtering* statt (Zydorek 2018, S. 57).

Gleichzeitig aber ist der Prozess der Animationsproduktion auf der Basis von Texten aus Drehbüchern nicht auf eine Eins-zu-Eins-Abbildung von Informationen als Animationen reduzierbar, sondern sie muss als werterhöhende Transformation mit einer gewissen *kreativen Schöpfungshöhe* gelten, was insofern eher als Prozess der *Content Production* und damit verbunden als *Produktion von Wissen* zu werten wäre (nach T. Gillespie, zitiert in: Zydorek 2018, S. 56),

Sowohl die Klassifizierung dieses kreativ-künstlerisch verfassten Drehbuchs als gut bzw. schlecht formatiert, wie auch das algorithmische *Filtering* als selektive Analyse des Skripts (siehe S. 5, Abb. 1: Throughput 1 und 2) fußen auf Kriterien zur Zuweisung der Eigenschaften *Qualität* und *inhaltliche Relevanz* für die Animations- bzw. Storyboard-Produktion, die im Verborgenen bei der Walt Disney Company definiert bleiben und deshalb hier nicht im Hinblick auf ihre Auswirkungen auf das Endprodukt, den Animationsfilm, untersucht werden können.

Auch in Bezug auf die *Substitution einer kreativ-werterhöhenden Tätigkeit durch den Algorithmus* kann aufgrund der vorliegenden Informationen wenig gesagt werden. Aufgrund dessen kann anhand des Prozesses und seiner Beschreibung hinsichtlich der Frage, ob der Algorithmus spürbare Folgen für das Umsetzungsergebnis hinsichtlich Qualität, Urheberintention, Botschaftsgestaltung, Kommunikationswirkung auf den Rezipienten usf. Veränderungen bewirkt (vgl. auch Zydorek 2018, S. 59), keine begründete Aussage gemacht werden, wenn auch denkbar und anzunehmen ist, dass der *Prozess automatisierter Zuweisungsprozesse standardisierter Symbole* zu einer Vereinheitlichung der Inhalte, dem Verlust von Tiefe, Symbolik, Subtilität, Ideen- und Detailreichtum beim Endprodukt führen könnte. Auch ist fraglich, in welcher Weise ein durch die Textsimplifikation eintretender Informationsverlust nicht verarbeitbarer Information das Ergebnis algorithmisch erzeugter Animationen (negativ) beeinflusst.

Insofern lässt sich mit dem massenhaften Einsatz dieser Medientechnologie zumindest vermutlich auch eine gesellschaftliche Folgedimension verknüpfen, die darüber hinausgeht, dass ein Drehbuchautor einige seiner kreativ formulierten Ideen, Aussagen, Details, Anspielungen im Storyboard und seiner Animation nicht wiederfindet. Diese Dimension verbindet schon Gillespie (2014) mit der Befragung nach den Auswahlmustern, die algorithmischer Selektion zugrunde liegt, sowie ihrer Legitimität in Bezug auf ihre kulturellen und politischen Auswirkungen (vgl. Zydorek 2018, S. 58).

Wie bereits unter Abschn. 2.2 angesprochen, sind die von Napoli oben angesprochenen organisationalen Rahmenbedingungen dieselben, wie in anderen erwerbswirtschaftlichen Produktionsprozessen im Bereich der Medienwirtschaft; es geht um die Steigerung der allokativen und/oder produktiven Effizienz beim entsprechendem Ressourceneinsatz. Anders als beim (in Zydorek 2018, Kap. 3) diskutierten Fall der Demand Driven Content Production – dort geht es wie besprochen um eine Absenkung des Produktionsrisikos durch die ex-ante-Bewertung der Erfolgswahrscheinlichkeit von Produkten – steht hier nicht die Steigerung der *allokativen Effizienz* der hergestellten Produkte im Vordergrund, sondern die Verringerung des Zeit- und Ressourceneinsatzes im Produktionsprozess durch Investition in die Automatisierung kreativer Konzeptionsprozesse, also die Erhöhung der produktiven Effizienz. Dies wird im nachfolgenden Abschnitt thematisiert.

2.7 Rationalisierungspotenziale durch Disneys Algorithmus und die medienökonomischen Bezugsprobleme

Mithilfe des von Zhang et al. 2019 beschriebenen Algorithmus ließen sich noch in der Initiierungs- und Vorproduktionsphase des Wertschöpfungsprozesses, also direkt nach dem Erwerb des Drehbuchs oder sogar während diesbezüglicher Geschäftsverhandlungen Animationen aus dem Input-Drehbuchtext erstellen. Für die einsetzenden Unternehmen ergeben sich dadurch verschiedene Rationalisierungspotenziale. An dieser Stelle erläutern wir vier Aspekte: *Automatisierung von kreativer Arbeit, Zeitersparnis, Steigerung des Mengenoutputs der Produktion* sowie *Steigerung der Qualität des Outputs*. Diese Aspekte betreffen ausschließlich den unter Abschn. 2.3.1 diskutierten Ansatz der *Steigerung der allokativen Effizienz*.

Automatisierung von kreativer Arbeit
An erster Stelle lässt sich vermuten, dass Disney mit ihrem vorgestellten Algorithmus zukünftig die bisher anfallenden und unumgänglichen Kosten der Storyboard Artists und Animatics Experts mindern oder komplett vermeiden könnte. Laut Zhang et al. solle der Algorithmus nicht dafür dienen, bestimmte traditionelle Akteure der Vorproduktionsphase zu ersetzen, sondern ihnen ihre Tätigkeiten zu erleichtern: „The purpose of the system is not to replace writers and artists, but to make their work more efficient and less tedious" (2019, S. 1). Dennoch ist eindeutig, dass dieser Algorithmus als ein Instrument der Rationalisierung wertschöpfender Tätigkeiten für das Filmmedienunternehmen eingesetzt werden kann, sobald das diesbezügliche Nutzen-Kosten-Verhältnis für diese positiv und die Qualität des Ergebnisses ausreichend ist. Der Algorithmus könnte durch seine automatisierte Animatic- und Storyboard-Produktion nahezu alle Tätigkeiten von Storyboard Artists und Animatics Experts ersetzen. Dies setzt allerdings voraus, dass die initialen Investitionskosten für die Erstellung oder Anschaffung des Algorithmus für das jeweilige Filmmedienunternehmen aufgrund der Einsparungen von Personalkosten absehbar amortisiert werden könnten.

Der Algorithmus würde im Fall seines praktischen Einsatzes durch diejenigen Entwickler oder Animatics Experts, welche die meisten Kompetenzen im Kontext der Verwendung des Algorithmus und der Interpretation des Storyboards besitzen, in Zusammenarbeit mit dem Produzenten, Regisseur sowie Produktions- und Lichtdesigner ausgeführt werden. Normalerweise entstehende Konzeptskizzen oder *thumbnail sketches* (Hart 2008, S. 15) blieben erspart, da der Algorithmus automatisiert das Drehbuch in (Bewegt-)Bild übersetzt. Farbeinsatz und Animation sind schon jetzt fester Bestandteil des Algorithmus-Outputs, sodass dieser Aufwand, der bspw. bei Disney aktuell noch zusätzlich betrieben wird, automatisch umgesetzt wird (Hart 2008, S. 15). Zwar ist eine detaillierte Darstellung von menschlicher Anatomie und Bewegung aktuell mit Disneys Algorithmus noch nicht möglich, doch könnte dieses Problem durch eine Verbesserung des Algorithmus auf Basis einer umfangreicheren Animationsbibliothek gemildert oder behoben werden. Dasselbe gilt für die künstlerische Ausgestaltung der Figuren und Szenen. Vorgefertigte 3D-Animationsbibliotheken inklusive hochqualitativer 3D-Charakter-Modelle werden schon seit längerer Zeit, beispielsweise anhand von *mixamo.com* durch das Medienunternehmen Adobe Systems ausdrücklich zur vollständigen Filmmedienproduktion kostenlos zur Verfügung gestellt und sind mit der Animations-Engine *Unreal Engine* von Disneys Algorithmus (Zhang et al. 2019, S. 6) sogar kompatibel (Adobe Systems Incorporated 2021).

Da Disneys Algorithmus nach Zhang et al. (2019, S. 2, Figure 1) den Szenen noch keine Musik oder vertonten Dialoge einspeisen kann, würde diese Tätigkeit zumindest für eine bestimmte Zeit bei dem Animatics Expert und evtl. den Produzenten verbleiben, bis der Algorithmus um diese Funktionalität ergänzt werden könnte. Zur Überwachung und Auswertung der Ergebnisse des Algorithmus und seiner Drehbuchanimationen könnte zusätzlich zumindest in einer Übergangsperiode ein Storyboard Artist und der Animatics Expert zur Beratung und Korrektur beschäftigt werden. Für die Abnahme und Überprüfung der abgeschlossenen Drehbuchanimation und Storyboard-Bilder würden dann anschließend weiterhin die Produzenten des Filmmedienunternehmens dienen.

Zeitersparnis
Zweitens könnten durch den Einsatz dieses Algorithmus in der Wertschöpfungskette Zeitkosten eingespart werden. Zhang et al. (2019) geben in ihrem Forschungsbeitrag keinen Aufschluss darüber, welchen Zeitaufwand der Algorithmus aktuell vom Input bis zum Output benötigt, dennoch kann es spätestens nach entsprechenden Optimierungen möglich werden, durch die eingesparte Koordinationsarbeit mit und zwischen Storyboard Artists und Animatics Experts und Produzenten die gesamte Produktionsdauer des Filmmedienguts signifikant zu verkürzen. Wie zuvor erwähnt, ist es auch möglich, den händischen Herstellungsprozess von Animationen und besonders einen händischen Digitalisierungsprozess papiergebundener Storyboard-Bilder zu automatisieren. Dies könnte durch Einsparung der dort anfallenden Zeitaufwände eine die Kosten stark reduzierende Handlungsoption seitens des Filmmedienunternehmens sein. Hierdurch könnten schlussendlich auch geringere Gehaltskosten der übrigen Akteure des Filmproduktionsprojekts anfallen.

Steigerung des Mengenoutputs der Produktion
Drittens entstünde durch die Implementation von Disneys Algorithmus in die Initiierungs- und Vorproduktionsphase die Möglichkeit, jederzeit mit weniger Aufwand, also kostenschonend große Mengen von Storyboard- und Animatics zu produzieren. So könnten zur Unterstützung von Entscheidungsprozessen testweise oder sukzessive in Drehbuchentwicklungsprozesse integriert Verbildlichungen vorgenommen werden, die ein größeres Maß an Klarheit und Entscheidungssicherheit auch in Bezug auf die Drehbuchentwicklung bringen könnte. Dies könnte auch zu Qualitätsgewinnen des Endproduktes führen.

Steigerung der Qualität des Outputs
Viertens: Die durch den Algorithmus automatisierte Animatic- und Storyboard-Produktion erfolgt in 3D. Somit ist davon auszugehen, dass gegenüber den traditionell eingesetzten 2D-*Storyboards* und -Animatics die Inhalte visuell realistischer produziert werden könnten. Es kann hier nur vermutet werden, dass dies möglicherweise qualitätssteigernde Effekte auf das Ergebnis haben wird, da ein Eindeutigkeitsgewinn für Storyboards und Animatics gegenüber einer 2D-Darstellung möglich wäre, die Ergebnisse also weniger uneindeutig und interpretationsoffen wären. Außerdem könnte die Einsparung des größten Teils der Storyboard- und Animatic-Produktionsdauer ermöglichen, dass inhaltliche Qualitätsmängel des Drehbuchs frühzeitig und visuell leicht verständlich sichtbar werden. Damit hätten die Produzenten die Möglichkeit, das Drehbuch schneller bzw. rechtzeitig anpassen lassen zu können. So könnte Disney das Filmmediengut in höherer Qualität bezüglich der Narration, des Dialogs, der Struktur und der Szenenlängen vollständig durchproduzieren. Für die gesamte Filmmedienproduktion könnte dies in einer geringeren Mangelanfälligkeit resultieren, die zur Senkung der notorisch hohen Floprate der Branche dienlich wäre.

Diese hypothetisch möglichen, aus der Algorithmisierung resultierenden Veränderungen bei den Prozessen, den Kosten, der Qualität und den Tätigkeiten der beteiligten Akteure werfen weitere Überlegungen medienökonomischer und sozialer Art auf, die wir im anschließenden Abschnitt kurz ansprechen wollen.

2.8 Folgen für Medienwirtschaft und Gesellschaft

Diskutiert man die Auswirkungen der Algorithmisierung auf Medienmärkte und die Gesellschaft, so lässt sich neben der von Zydorek 2018 fokussierten *Steigerung der produktiven und allokativen Effizienz* (vgl. Zydorek 2018, S. 71 f.) in medienökonomischen Wertschöpfungsprozessen das Potenzial dieser Veränderungen auch in sozialer und kultureller oder regulatorischer Perspektive diskutieren (vgl. z. B. für viele: Gillespie 2014; Dogruel et al. 2020). Dabei hebt sicher der Umstand, dass Medientechnologien tief in *gesellschaftliche Kommunikationsprozesse eingreifen*, die besondere Bedeutung einer solchen Diskussion über die Konsequenzen heraus. Die damit zusammenhängenden Prozesse einer modellgemäßen Formalisierung, Quantifizierung, Messbarmachung und Proceduralisierung bei der Generierung, Auswahl und Entscheidung über gesellschaftlich massenhaft geteilte Kommunikationscontents muss zumindest offen und transparent diskutiert werden, um eine allseitige Verständigung darüber zu ermöglichen (*algorithmische Transparenz*).

An dieser Stelle soll aber lediglich kurz das weitere Potenzial der Algorithmisierung für das strategische Management und die Wettbewerbsfähigkeit von Medienunternehmen angesprochen werden: Die Bedeutung für das strategische Medienmanagement erschließt sich über die Betrachtung der Ressourcenausstattung von Medienunternehmen. Die Behandlung dieser Unternehmensressourcen stammt aus dem sogenannten *resource-based view*, durch den versucht wird, die Bedeutung der produktiven Vermögenswerte (*Ressourcen*) und organisationalen Fähigkeiten und Handlungsmuster (*Kompetenzen*) eines Unternehmens für seine optimale Positionierung am Markt und die Wettbewerbsfähigkeit zu erschließen (vgl. Welge et al. 2017; S. 84 ff.; Wirtz 2020, S. 460 ff.). Kernressourcen und Kernkompetenzen sind auch in Medienunternehmen zusammen mit der Wertschöpfungskette die elementaren Faktoren für eine Analyse und Verbesserung der Schöpfung von Wert für den Kunden (vgl. Wirtz 2019, S. 43).

Hervorragende und erfahrene Storyboard Artists und Animatics Experts können in Bezug auf ihre Tätigkeiten im Wertschöpfungsprozess bislang zu denjenigen besonderen Faktoren gezählt werden, die einen bedeutsamen Mehrwert (Value) für das Endprodukt erbringen, die am Markt nicht in beliebiger Menge zur Verfügung stehen (Rarity), nicht beliebig ersetzt (Imitability) oder beliebig neu organisational produktiv (Organisation) eingebunden werden können.

Mit den hier diskutierten Veränderungen der Storyboard-Produktion erscheint zumindest denkbar, dass sich dies mittelfristig verändern könnte und ein algorithmisches System der beschriebenen Art die Situation in Bezug auf die vier genannten Faktoren der besonderen Ressourcenausstattung, also Value, Rarity, Imitability und Organisation, wesentlich verändert. Wie schon bei Napoli (2014) beschrieben, bewirkt solch eine Rationalisierung mithilfe menschlicher Programmierarbeit, dass sich die Rolle des Menschen für die Produktion von Medieninhalten zunehmend von einer direkten zu einer indirekten hin entwickelt (zitiert in: Zydorek 2018, S. 62). Die konkrete kreative Arbeit, die man bisher nur als sehr schwer in vordefinierte Regeln oder Abfolgen gießen zu können glaubte (vgl. Rimscha und Siegert 2015, zitiert in: Zydorek 2018, S. 50), gerät nun zunehmend aufgrund wachsender Abbildungskomplexität der algorithmischen Systeme in den Fokus wettbewerbsorientierter Managementanstrengungen.

Die durch den hier besprochenen Algorithmus nun frei werdenden Wertschöpfungsanteile aus Storyboard- und Animatic-Produktion werden möglicherweise zunächst für eine überwachende Funktion ähnlich wie etwa *Meta-Writer* in der Nachrichtenproduktion eingesetzt werden, die den Algorithmus, der sie ersetzt, trainiert und noch weiter verfeinert (Zydorek 2018, S. 107). Dies bliebe absehbar aber nur eine Übergangslösung, bis der Algorithmus für seinen Verwendungszweck zufriedenstellende Resultate erzielt oder er so weit verbessert würde, dass er die Produktion von 3D-Animationsfilmen nach einem Drehbuch-Input gänzlich autonom übernehmen könnte und eine (nahezu) vollständige Substitutionen in der Wertschöpfung betroffener Medienunternehmen möglich wäre. Algorithmen können so als *Kernressourcen von Medienunternehmen* Wettbewerbsvorteile bedingen, die beispielsweise eine Personalisierungsführerschaft (wie z. B. bei der Programmpersonalisierung beim Streamingdienstleister Netflix) oder auch eine Interaktionsführerschaft (z. B. beim Matchmaking auf Dienstleistungs- und Handelsplattformen) bewirken könnte (vgl. z. B. Wirtz 2020, S. 436 ff., 2021, S. 454 ff.).

Eine andere denkbare Lösung wäre, den Algorithmus als Instrument zu nutzen, die eigenen Kernfähigkeiten weiterzuentwickeln und die kundenrelevante Positionierung des Medienunternehmens bzw. seiner Angebote gegenüber den Wettbewerbern weniger im Kosten- denn im Qualitätswettbewerb in Bezug auf den generierten Kundenwert auf der Basis der *Kombination unternehmensinterner menschgebundener Kompetenzen und algorithmischer Ressourcen* zu stärken. Es ginge dabei also weniger um die Substitution von Storyboard Artists und Animatics Experts, als darum, ihre Arbeit unter qualitativen Gesichtspunkten zu unterstützen und ergänzen. Dies wird von uns an anderer Stelle umfassender thematisiert werden.

Bedeutsam ist aber insgesamt auch hier nicht der Einsatz der Technik in Content-Wertschöpfungsprozessen im Mediensektor *per se*, sondern die Wirkungen medienökonomischer Rahmenbedingungen im Hinblick auf die *Zielstellungen, unter denen sie angewendet wird*. Im Beispiel der Walt Disney Company erscheint es uns aufgrund der bisherigen Positionierung des Unternehmens nicht unwahrscheinlich, dass es dort dabei *nicht nur* um eine Steigerung der produktiven Effizienz auf der Basis von Kostenersparnis geht, sondern um die *Schaffung wettbewerbsrelevanter Unternehmensressourcen*, die bei der dauerhaften Qualitätsverbesserung des Mediencontents eine Rolle spielen können. Disney würde insgesamt also mit den beschriebenen Algorithmisierungsanstrengungen eine hybride Wettbewerbsstrategie (vgl. Fleck 1995) verfolgen.

Literatur

Adobe Systems Incorporated. (2021). *mixamo: Get Animated. Animate 3D characters for games, film and more.* Adobe Systems Incorporated. https://www.mixamo.com/#/ Abruf: 07.07.2021

Bühler, P., Schlaich, P. & Sinner, D. (2017). *Animation.* Springer Berlin Heidelberg. https://doi.org/10.1007/978-3-662-53922-4

Castendyk, O. (2014). Kinobetriebsstudie. Daten zur Kinowirtschaft in Deutschland. Hamburg.

DisneyResearch Studios. (o. J.) *About Us: Welcome to DisneyResearch|Studios*! https://studios.disneyresearch.com/about-us/ Abruf: 24.06.2021

DisneyResearch Studios. (2019, 1. Juni). *Generating Animations from Screenplays: In this paper, we develop a text-to-animation system which is capable of handling complex sentences.* Walt Disney Company. https://studios.disneyresearch.com/2019/06/01/generating-animations-from-screenplays/ Abruf: 24.06.2021

Dogruel, L. Stark, B. Facciorusso, D. Liesem, K. (2020) Die Regulierung von Algorithmen aus Expertensicht in: Media Perspektive 3/2020, S. 139–148

Economist (2016) *The film Business - Fading Stars*, 27.2.2016, https://www.economist.com/business/2016/02/27/fading-stars, Abruf 3.11.2021

Eliashberg, J., Elberse, A. & Leenders, M. A. (2006). *The Motion Picture Industry: Critical Issues in Practice, Current Research, and New Research Directions.* Marketing Science, 25(6), 638–661. https://doi.org/10.1287/mksc.1050.0177

Fleck, A. (1995). *Hybride Wettbewerbsstrategien. Zur Synthese von Kosten- und Differenzierungsvorteilen.* Wiesbaden. Gabler. 1995

Forbes. (2021, 13. Mai). *Ausgewählte Medienkonzerne nach Börsenwert im Jahr 2021* (in Milliarden US-Dollar) [Graph]. Statista GmbH. Statista. https://de.statista.com/statistik/daten/studie/36247/umfrage/boersenwert-der-weltgroessten-medienkonzerne/ Abruf: 11.07.2021

Gillespie, T. (2014) The Relevance of Algorithms in: Gillespie, T. Boczkowski, P.J. Foot, K.A. (2014*) Media Technologies*, Cambridge: MIT University Press. S. 167–194.

Hart, J. (2008). *The art of the storyboard: A filmmaker's introduction* (2nd ed.). Focal Press Elsevier.

Heinrich, J. (2001) Ökonomisierung aus wirtschaftswissenschaftlicher Perspektive. in: M&K Medien- und Kommunikationswissenschaft. Jahrgang 49 (2001). Heft 2. S.159–166.

Just, N. & Latzer, M. (2016). Governance by Algorithms: Reality Construction by Algorithmic Selection on the Internet, Accepted Manuscript forthcoming in: Media, Culture and Society, http://www.mediachange.ch/media/pdf/publications/Just_Latzer2016Governance_by_Algorithms_Reality_Construction.pdf. Abruf 10.1.2017

Kelly, B. J. & Rosson, A. (2008). *Storyboards and Animatics*. In B. J. K. A. S. R. D. W. Tim Jones (Hrsg.), Foundation Flash Cartoon Animation (S. 59–71). Apress. https://doi.org/10.1007/978-1-4302-0481-7_3

Kiefer, M.L Steininger, C. (2014) Medienökonomik: Einführung in eine ökonomische Theorie der Medien. 3. Aufl. München, Wien: Oldenbourg.

Mark Young, S., Gong, J. J. & van der Stede, W. A. (2009). *Value Creation and the Possibilities for Management Accounting Research in the Entertainment Sector: the United States Motion Picture Industry*. In: Handbooks of Management Accounting Research. Handbook of Management Accounting Research (Bd. 3, S. 1337–1352). Elsevier. https://doi.org/10.1016/S1751-3243(07)03007-6

Napoli, P. (2014). Automated Media: An Institutional Theoriy Perspective on Algorithmic Media Production and Consumption. In: Communication Theory24 (2014). S. 340–360.

Pallant, C. & Price, S. (2018). *Storyboarding: A Critical History* (1. Aufl.). Palgrave Studies in Screenwriting. Palgrave Macmillan. https://doi.org/10.1057/9781137027603

Porter, M. (2001). *The Value Chain and Competitive Advantage*. In D. Barnes (Hrsg.), Understanding business processes. (S. 50–66). Routledge.

Price, S. (2013). *A history of the screenplay*. Palgrave Macmillan; [distributor] Not Avail.

Rimscha, B. von & Siegert, G. (2015). *Medienökonomie*. Wiesbaden: VS Verlag.

SZ (2020) *Drehen nach Zahlen*, SZ 15.4.2020, S. 10

VuMA. (2020). *Bevölkerung in Deutschland nach Häufigkeit des Ansehens von Filmen oder Serien* (z.B. DVDs, Blu-Rays, Streams) in der Freizeit von 2016 bis 2020 (Personen in Millionen) [Graph]. Statista. https://de.statista.com/statistik/daten/studie/171903/umfrage/haeufigkeit-dvds-videos-ansehen-in-der-freizeit/ Abruf: 11.07.2021

Welge, M.K., Al-Laham, A., Eulerich, M. (2017) *Strategisches Management: Grundlagen, Prozess, Implementierung*. 7. Aufl., Wiesbaden, SpringerGabler

Wirtz, B. W. (Hrsg.). (2019). *Progress in IS. Digital Business Models*. Springer International Publishing. https://doi.org/10.1007/978-3-030-13005-3

Wirtz, B. W. (2020). *Business Models and Value Creation in the Movie Market*. In B. W. Wirtz (Hrsg.), Springer Texts in Business and Economics. Media Management (S. 125–135). Springer International Publishing. https://doi.org/10.1007/978-3-030-47913-8_7

Wirtz, B.W. (2016) Medien- und Internetmanagement. 9.Aufl. Wiesbaden: SpringerGabler.

Wirtz, B.W. (2019) *Digital Business Models*. Cham: Springer.

Wirtz, B.W. (2020). *E-Business*. 7. Aufl. Wiesbaden: SpringerGabler Verlag.

Zhang, Y., Tsipidi, E., Schriber, S., Kapadia, M., Gross, M. & Modi, A. (2019, 10. April). *Generating Animations from Screenplays*. Walt Disney Company; DisneyResearch|Studios. http://arxiv.org/pdf/1904.05440v1

Zydorek, C. (2017). *Einführung in die Medienwirtschaftslehre*. Springer Fachmedien Wiesbaden. https://doi.org/10.1007/978-3-658-14217-9

Zydorek, C. (2018). *Grundlagen der Medienwirtschaft*. Springer Fachmedien Wiesbaden. https://doi.org/10.1007/978-3-658-15252-9

Algorithmisch automatisierte Artwork Generation im Netflix Empfehlungssystem

3

Markus Sasalovici

3.1 Einleitung

Videostreaming-Angebote stellen eine Möglichkeit für Rezipienten dar, der Wirklichkeit zu entfliehen und vielfältige Inhaltsangebote zu konsumieren. Dabei handelt es sich um einen Markt mit wachsender Konkurrenz, welche insbesondere in den letzten Jahren durch Angebote wie Disney+, Apple TV, Sky, oder Joyn weiterführend intensiviert wurde.

Dieser zunehmende Wettbewerb unter den Anbietern führt auf Seiten der Rezipienten zur Notwendigkeit, ein anwachsendes Angebotsvolumen hinsichtlich passender Inhalte zu filtern, wodurch letzten Endes der Aufwand für die Inhaltssuche ansteigt. Dies kann auch für die Anbieter problematisch werden, da diese Methoden finden müssen, um Kunden relevante Inhalte anzubieten und so das Risiko eines Kundenverlustes zu minimieren. Diese und weitere Problemstellungen werden im Rahmen dieser Ausarbeitung thematisiert und in einen Zusammenhang mit der algorithmischen Generierung und Personalisierung von Thumbnails auf Netflix gesetzt. Dabei wird das Unternehmen Netflix zunächst analysiert und basierend hierauf ökonomische Bezugsprobleme dargelegt. Im Anschluss hieran soll die Funktionsweise der *Netflix Essential Suite* erläutert und aufgezeigt werden, inwiefern sich dessen Funktionalitäten als eine mögliche Lösung der genannten Bezugsprobleme übertragen lassen.

M. Sasalovici (✉)
Master Design Interactive Media, Hochschule Furtwangen, Furtwangen, Deutschland

© Der/die Autor(en), exklusiv lizenziert an Springer Fachmedien
Wiesbaden GmbH, ein Teil von Springer Nature 2022
C. Zydorek (Hrsg.), *KI in der digitalisierten Medienwirtschaft*,
https://doi.org/10.1007/978-3-658-37404-4_3

3.2 Netflix

Wie bereits in der Einleitung dargelegt wurde, soll im weiteren Textverlauf eine von Netflix eingesetzte Sammlung an Algorithmen analysiert werden. Damit im Zusammenhang mit diesen auf ökonomische Bezugsprobleme eingegangen werden kann, werden unternehmerische Grundlagen thematisiert. Dabei wird zunächst auf unternehmensspezifische Charakteristika eingegangen, bevor anschließend das Geschäftsmodell des Unternehmens erläutert wird. Abschließend wird das Marktumfeld betrachtet und die Zunahme der Anzahl konkurrierender Wettbewerber thematisiert. Ziel ist es, die Basis für eine weiterführende Analyse der Bezugsprobleme und deren Lösungsansätze zu schaffen.

3.2.1 Das Unternehmen als Innovator

Netflix wurde im Jahr 1997 in Delaware gegründet und fokussierte seine unternehmerischen Aktivitäten zu Beginn auf den Verleih und Versand von DVDs über den Postweg. Dabei war es den Kunden möglich, gewünschte Inhalte online aus einem Angebotskatalog zu selektieren. Das Unternehmen erkannte dabei früh das Potenzial der Auswertung nutzerbezogener Daten, weshalb im Jahr 2000 ein personalisiertes Empfehlungssystem für die Plattform veröffentlich wurde. Das System ermöglichte die nutzerspezifische Anzeige personalisierter Filmvorschläge anhand gesammelter Nutzungsdaten (Derr et al. 2021, S. 13–14).

Dass es sich bei Netflix um ein wandlungsfähiges Unternehmen handelt, kann man daran erkennen, dass das Unternehmen frühzeitig das Potenzial von Videostreaming gegenüber dem DVD-Verleih erkannte und schon im Jahr 2007 einen eigenen Streaming-Service anbot (Derr et al. 2021, S. 14). Wird nun die Entwicklung des Dienstleistungsangebots von dessen Gründung ausgehend betrachtet, so ist ein Wandel von einer *erwartungsorientierten* hin zu einer *auftragsorientierten* Produktion von Mediengütern festzustellen. Während bei erwartungsorientierten Mediengüterangebot der Dienstleister basierend auf dessen Erfahrung über Faktoren des Leistungsprozesses wie Inhalt und Umfang entscheidet, werden derartige Faktoren bei auftragsorientierten Mediengütern in hohem Ausmaß durch Konsumenten bestimmt. Dies erfolgt in Bezug auf Netflix durch die *Personalisierung des Leistungsangebotes* auf Basis von Big-Data und Algorithmen, wodurch der Dienstleister seine Inhalte auftragsorientiert jeweiligen Konsumenten anbieten und ausliefern kann. Durch die Kombination von Big Data, Algorithmen und Personalisierung ist es dem Medienunternehmen möglich, sein Angebot an die Bedürfnisse des individuellen Rezipienten anzupassen und somit das Leistungsangebot gegenüber nichtindividualisierten Alternativen zu optimieren. In diesem Zusammenhang kann von einer *Singularisierung von Medienprodukten* gesprochen werden (Kiefer 2020, S. 170 f.).

Diese Fokussierung auf algorithmische Datenauswertung stellt eine Kernkompetenz des Unternehmens Netflix dar und wird im weiteren Verlauf dieser Ausarbeitung tiefergehend analysiert.

3.2.2 Unternehmensanalyse

Ziel dieses Kapitels ist es, das Geschäftsmodell des Unternehmens zu analysieren, sodass basierend hierauf ökonomische Herausforderungen identifiziert und erläutert werden können. Netflix ist seit 2002 an der Börse notiert und beschäftigt weltweit 8600 Mitarbeiter, wovon 800 an der Weiterentwicklung von Algorithmen für verschiedene Einsatzszenarien arbeiten (Derr et al. 2021, S. 13–15). Hierzu zählt unter anderem auch das Empfehlungssystem der Plattform, auf dessen Spezifika in weiteren Verlauf eingegangen wird.

Das Unternehmen ist nach aktuellem Stand international vertreten, produziert, bündelt und distribuiert dabei lizenzierte und selbstproduzierte Inhalte. Der Katalog umfasst dabei ein vielfältiges Angebot, welches beispielsweise Genres wie Dokumentationen, Filme und Serien beinhaltet. Aufgrund der internationalen Verfügbarkeit werden viele der Inhalte in mehreren Sprachen angeboten (Derr et al. 2021, S. 14).

Dabei findet ein wichtiger Anteil der Wertschöpfung im Rahmen der Wertschöpfungsstufe der Bündelung des angebotenen Contents statt, da der Streaming-Anbieter große Mengen an Inhalten aus eigener Produktion, aber auch externe lizenzierte Inhalte auf der eigenen Plattform zusammenführen muss. Man spricht in diesem Zusammenhang von der Bündelung mehrerer Module Copies (der einzelnen Sendungen) zur einer First Product Copy, also einem vollständigen Leistungsangebot (Zydorek 2018, S. 115). Bei diesen Inhalten handelt es sich um die Grundlage des Nutzenversprechens (Value Proposition) von Netflix (Colbjørnsen 2021, S. 1268). Das Angebot wird von Netflix durch ein Abo-Modell monetarisiert. Der Abschluss eines Abonnements stellt die Voraussetzung dar, auf die Inhaltsdatenbank des Unternehmens zuzugreifen und die angebotene Leistung in Anspruch zu nehmen.

Der Service kann daher aus Sicht des Kunden als Clubgut bezeichnet werden, da Nichtzahler von der Nutzung des Dienstes ausgeschlossen bleiben. Durch den Charakter des Streamings von Videodateien liegt eine geringe Nutzungsrivalität zwischen den Kunden vor, da die Inhalte von einer unbegrenzten Menge an Nutzern gleichzeitig konsumiert und somit nicht hinsichtlich paralleler Nutzung limitiert sind (Zydorek 2017, S. 209 f.).

Die von Netflix angebotene Dienstleistung lässt sich folglich als subscription video on demand (SVOD) einordnen. Im Kontrast zu anderen Ausprägungen von Video on demand (VOD) ist das Angebot hier nicht werbefinanziert oder finanziert sich durch den Zugriff auf zusätzliche kostenpflichtige Inhalte, sondern ermöglicht durch den monatlich anfallenden Grundbetrag einen werbefreien Zugriff auf sämtliche im Inhaltskatalog vorhandenen Inhalte (Boyarsky 2021). Damit sich potenzielle Kunden von der Dienstleistung überzeugen können, ermöglicht Netflix Neukunden einen kostenfreien Probemonat (Gomez-Uribe und Hunt 2016, S. 13.15), nach welchem eine Kündigung des Abonnements jederzeit möglich ist. Hierdurch schafft das Unternehmen Transparenz und geringe Barrieren für die Kündigung der monatlichen Zahlung (Derr et al. 2021, S. 15). Damit nun potenzielle Kunden akquiriert werden können, muss der Wert der Dienstleistung mit den Anforderungen des Kunden übereinstimmen. Die durch Netflix angebotene Value Proposition besteht dabei zunächst aus der Inhaltsbibliothek des Unternehmens, welche sich aus einem breiten und qualitativ hochwertigen Inhaltsportfolio bestehend aus exklusiven Inhalten und externen Produktionen verschiedener Genres (VuMA 2020) zusammensetzt. Der Zugang zu dieser Angebotsbibliothek ist für einen Basispreis von 7,99 Euro (Derr et al. 2021, S. 14 f.) erhältlich, die Inhalte lassen sich über eine Vielzahl an Endgeräten beinahe von überall abrufen (Derr et al. 2021, S. 34).

In Hinblick auf die Anzahl zahlender Abonnenten ist ein klares Wachstum von 70,84 Millionen Kunden im vierten Quartal 2015 auf 207,64 Millionen Kunden im ersten Quartal 2021 zu verzeichnen (Netflix 2021). Durch die hohe Anzahl an Abonnenten ist es dem Unternehmen möglich, eine starke Verhandlungsposition gegenüber Lizenzgebern für Inhalte einzunehmen (Derr et al. 2021, S. 33). Das Unternehmen profitiert beispielsweise dadurch, dass sich aufgrund der großen Menge an potenziellen Rezipienten mehr Produzenten von Bewegtbildinhalten dazu entscheiden, ihre Inhalte auf Netflix zu veröffentlichen. Hierdurch wiederum ist es dem Unternehmen möglich, neue Kunden zu akquirieren, oder aber zweifelnde Kunden zur weiterführenden Nutzung des Service anzuregen. Es handelt sich hierbei um indirekte Netzwerkeffekte zwischen Nutzerstamm und Inhaltskatalog (Derr et al. 2021, S. 35).

Die starke Abhängigkeit von zahlungswilligen Kunden kann allerdings gleichzeitig als Schwäche des Unternehmens betrachtet werden, da Preiserhöhungen oder mangelnde Qualität neuen Contents dazu führen können, dass Kunden ihr Abonnement beenden oder zu konkurrierenden Anbietern wechseln. Daher sollte im Sinne des ressource-based view des strategischen Managements[1] stetig auf die Nachhaltigkeit von Wettbewerbsvorteilen geachtet werden. Hinzuzufügen ist an dieser Stelle zudem, dass Kunden oftmals bereits über Abonnements bei konkurrierenden Anbietern verfügen. Dies kann beispielsweise auf exklusive Inhalte konkurrierender Video-on-demand Plattformen zurückgeführt werden, welche diese ihrerseits dazu nutzen, Neukunden zu akquirieren (Derr et al. 2021, S. 37). Daher ist es für ein Unternehmen wie Netflix von hoher Relevanz, Mittel zu finden, mit welchen Kunden auf der eigenen Plattform gehalten werden können. Hierzu zählt unter anderem die Personalisierung von Angebotsinhalten, um so Bestandskunden kontinuierlich möglichst passende Inhaltsvorschläge zu liefern.

Die Herausforderung hierbei besteht darin Kunden stetig relevante Inhalte zu präsentieren. Dies dient dem Zweck, ihn weiterhin vom Wert der Plattform für die eigene Bedürfnisbefriedigung zu überzeugen (Derr et al. 2021, S. 15). Das auf Algorithmen und Big-Data basierende Empfehlungssystem stellt folglich eine Kernkompetenz von Netflix dar, da es einen nachhaltigen Kundennutzen und damit einen Wettbewerbsvorteil gegenüber der Konkurrenz ermöglicht (Wirtz 2019, S. 45 f.).

3.2.3 Wettbewerbsanalyse

Die angesprochene wachsende Konkurrenz lässt sich anhand eines Vergleichs der Marktanteile von Videostreaming-Anbietern zwischen dem dritten Quartal 2017 (siehe Abb. 3.1) und dem ersten Quartal 2021 (siehe Abb. 3.2) in Deutschland analysieren.

Wie anhand der Abbildungen erkenntlich wird, ist die Konkurrenz unter den Streaming-Anbietern gewachsen. Hervorzuheben ist hierbei der Anbieter Disney+, welchem es in diesem Zeitraum gelungen ist, mit 16 % Marktanteilen den dritten Platz einzunehmen.

Betrachtet man den aktuellen Markt der Videostreaming-Anbieter, so ist über die letzten Jahre ein Anstieg der Zahl existierender Wettbewerber zu erkennen. So startete Disney im Jahr 2019 eine eigene SVOD-Plattform namens Disney+. Um sich von der Konkurrenz abzuheben, wurden im Rahmen dieser Plattform exklusive Inhalte wie beispielsweise die Serie „The Mandalorian" veröffentlicht (Barnes

---

[1] Der sogenannte ressource-based view fokussiert seinen Blick auf die Ressourcenheterogenität von Unternehmen als Ursache ihrer Performanceunterschiede und empfiehlt folglich den Aufbau und die nachhaltige Pflege gegenüber den Wettbewerbern überlegener Unternehmensressourcen und -kompetenzen.

Abb. 3.1 Marktanteile VoD-Anbieter Deutschland Q3 2017 in Anlehnung an (Loesche 2017)

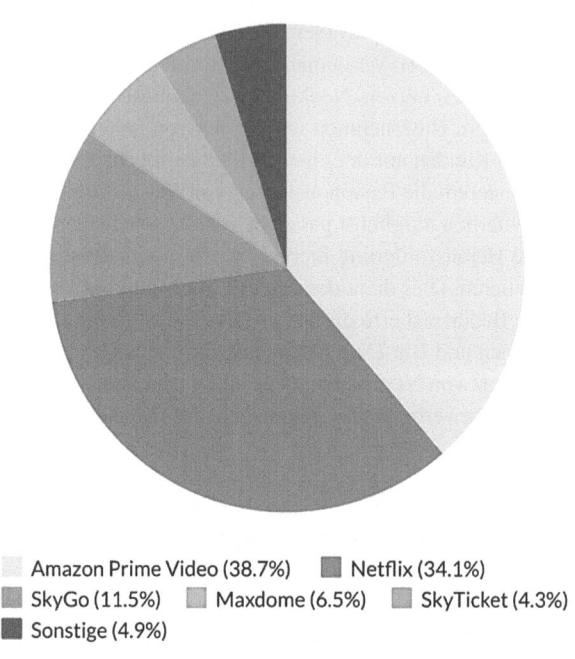

12.11.2019). Hinsichtlich des Service-Modells unterscheidet sich Disney+ von Netflix, da hier zusätzlich zu Abonnement-basierten Zahlungen auch Zusatzzahlungen für einzelne Filminhalte verlangt werden. Man spricht in diesem Zusammenhang von transactional video on demand (TVOD), welches eine Ergänzung zu SVOD darstellt und den Zugriff auf weitere Premium-Inhalte ermöglicht (Boyarsky 2021). Dabei handelt es sich beispielsweise um Kinofilme, wie die dem Marvel Cinematic Universe zugehörige Produktion „Black Widow", welche zeitgleich zu deren Veröffentlichung im Kino auch gegen eine zusätzliche Einmalzahlung über den Streaming Dienst abgerufen werden können (Barnes 12.07.2021). Ein ähnliches Modell wie Disney+ kann auch bei Amazon Prime Video verortet werden. Auch bei diesem Anbieter wird der Zugang zum Angebotskatalog durch die Modelle SVOD und TVOD ermöglicht (Boyarsky 2021).

Die genannten Unternehmen stehen also aufgrund exklusiver Inhalte in Konkurrenz miteinander, da diese im Rahmen des Entscheidungsprozesses potenzieller Kunden einen durchaus relevanten Faktor darstellen. Von Interesse ist es daher für

Abb. 3.2 Marktanteile VoD-Anbieter Deutschland Q1 2021 in Anlehnung an (Winthagen 2021)

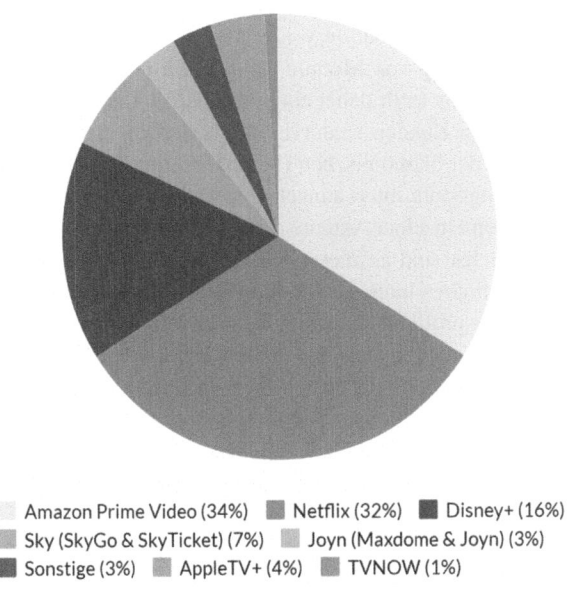

die Konkurrenten, wie es gelingen kann, *Kundenloyalität aufzubauen und Abwanderung durch Kündigung zu vermeiden*. Derartige Problemstellungen werden im Rahmen der nachfolgenden Kapitel thematisiert.

3.3 Ökonomische Bezugsprobleme von Netflix

Den thematischen Rahmen dieses Kapitels bildet zunächst die Einführung in die Bündelungsstufe, sowie in die Grundlagen ökonomischer Bezugsprobleme von Netflix. Dabei werden drei Problemstellungen detailliert dargelegt, sodass nachfolgend im weiteren Textverlauf potenzielle Lösungsmöglichkeiten aufgezeigt werden können.

3.3.1 Bündelungsstufe und Akteure

Die Bündelungsstufe stellt einen erforderlichen Zwischenschritt zwischen der Produktion und Distribution von Medieninhalten dar, da Sie die Veredelung und Zusammenfügung von Module Copies zu einer First Product Copy beinhaltet. Die Product Copy stellt dabei ein vollständiges Leistungsangebot des Programms dar, welches an Kunden weitervermittelt werden kann (Zydorek 2018, S. 115). Hinsichtlich der ökonomischen Herausforderungen (Bezugsprobleme) in dieser Wertschöpfungsstufe muss zunächst zwischen mehreren beteiligten Gruppen und den Interessen einzelner Akteure differenziert werden.

Zunächst sind an dieser Stelle Abnehmer bzw. Rezipienten zu thematisieren, deren primäres Interesse die individuelle Bedürfnisbefriedigung darstellt. Ihr Anforderungsprofil an einen angebotenen Service ist es folglich, dass dieser in Relation zu den möglicherweise anfallenden Kosten über genügend Inhalte verfügt, um das individuelle Bedürfnis eines jeden Kunden zu befriedigen. Angestrebt wird im Rahmen eines Abonnements folglich eine kontinuierliche Nutzen-/Kostenmaximierung (Zydorek 2018, S. 47). Wird diese Anforderung nun auf Netflix übertragen, so lassen sich fünf Motive zur Nutzung des Service durch Rezipienten benennen.

Zum einen sind hier affektive Nutzungsmotive zu nennen, welche sich primär auf den Konsum von Inhalten zu Unterhaltungszwecken beziehen. Beispielhaft hierfür steht daher die Auswahl und der Konsum eines angebotenen Dramas auf Netflix, welches im positiven Fall zur Bedürfnisbefriedigung seitens des Rezipienten führt (Zydorek 2017, S. 118). Ein weiteres Motiv kann das kognitive Nutzungsmotiv darstellen. Hierbei besteht das Ziel des Rezipienten zum Beispiel in der Wissensaufnahme und dem Entdecken neuer Zusammenhänge. Eine beispielhafte Situation besteht darin, dass aus dem Angebotskatalog von Netflix ein Inhalt der Kategorie Dokumentation selektiert und konsumiert wird. Das dritte mögliche Nutzungsmotiv stellt das des Zeitvertreibs dar, zum Beispiel das Anschauen einiger Folgen einer Serie, um damit die Zeit bis zu einer Verabredung zu überbrücken (Zydorek 2017, S. 118).

Über diese drei Motivkategorien hinaus können zudem soziale und identitätsbildende Motive als mögliche Nutzungsgrundlagen dienen (Zydorek 2017, S. 118). So kann man einen Film deswegen anschauen, um sich darüber mit der Peer Group unterhalten zu können (soziales Motiv). Außerdem werden zum Beispiel biografische Produktionen angesehen, um sich darüber mit Personen zu identifizieren oder sich von ihnen abzugrenzen (Identitätsbildung).

Den zweiten zu betrachtenden Akteur stellt das Medienunternehmen dar, dessen Hauptinteresse in der kontinuierlichen Mehrwertschaffung, -abschöpfung und Gewinnmaximierung liegt (Zydorek 2018, S. 47). Dies erreicht das Medienunternehmen über das Angebot solcher Mediengüter, die der Rezipient gegenüber anderen funktionalen Alternativen präferiert.

Damit dies gelingt, muss der Rezipient externe Produktionsfaktoren, wie beispielsweise Aufmerksamkeit und Zeit mit einbringen, sodass die endgültige Dienstleistung, also seine Unterhaltung, Wissenserweiterung, Zeitvertreib etc. produziert werden kann. Erst so wird aus einem angebotenen Produkt eine Dienstleistung in Form der Bedürfnisbefriedigung auf Seite des Rezipienten (Zydorek 2017, S. 130).

Damit der Kunde dies tut, ist eine hohe Kundenzufriedenheit von Relevanz. Erreicht werden kann diese, indem das Unternehmen kontinuierlich beweist, dazu in der Lage zu sein, die Bedürfnisse des Kunden zu erfüllen. Gelingt dies, so steigt die wahrgenommene Qualität der Dienstleistung seitens des Kunden und folglich auch dessen Zufriedenheit mit dem Dienst (Zydorek 2017, S. 141). Video-on-demand Unternehmen verwenden daher verschiedene Methoden, um Kunden an die Plattform zu binden. Ein Beispiel hierfür ist das Empfehlungssystem von Netflix.

3.3.2 Einführung in die ökonomischen Bezugsprobleme von Netflix

Wie bereits in den vorangehenden Kapiteln thematisiert wurde, stellen die Akquise sowie das Halten von Kunden auf der unternehmenseigenen Plattform eine hohe Priorität für einen VOD-Anbieter dar. Zurückzuführen ist dies auf die Möglichkeit der Kostenverteilung auf große Publika. Man spricht in diesem Zusammenhang von einer starken Fixkostendegression (Zydorek 2018, S. 117), da die zur Produktion der Urkopie des Mediengutes angefallenen Kosten auf eine größere Abnehmerzahl verteilt werden können.

Problematisch hierbei ist, dass die Schaffung von Kundenloyalität, wie bereits im Rahmen der Stärken und Schwächen thematisiert, eine Herausforderung für das Unternehmen darstellt. Sobald die Interessen des Nutzers aus dessen subjektiver Sichtweise nicht mehr erfüllt werden können, kündigt dieser das Abonnement. Die dieser Situation zuordbaren medienökonomischen Bezugsprobleme des Medienunternehmens werden nachfolgend dargelegt. Da der Fokus dieser Ausarbeitung auf der Analyse eines Algorithmus zur Generierung und Personalisierung von

Thumbnails[2] liegt, wurden Bezugsprobleme basierend auf den Grundlagen aus Zydorek (2018, S. 116–119) auf diesen Kontext übertragen.

3.3.3 Bezugsproblem 1 – Begrenzte Aufmerksamkeitsspanne

Das erste anzuführende Bezugsproblem thematisiert den wachsenden Konkurrenzkampf zwischen Video-on-demand Anbietern, welcher in den vorangehenden Kapiteln thematisiert wurde. Da Rezipienten oftmals über ein Abonnement bei mehreren Anbietern verfügen, teilt sich deren verfügbares Aufmerksamkeitsvolumen unter diesen auf (Zydorek 2018, S. 119). Hinzu kommt, dass einzelne Plattformen stetig darum bemüht sind, durch neue Inhalte ihr Programm aufzuwerten, sodass deren Kunden stetig auf aktuelle oder populäre Inhalte zugreifen können. Dieser Anstieg der Wahlmöglichkeiten eines spezifischen Anbieters summiert sich bei Abschluss mehrerer paralleler Streamingabos, die Wahlmöglichkeiten nehmen folglich stark zu, was sich aus Sicht eines Anbieters negativ auf den Auswahlprozess des Rezipienten auswirken kann.

Dieses Überangebot an Inhalten führt in Konsequenz, im Zusammenhang mit der Suche und Auswahl bedürfnisbefriedigender Inhaltsangebote, zu einer Fragmentierung der Aufmerksamkeit (Zydorek 2018, S. 119). Aufgrund dieser Tatsache ist der Korridor, in welchem die Aufmerksamkeit des Rezipienten auf einen Inhalt gelenkt und dieser zu einer Entscheidung zur Wiedergabe trifft, auf durchschnittlich 90 Sekunden beschränkt. Erfolgt in diesem Zeitrahmen keine Aktion, so kann davon ausgegangen werden, dass der Nutzer das Interesse verliert oder beispielsweise das Inhaltsangebot der Konkurrenz nach alternativen Inhalten durchsucht (Krishnan 2016). Das Problem, das in diesem Zusammenhang folglich gelöst werden muss, besteht darin, Kunden durch die Darstellung des Angebotskataloges bereits mitzuteilen, inwiefern und warum einzelne Inhalte es wert sind, konsumiert zu werden. Dies erfolgt unter Einbezug von Nutzer-, Nutzungs-, Inhalts- und Kontextdaten (Zydorek 2018, S. 124 f.), sodass personalisierte Empfehlungen angezeigt werden.

---

[2] Thumbnails als Teil des Empfehlungssystems mit Funktion der Transparenzsteigerung bei Erfahrungsgütern.

3.3.4 Bezugsproblem 2 – Unsichere Qualitätsmerkmale

Das zweite im Zusammenhang mit Netflix identifizierte Bezugsproblem basiert auf der für den Rezipienten schwer erkennbaren Qualität des angebotenen Medieninhaltes (Zydorek 2018, S. 117). Diese ist ex-ante durch den Kunden schwer zu bewerten, da eine präzise Einschätzung der Film-Qualität und folglich auch der Intensität der erwartbaren Bedürfnisbefriedigung erst nach einem Konsum des Inhalts möglich ist. Dem Kunden wird also, wie im vorangehenden Bezugsproblem beschrieben, ein Angebot mit hoher Optionsvielfalt dargelegt, bei welchem er erkennen muss, welche Inhalte konkret seine individuellen Bedürfnisse befriedigen könnten. Es sollte optimaler Weise klar erkennbar sein, ob ein angebotener Inhalt dieses Kriterium erfüllt. Hierin allerdings besteht die Herausforderung für das Anbieterunternehmen.

Das Inhaltsangebot wird auf der Startseite von Netflix durch unterschiedliche sogenannte *evidence-items* beworben. Hierunter befinden sich unter anderem das angezeigte Thumbnail, die Kurzbeschreibung, sowie zusätzliche Informationen, wie beispielsweise mitwirkende Darsteller (Gomez-Uribe und Hunt 2016, S. 13.5). Über diese Objekte kann dem Auswählenden der Wert des Inhalts vermittelt werden, wobei wie in Abb. 3.3 einsehbar das Thumbnail in der Reihenansicht der Startseite zunächst das dominierende visuelle Merkmal repräsentiert.

Das Problem für den Anbieter ist dabei die Unsicherheit über die beim Rezipienten im Moment der Service-Nutzung vorherrschenden Präferenzen (Zydorek 2018, S. 49). Es ist folglich schwer zu bestimmen, welche Inhalte vorgeschlagen werden sollen und wie deren Übereinstimmung mit der Zielsetzung des Kunden kommuniziert werden könnte (Zydorek 2018, S. 118). Dabei wäre es hilfreich, die jeweiligen Nutzungsmotivationen individueller Kunden zu kennen, um kontextbasierte, individuelle Empfehlungen anzeigen zu können.

3.3.5 Bezugsproblem 3 – Vermittlung unbekannter Inhalte

Das dritte Bezugsproblem des SVOD-Anbieters Netflix hängt ebenfalls mit der fragmentierten Aufmerksamkeitsspanne und Qualitätsunsicherheit der Rezipienten zusammen, reflektiert diese allerdings als Aufgabe an den Inhaltsanbieter. Wie kann er Rezipienten optimal dabei unterstützen, aus unbekannten Inhalten den individuell relevantesten Film auszuwählen, sodass das optimale Produkt gefunden und die bedürfnisbefriedigende Dienstleistung produziert werden kann. Die Lösung dieses facettenreichen Problems ist für ein Unternehmen wie Netflix zweifach

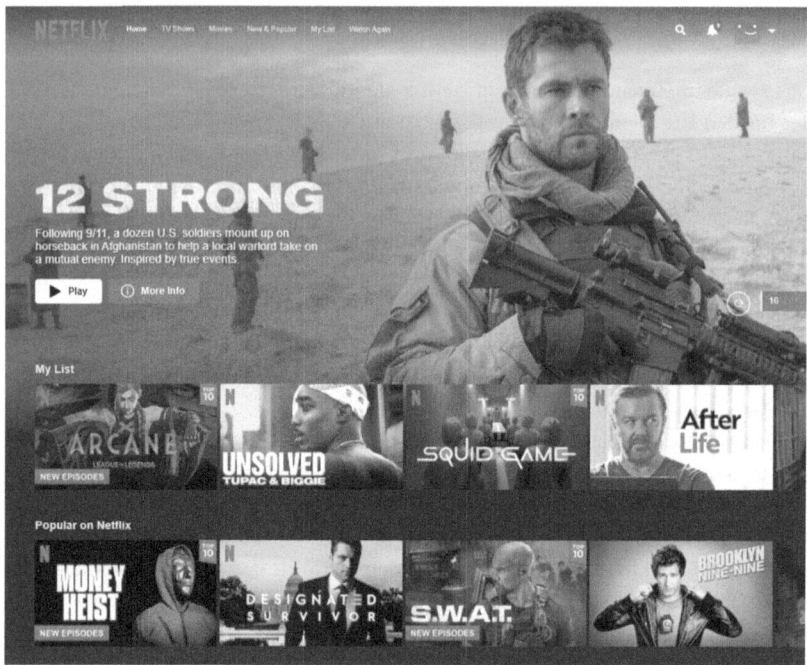

Abb. 3.3 Netflix Startseite

relevant. Zum einen, da im Falle eines nicht erfolgreichen Formats für dessen Produktion oder Lizensierung aufgebrachte Investitionen nicht mehr amortisiert werden können. Es wird in diesem Kontext von sunk costs gesprochen (Zydorek 2018, S. 119). Zum anderen, da die Kundenzufriedenheit des Abonnenten suboptimal ist, wenn dieser keine bedürfnisbefriedigenden Inhalte findet.

Werden nun die aufgelisteten Bezugsprobleme betrachtet, so kann festgestellt werden, dass die *Voraussage und Antizipation von Kundenaktionen* bei allen dreien einen Kernaspekt der Problematik darstellen. Die Auswertung gesammelter Nutzungsdaten mittels Algorithmen und folglich die Personalisierung des Inhaltsangebotes stellen daher einen relevanten Faktor dar. Aus diesem Grund beziehen sich die nachfolgenden Kapitel auf die Funktionsweise der Empfehlungssysteme von Netflix, wobei detaillierter auf die Verwendung von *evidence-items als Lösungsmöglichkeit der genannten Bezugsprobleme* eingegangen wird.

3.4 Personalisierung

Im Rahmen dieses Kapitels sollen zunächst Grundlagen bezüglich des Empfehlungssystems von Netflix dargelegt werden. Im Anschluss hieran wird der titelgebende Prozess der personalisierten Artwork-Generation für die Netflix Thumbnails detaillierter beleuchtet und in einen Zusammenhang mit den angeführten Bezugsproblemen gesetzt.

3.4.1 Vorteile von Empfehlungssystemen

Der Einsatz von Algorithmen und Big-Data zur Personalisierung der Inhalte auf Netflix ermöglicht es dem Unternehmen, seinen Kunden in möglichst kurzer Zeit neue und passende Inhalte zu vermitteln. Diese profitieren ebenfalls von einem solchen System, da so ihre Entscheidungsfindung bei der Medienauswahl vereinfacht wird. Zudem erhalten diese im besten Falle hierdurch Vorschläge zu Inhalten, die sie ohne die Unterstützung des algorithmischen Empfehlungssystems nie aufgefunden und konsumiert hätten. Der Kunde bekommt somit das Gefühl vermittelt, dass die Plattform über genau die Inhalte verfügt, die für ihn bestmöglich geeignet sind. Der Einsatz eines solchen Empfehlungssystems hilft zudem, sunk costs im Bereich der produzierten und eingekauften Inhalte zu reduzieren, da Vorschläge von bislang unbekannten Inhalten oder solchen, die der Kunde möglicherweise nicht direkt nach eigener Suche gefunden hätte, über das Empfehlungssystem in die Entscheidungen des Rezipienten mit eingehen können. So können auch Nischen-Inhalte besser an ihre Zielgruppe vermittelt werden, da das System eine zugehörige Präferenz des Kunden erkennen kann (Gomez-Uribe und Hunt 2016, S. 13.6).

Ein gut funktionierendes Empfehlungssystem kann auf diese Weise zu einer *gesteigerten Mediennutzungsdauer* der Wiedergabezeit einzelner Kunden führen, da diesen mehr passende Inhalte angezeigt werden. Dies dient der Kundenbindung und reduziert folglich Kündigungen. Hierzu wird ebenfalls der Use-Case gezählt, dass Kunden, die kurz vor der Kündigung stehen, doch noch zur weiteren Nutzung des Dienstes überzeugt werden können. Es ist dabei unter Einsatz von Empfehlungs- und Personalisierungssystemen gelungen, die Bindung bestehender Kunden zu erhöhen und die Kündigungsrate zu reduzieren. Netflix geht in diesem Zusammenhang davon aus, dass durch die Nutzung dieser beiden Systeme mehr als eine Milliarde US-Dollar pro Jahr gespart werden kann (Gomez-Uribe und Hunt 2016, S. 13.7 f.).

3.4.2 Personalisierung bei Netflix

Wie bereits erwähnt, baut die Personalisierung von Netflix auf der Anzeige von Inhaltsvorschlägen auf und dient dem Ziel, Kunden bei der Wahl von Inhalten aus dem Angebotskatalog zu unterstützen. Damit dies optimal funktioniert, setzt Netflix verschiedene Algorithmen für unterschiedliche Zwecke ein. Diese ergeben zusammen die sogenannte *Netflix Experience* (Gomez-Uribe und Hunt 2016, S. 13.2).

Da eine spezifische Gruppe verwendeter Algorithmen den Kern dieser Analyse ausmachen soll, wird nachfolgend ein Überblick über weitere verwendete Algorithmen gegeben, bevor die automatisierte Artwork-Generation thematisiert wird.

Zydorek (2018, S. 127) führt so beispielsweise den Page Generation Algorithm an, welcher sich für die Strukturierung der Inhaltscontainer auf der Startseite von Netflix verantwortlich zeigt. Dieser Algorithmus definiert so die Kategorien der einzelnen mit Inhaltsvorschlägen gefüllten Reihen, sowie deren Reihenfolge untereinander, basierend auf deren Relevanz gegenüber dem Kunden. Es wird hierdurch ein *individualisiertes Grundgerüst der Startseite* aufgebaut.

Darüber hinaus gibt es diverse Algorithmen, welche der Auswahl von Inhalten aus dem Angebotskatalog basierend auf unterschiedlichen Kriterien dienen. Hierzu zählen beispielsweise der Personalized Video Ranker oder der Continue Watching Ranker. Ersterer kombiniert dabei auf dem Service populäre Inhalte mit personalisierten Inhaltsvorschlägen und listet diese im Kontext der vom Page Generation Algorithm vorgegeben Struktur auf. Im Gegensatz hierzu generiert der Continue Watching Ranker keine neuen Inhaltsvorschläge, sondern dient lediglich der Zusammenstellung bereits gesehener Inhalte, welche der Kunde eventuell weiterschauen möchte, nachdem er die Wiedergabe in einer vorangehenden Instanz abgebrochen hat (Zydorek 2018, S. 126 f.).

3.4.3 Evidence Selection Algorithmen

Zusätzlich zu den bereits genannten Algorithmen gibt es die Kategorie der *evidence selection Algorithmen*, die unter anderem auch die Endergebnisse der hier thematisierten Artwork-Generation verwenden. Diese Algorithmen sollen die Kunden darin unterstützen, festzustellen, ob ein empfohlener Inhalt das Nutzerbedürfnis befriedigen kann. Entschieden wird in diesem Kontext über die Informationen (*evidence-items*), welche den Rezipienten zusätzlich zu dem zuvor als passend ermittelten Inhaltsvorschlag angezeigt werden sollen. Es geht also um die *optimale Präsentation der ermittelten personalisierten Wahloptionen*.

3 Algorithmisch automatisierte Artwork Generation im Netflix ...

Zu diesen Evidence-Items gehören beispielsweise die zugehörige Kurzbeschreibung des Films, eventuell gewonnene Preise und Auszeichnungen, Informationen über den Cast, sowie das anzuzeigende Thumbnail des angebotenen Inhalts. Zusätzlich hierzu wurde zunächst ein Star-Rating angezeigt (Gomez-Uribe und Hunt 2016, S. 13.5), welches Rezipienten darüber informieren sollte, wie gut ein vorgeschlagener Inhalt zu dessen Sehgewohnheiten passen könnte (Mcalone 05.04.2017). Dies wurde durch den sogenannten *Match-Score* ersetzt, welcher anstelle einer Sternebewertung einen prozentuellen Wert anzeigt, um Übereinstimmungen zu visualisieren (Johnson 2017).

Diese Evidence-Items sind dabei in mehreren Abschnitten innerhalb der Navigationsstruktur von Netflix auffindbar. Die erste Ebene stellt hierbei das sogenannte Billboard dar, welches einen Großteil der Visualisierungsfläche einnimmt. Hier werden Kurzbeschreibung und Thumbnail prominent dargestellt (siehe Abb. 3.4). Darunter werden die mit Inhaltsvorschlägen gefüllten Reihen des Page Generation Algorithm angezeigt, wobei lediglich durch Thumbnails Informationen über den Inhalt an Rezipienten vermittelt werden.

Wird nun einer der vorgeschlagenen Inhalte angewählt (z. B. durch hover), so werden unterschiedliche evidence-items angezeigt. Wird Netflix im Webbrowser verwendet, so werden Elemente in Form des Match-Score und drei Tags angezeigt, welche Informationen über Genre und Eigenschaften vermitteln sollen (siehe Abb. 3.5).

Bei Selektion des Inhalts wird zudem eine detailliertere Inhaltsübersicht dargestellt, welche zusätzlich um Kurzbeschreibung, Cast und einer ausführlichen Genre Übersicht ergänzt wird (siehe Abb. 3.6). Hierbei handelt es sich um die vollständige

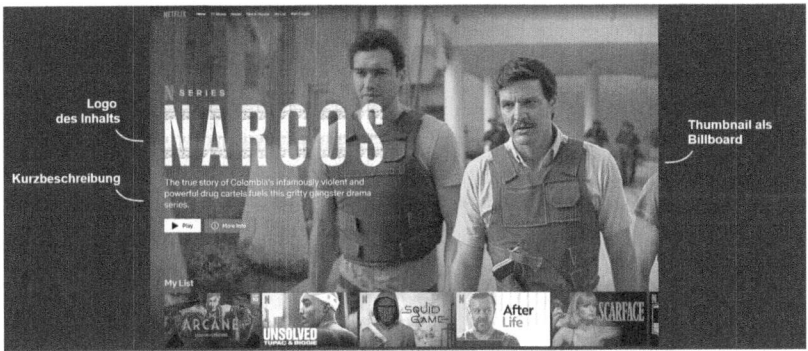

Abb. 3.4 Startseite samt Evidence-Items

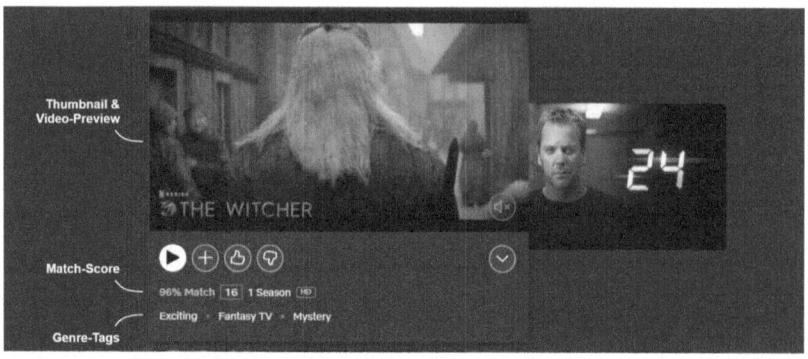

Abb. 3.5 Hover samt Evidence-Items

Abb. 3.6 Detailansicht samt Evidence-Items

Anzeige aller Evidence-Items, welche als *relevant für den individuellen Kunden* eingestuft wurden.

Die zugrunde liegende Zielsetzung besteht darin, Kunden durch Anzeige genannter Informationen aufzuzeigen, warum empfohlene Inhalte zur Bedürfnisbefriedigung führen können (Gomez-Uribe und Hunt 2016, S. 13.5). Hierdurch soll zudem in Zusammenhang mit der begrenzten Aufmerksamkeitsspanne verhindert werden, dass Kunden Inhaltsvorschläge aufgrund mangelnder Informationen als unpassend bewerten und daher die Plattform verlassen (Krishnan 2016). Ziel ist es daher durch eine optimierte Darstellung der Inhaltsvorschläge die Interaktion von Kunden mit diesen zu fördern. Die hierfür notwendige Vorgehensweise, wird in Bezug auf Thumbnails im Rahmen des nachfolgenden Kapitels thematisiert.

3.5 Thumbnail-Generation durch Algorithmen

Da die auf Netflix dargestellten Thumbnails den größten Einfluss auf die Entscheidungsfindung von Konsumenten ausüben (Nelson 2016), stellt eine ergebnisorientierte Generierung möglichst gut funktionierender Thumbnails einen wichtigen Bestandteil der Zielsetzung einer gesteigerten Click-Through-Rate dar. Das Ziel besteht folglich darin, Artwork für Thumbnails zu generieren, welche den Kunden am ehesten zu einer Interaktion mit dem Inhaltsvorschlag verleiten. Die visuelle Aufbereitung schließt an die Identifikation durch das Empfehlungssystem vorgeschlagener Filme oder Serien an und bestimmt folglich maßgeblich, wie diese Inhalte wahrgenommen werden.

3.5.1 Szenario

Die Startseite von Netflix stellt die zentrale Anlaufstelle auf der Suche nach bedürfnisbefriedigenden Medieninhalten dar und bietet dem Kunden eine erste Impression des verfügbaren Angebotskatalogs. So werden über die dargestellten Inhaltsempfehlungen die Filme für zwei von drei gestreamten Stunden vom Rezipienten aufgefunden und schließlich wiedergegeben (Gomez-Uribe und Hunt 2016, S. 13.2).

Der Zeitraum für eine Selektion vorgeschlagener Inhalte ist dabei durch die bereits erwähnten 90 Sekunden befristet, da der Kunde nach Ablauf dieser Zeit meist das Interesse an der weiteren Suche nach Inhalten verliert. Dieser Zeitraum genügt, um zwischen 10–20 Titel anzusehen und sich hinsichtlich der Übereinstimmung mit der eigenen Zielsetzung zu entscheiden. Zudem werden in diesem Zeitraum ca. drei Inhaltsvorschläge als interessant eingestuft und im Detail betrachtet (Gomez-Uribe und Hunt 2016, S. 13.2). Dabei hat sich herausgestellt, dass visuelle Faktoren in der Form der angezeigten Thumbnails einen durchaus nennenswerten Einflussfaktor darstellen. Auf diese entfallen bei der Nutzung von Netflix 82 % der Aufmerksamkeit des Kunden (Nelson 2016).

Diese Wirkungskraft der Thumbnails kann nun in einen Kontext mit den zuvor genannten Bezugsproblemen gesetzt werden. Einerseits tangiert dies das beschränkte Aufmerksamkeitsvolumen der Kundschaft als Resultat des thematisierten 90-sekündigen Zeitraums, sowie der hohen Konkurrenz unterschiedlicher VOD-Anbieter. Andererseits kann auch ein Bezug zur Qualitätsunsicherheit des Konsumenten hergestellt werden, bei welcher die Selektion eines optimalen Produktes aus unbekannten Inhalten den Kernaspekt darstellt. Die Personalisierung von Thumbnails stellt folglich einen Aspekt dar, welcher zur Lösung der zuvor genannten Bezugsprobleme beitragen kann.

3.5.2 Zielsetzung von Personalisierung und Thumbnail-Generation

Die zugrunde liegende Zielsetzung lässt sich bei dieser Gruppe an Algorithmen in zwei separate Aspekte unterteilen: Kundenorientierte Optimierung des Service (Chandrashekar et al. 2017) und Entlastung kreativer Mitarbeiter von Netflix (Shahid und Haq 2020).

Zunächst wird hier auf die kundenorientierten Ziele eingegangen. Diese basieren darauf, dass die Thumbnails vorgeschlagener Inhalte durch eine *personalisierte visuelle Darstellung* für den Kunden interessanter gestaltet werden sollen (Chandrashekar et al. 2017). Verhindert werden soll hierdurch, dass diese Inhaltsvorschläge als unpassend empfunden und die Suche nach Inhalten abgebrochen wird. Das Ziel ist folglich die *Steigerung der Click-Through-Rate*, also der Anzahl wie oft ein spezifischer Inhalt im Verhältnis zu dessen gesamten Impressionen wiedergegeben wird. Dabei ist es wichtig zu klären, was die Gründe für den Abbruch der Suche sein können. Zum einen kann das verlorene Interesse auf unpassende Inhaltsvorschläge zurückgeführt werden, zum anderen allerdings auch auf die suboptimale Anzeige von Informationen, die die Art des Inhalts vermitteln. Gemeint sind damit Inhalte (Items) als Beweise (Evidence), warum der Inhaltsvorschlag geeignet ist, das Ziel des Kunden zu erfüllen (Krishnan 2016). Beinhaltet das Thumbnail beispielsweise Inhalte, die dem Kunden gefallen, also einen Beweis für die Qualität des Inhalts liefern, so kann dies zur Auswahl und Wiedergabe des Inhalts durch den Kunden führen.

Die zweite Zielsetzung bezieht sich auf die Entlastung von kreativen Mitarbeitern (Product Creative Strategy Producers) hinsichtlich der *Erstellung und Bewertung* von Artwork für Thumbnails. In diesem Zusammenhang sollen Algorithmen zur *automatisierten Generierung* von Thumbnails eingesetzt werden. Die Ergebnisse hiervon dienen dazu, den verfügbaren Thumbnail-Katalog, welcher aus Inhalten von Design-Agenturen besteht, um weitere Variationen zu erweitern (Shahid und Haq 2020). Konkretisiert bedeutet dies, dass Algorithmen aus jedem der angebotenen Inhalte Bildmaterial extrahieren, welches später für Thumbnails eingesetzt werden kann (Riley et al. 2018). Darüber hinaus soll der Gestaltungsprozess besagter Thumbnails automatisiert werden. Hierfür sollen, aufbauend auf dem extrahierten Bildmaterial, weitere grafische Elemente (Titel, Netflix-Logo, Neue Episoden-Badge) platziert werden, ohne dabei relevante Inhalte innerhalb des Bildmaterials zu überlagern. Diese sollen daraufhin evaluiert und so für die Verwendung auf Netflix freigegeben werden (Shahid und Haq 2020). Mitarbeiter des Unternehmens sollen in diesem Zusammenhang eine eher *ergebnis-kontrollierende Rolle* einnehmen. Dies wird durch die in nachfolgenden Kapiteln behandelte Essential Suite ermöglicht.

Zunächst soll allerdings ein Ausblick auf Vorgehensweisen gegeben werden, welche im Vorfeld der Essential Suite etabliert wurden, um so Grundlagen und die Entwicklung in diesem Themenbereich darzulegen.

3.5.3 Bisherige Vorgehensweise

Es lassen sich bei Netflix mehrere Phasen der Auswahl und Produktion von optimalen Thumbnails unterscheiden. Die erste erkennbare Phase bezieht sich auf den Zeitraum vor dem Jahr 2016, in welcher Netflix das Bildmaterial für Thumbnails noch von Studio-Partnern bezogen hat (Krishnan 2016). Hieraus ergab sich die Problematik, dass sich viele der Bildmaterialien nicht oder nur eingeschränkt für die Nutzung auf einem Video-on-demand Portal verwendbar zeigten. Zurückzuführen war dies zunächst auf die unterschiedlichen Formfaktoren von Geräten, auf welchen der Service angeboten wurde (z. B. Fernseher, mobile Endgeräte). Als problematisch erwies sich hierbei, dass bezogene Bildmaterialien oftmals für andere Use-Cases, wie beispielsweise DVD-Cover oder Straßen-Billboards, gestaltet wurden (Krishnan 2016).

In Zusammenhang mit dieser Problematik und der Zielsetzung einer gesteigerten Click-Through-Rate führte Netflix im selben Jahr A/B-Tests mit neuen Thumbnail-Varianten durch. Diese wurden in Zusammenarbeit mit Studio-Partnern und internen Mitarbeitern von Netflix erstellt und daraufhin hinsichtlich der Performance evaluiert. Dabei ist zu erwähnen, dass der Prozess der Thumbnail-Erstellung einen hohen Aufwand erzeugt, da zuvor zugehöriges Videomaterial gesichtet und verwendbare Einzelbilder identifiziert werden müssen (Riley et al. 2018). Die Zielsetzung hierbei bestand darin, das am besten performende Thumbnail zu identifizieren und dann überall für den jeweils zugehörigen Titel des Inhaltskatalogs freizuschalten. Das Resultat dieser Evaluation zeigte auf, dass die Anzahl der Videowiedergaben eines Titels gesteigert werden konnte und dass Kunden gegenüber noch unbekannte Inhalten hiervon profitierten (Krishnan 2016). Zusätzlich wurden Unterschiede hinsichtlich der Thumbnail-Präferenzen in unterschiedlichen Ländern erkannt (Nelson 2016), wodurch erkenntlich wird, dass global verwendete Thumbnails unterschiedliche Effizienzen aufweisen können. 2016 wurde folglich ein System etabliert, mittels welchem zuvor manuell erstellte

Thumbnail-Variationen hinsichtlich derer Effizienz getestet und daraufhin für alle Kunden freigeschaltet werden konnten.

Die Thematik der unterschiedlichen Präferenzen in verschiedenen Ländern wurde im nachfolgenden Jahr detaillierter in Form der *personalisierten Anzeige von Thumbnails* pro Nutzer aufgegriffen (Chandrashekar et al. 2017). Im Gegensatz zur vorangehenden Vorgehensweise sollten für dieses Szenario Nutzungs- und Nutzerdaten einbezogen werden. Ersteres beinhaltet dabei Daten bezüglich der Interaktionen zwischen Nutzer und dem System, wie beispielsweise wiedergegebene Inhalte und deren Genre. Nutzerdaten hingegen beziehen sich auf die gewählte Sprache, das verwendete Endgerät, Tag und Zeitpunkt der Nutzung sowie das Land, in welchem sich der Nutzer befindet. Dabei soll bei der Erstellung von Thumbnails durch ein Designteam auf vielfältige und unterschiedliche Variationen hinsichtlich der Gestaltung geachtet werden, sodass ein möglichst breites Spektrum individueller Präferenzen abgedeckt wird (Chandrashekar et al. 2017).

Hierdurch ist es dem Evidence-Selection Algorithmus möglich, ein an die Nutzungsgewohnheiten des Kunden angepasstes Thumbnail zu präsentieren. Präferiert dieser beispielsweise das Genre der Liebesfilme, dann werden soweit möglich auch andere Inhaltsvorschläge mittels Thumbnails präsentiert, welche eine hohe Übereinstimmung mit diesem Genre aufweisen (siehe Abb. 3.7). Dies ist ein relevanter Aspekt, da Netflix zwar hervorheben will, warum ein Film für die Bedürfnisbefriedigung des Kunden eine hohe Qualität aufweist, allerdings kein Clickbait[3] betreiben möchte. Es geht folglich nicht darum, die Click-Through Rate auf Kosten der Kundenzufriedenheit zu steigern, indem irreführende Thumbnails angezeigt

Abb. 3.7 Personalisierte Thumbnails (Chandrashekar et al. 2017)

---

[3]Clickbait bedeutet in diesem Zusammenhang: Thumbnails, die seitens Kunden zu einer Wiedergabe führen, sich allerdings hinsichtlich langfristigen Engagements als kontraproduktiv erweisen, da sie nicht den Charakter des hinterlegten Inhaltsvorschlags repräsentieren (Chandrashekar et al. 2017).

werden. Vielmehr soll den Kunden durch eine repräsentative und informative visuelle Darstellung aufgezeigt werden, dass Inhaltsvorschläge eine hohe Übereinstimmung mit persönlichen Präferenzen aufweisen. Die Thumbnails sollen folglich trotz Personalisierung den Charakter des zugehörigen Medieninhalts möglichst treffend wiedergeben und keinen irreführenden Eindruck erwecken, welcher sich negativ auf die Kundenzufriedenheit auswirken könnte. Diese Vorgehensweise ermöglichte es, erneut die Wiedergaberate der angebotenen Inhalte zu steigern, da Nutzer nun eher mit ihnen unbekannten Vorschlägen interagierten (Chandrashekar et al. 2017).

Abschließend wird in Chandrashekar et al. (2017) ein Ausblick auf weitere Bereiche gegeben, welche unter Anwendung von Algorithmen Optimierungspotenzial aufweisen. Hierzu gehört die Unterstützung von kreativen Mitarbeitern hinsichtlich des Auffindens weiterer Thumbnails um den beschriebenen Prozess weiterführend zu verbessern. Aufbauend auf dieses System wurde die sogenannte *Essential Suite* (Shahid und Haq 2020) entwickelt, deren Funktion im Rahmen des nachfolgenden Kapitels thematisiert werden.

3.5.4 Essential Suite

Die in den vorangehenden Kapiteln bereits erwähnte Essential Suite umfasst den Prozess der Generierung von Thumbnails samt einem nachfolgenden Review Prozess. Die Zielsetzung liegt in der skalierbaren Erstellung von Thumbnails für eine anwachsende Inhaltsbibliothek. Hierzu gehört aufgrund der Personalisierung auch die Befüllung eines inhaltsindividuellen Thumbnail-Katalogs, welcher über unterschiedliche Variationen verfügt, sodass Kunden möglichst zielgerichtet angesprochen werden können (Shahid und Haq 2020).

Dabei werden in diesem Prozess erstellte Inhalte ergänzend zu von Designagenturen kreierten Thumbnails verwendet und zusammengefasst einem finalen Review-System zugeführt. Anschließend werden sie in Zusammenhang mit dem Evidence Selection Algorithmus verwertet. Die Quelle der zu bewertenden Thumbnails ist dabei nicht einsehbar (Shahid und Haq 2020).

Nachfolgend werden nun sowohl die Generierung von Thumbnails als auch deren Review-Prozess detaillierter thematisiert.

3.5.4.1 Generierung von Thumbnails
Im Rahmen dieser Phase werden mehrere Algorithmen eingesetzt, welche auf die Bilderkennung ausgerichtet sind. Sie analysieren das auf Netflix verfügbare Bildmaterial des Inhaltskatalogs hinsichtlich verwendbarer Hintergrundbilder für die

nachfolgend zu erstellenden Thumbnails. Hierfür werden zwei Methoden eingesetzt (Shahid und Haq 2020).

Die erste Methode wird als AVA bezeichnet und setzt sich aus mehreren Computer-Vision-Algorithmen zusammen, deren Endergebnis aus einer Liste mehrerer selektierter Hintergrundbilder besteht. Das als Grundlage dienende Bewegtbildmaterial wird dabei zunächst Bild für Bild analysiert und *um Metadaten ergänzt*. Hierzu gehören:

- visuelle Daten (Helligkeit, Farbe, Kontrast, Motion Blur),
- kontextuelle Daten
  - Gesichtserkennung, Körperhaltung und Stimmungsanalyse identifizierter Charaktere
  - Bewegungsdaten von Kamera und Charakter
  - Kameraeinstellung, Stil, Stimmung, Tonalität, Genre des Titels
  - Objekterkennung von Requisiten oder animierten Objekte
- Composition Metadata (Seitens Netflix definierte heuristische Merkmale basierend auf Grundprinzipien von Fotografie, Kinematografie und ästhetischem Design) (Riley et al. 2018)

Die dabei erfassten Einzelbilder werden anschließend unter Einbezug von drei Faktoren bewertet und ausgegeben. Zu diesen gehört die Bildvielfalt und die Identifikation von Hauptcharakteren samt charakterbezogener Kontextdaten. Zusätzlich hierzu werden Einzelbilder mit anstößigen Inhalten (Sex, Nacktheit, unautorisiertes Branding) herausgefiltert, wobei Faktoren wie beispielsweise die Altersfreigabe des zugehörigen Inhaltstitels berücksichtigt werden (Riley et al. 2018).

Der Fokus von AVA liegt folglich in der *Identifikation verwendbarer Einzelbilder*, in welchen die Charaktere eines Inhaltstitels den Hauptaspekt darstellen (Shahid und Haq 2020). Dieser Schwerpunkt kann auf vorangehende Evaluationen rückbezogen werden, in deren Rahmen erkannt wurde, dass eine vielfältige Emotionsdarstellung zu einer besseren Performance der Thumbnails führen kann. Zudem ergab diese Evaluation, dass der Erfolg eines Thumbnails sinkt, sobald mehr als drei Charaktere darauf abgebildet sind (Nelson 2016). Die hierbei als Endresultat vorliegenden charakterbasierten Einzelbilder werden nun um ästhetische und cineastische Einzelbilder ergänzt, welche von der zweiten verwendeten Methode rausgefiltert werden (Shahid und Haq 2020).

Abseits bereits genannter Kriterien verwenden diese beiden Methoden vorgefertigte Heatmaps[4] zur Zuordnung von Einzelbildern zu unterschiedlichen Verwendungsorten innerhalb des Netflix Angebotskatalogs. Sie werden von kreativen Angestellten mit Erfahrung im Design von Werbegrafiken und Plakaten erstellt und definieren, welcher Bildaufbau für welches der unterschiedlichen Bildformate (Anzeige in einer Reihe, Billboard) am besten einsetzbar ist (Shahid und Haq 2020).

Unter Verwendung von Metadaten identifizieren Algorithmen anschließend sogenannte *Unsafe Regions* und *Regions of interest*. Bei Ersteren handelt es sich um Bereiche auf dem späteren Thumbnail, in welchen Grafiken wie das Netflix Logo oder der *Neue Episoden-Badge* angezeigt werden sollen. Zudem werden Bilddetails identifiziert, welche auch nach einer Anpassung des Bildausschnitts an andere Bildformate stetig sichtbar bleiben sollen. Hierbei handelt es sich um die Regions of interest. Darüber hinaus wird die bestmögliche Positionierung des Film-Logos und ein sogenannter Confidence Score bestimmt und an den nächsten Zwischenschritt übergeben. Dieser Confidence Score stellt dabei eine Prognose hinsichtlich der voraussichtlichen Performance des Einzelbildes bei der Verwendung auf Netflix dar (Shahid und Haq 2020).

Im Rahmen des nächsten Zwischenschritts werden Bildinhalte mit den besten Confidence Scores auf Basis der vorhandenen Daten für den nachfolgenden Review-Prozess aufbereitet. Hierfür erfolgt eine Anpassung an das benötigte Bildformat und die Anwendung einer Color-Correction. Weiterführend wird ein Film-Logo für den Inhaltstitel ausgewählt und an der zuvor definierten Position platziert (Shahid und Haq 2020).

3.5.4.2 Reviewprozess

Die zweite Stufe stellt die Bewertung der generierten Thumbnails durch Mitarbeiter dar. Ziel hierbei war es, das Creative Production Team von Netflix zur Bewertung der erstellten Inhalte einzubinden. Dies wurde allerdings aufgrund des hohen quantitativen Outputs des thematisierten Prozesses teilweise verworfen, da sich der Zeitaufwand für die beteiligte Personengruppe als zu groß erwies. Stattdessen wurde der Prozess in zwei aufeinander folgende Schritte unterteilt, welche den Output der Algorithmen zunächst hinsichtlich technischer Fehler filtern und daraufhin inhaltsabhängige Faktoren kontrollieren. Beide Schritte werden hierbei

---

[4] Dienen der Zusammenfassung großer Datenmengen in Form einer grafischen Darstellung innerhalb eines zweidimensionalen Bezugssystems. Die Wertzuweisung enthaltener Daten erfolgt dabei entlang einer festgelegten Farbskala (Bojko 2009, S. 30), welche beispielsweise durch Algorithmen ausgewertet werden kann.

von jeweils unterschiedlichen Teams durchgeführt, wodurch der Arbeitsaufwand aufgeteilt wird (Shahid und Haq 2020).

Der Review-Prozess beginnt folglich mit der technischen Qualitätskontrolle, bei welcher teilnehmende Mitarbeiter dazu angehalten sind, gezielt fehlerhafte Thumbnails zu identifizieren und diese als solche zu markieren. Zu möglichen technischen Fehlern gehören beispielsweise unscharfe Bilder oder unpassende Gesichtsausdrück abgebildeter Charaktere. Inhaltliche Aspekte sollen zunächst nicht beachtet werden, da diese Aufgabe von der nachfolgenden Kontrollgruppe übernommen wird. Die Daten von abgelehnten Thumbnails dienen dabei der kontinuierlichen Optimierung zuvor verwendeter Algorithmen (Shahid und Haq 2020).

Der nachfolgende Abschnitt stellt die redaktionelle Qualitätskontrolle dar und wird von Mitarbeitern des Creative Production Teams durchgeführt, die sich mit der inhaltlichen Thematik des zugrunde liegenden Medieninhalts auseinandergesetzt haben. Sie sortieren die in dem vorangehenden Prozess gefilterten Inhalte auf Basis inhaltlicher Faktoren, wie beispielsweise auftretender Charaktere oder Storylines. Den Kernaspekt stellt hierbei die Bewertung der repräsentativen Qualität des Thumbnails in Bezug zum Medieninhalt dar (Shahid und Haq 2020).

Die nach diesem Bewertungsschritt übrigbleibenden Thumbnails werden daraufhin in ein Asset-Management-System hochgeladen. Dieses System beinhaltet abseits der automatisch generierten Thumbnails ebenfalls Auftragsarbeiten externer Medienagenturen (Shahid und Haq 2020). Es werden hier folglich Thumbnails aus verschiedenen Quellen gebündelt. Von diesem System aus können sie nach Durchlaufen eines weiteren Review-Prozesses auf Netflix veröffentlicht und für die personalisierte Anzeige von Inhaltsempfehlungen verwendet werden.

3.6 Übertragung auf die Bezugsprobleme

Zusammenfassend kann festgehalten werden, dass die in der Netflix Essential Suite enthaltenen Algorithmen dazu in der Lage sind, einen bislang primär von menschlichen Akteuren bestimmten Prozess zu automatisieren und zu ergänzen. Hierdurch gelingt es dem Unternehmen, kreative Mitarbeiter zu entlasten und die Beschaffung und Herstellung von Thumbnails an einen stetig wachsenden Inhaltskatalog anzupassen (Riley et al. 2018). Die hierdurch entstandene Erweiterung des Thumbnail-Katalogs pro Medieninhalt ermöglicht darüber hinaus eine *größere Vielfalt* thematisch unterschiedlicher Thumbnails, wodurch Inhalte *noch genauer an Kundenpräferenzen angepasst* werden können. Sie werden dabei sowohl im Rahmen der generierten Reihen als auch für andere Darstellungsformen wie der des Billboards verwendet (Shahid und Haq 2020).

Die in diesem Prozess akquirierten Thumbnails ermöglichen daher unter Einbezug der erläuterten Evidence-Selection Algorithmen eine *Optimierung der Netflix Experience*, sowohl aus Kunden- als auch aus Unternehmenssicht. Was dies konkret bedeutet, wird nun in Bezug auf die zuvor dargelegten Bezugsprobleme erläutert.

In der Vergangenheit konnte festgestellt werden, dass durch den Einsatz von optimierten Thumbnails die Click-Through-Rate der Kunden gesteigert werden kann (Krishnan 2016). Dieses Ergebnis entstammt einer Evaluation aus dem Jahr 2016, in welchem ein mittels A/B-Test hinsichtlich der Performance identifiziertes Thumbnail an alle anderen Kunden ausgespielt wurde. Es erfolgte zu diesem Zeitpunkt folglich noch keine Personalisierung. Dass die nachfolgende Verwendung einer personalisierten Darstellung zu demselben Resultat gelang (Chandrashekar et al. 2017), kann nun auch auf die Verwendung der zuletzt thematisierten Essential Suite übertragen werden. Hier stellen Shahid und Haq (2020) fest, dass die generierten Thumbnails sich hinsichtlich der Performance auf Netflix als *gleichwertig* zu jenen der Designagenturen erwiesen haben.

Festhalten lässt sich an dieser Stelle daher, dass das erläuterte System dazu in der Lage ist, die im ersten Bezugsproblem thematisierten Problemstellen zu verbessern: Die personalisierte Darstellung der Thumbnails führt dazu, dass sich Kunden öfter dazu entscheiden vorgeschlagene Inhalte zu selektieren, wodurch auch der Gesamtwert der Wiedergabezeit auf Netflix gesteigert wird (Krishnan 2016). Das System wirkt sich also positiv auf beide Akteure aus, sowohl das Unternehmen als auch der Kunde profitieren von einem optimierten Leistungsangebot, indem die Kundenzufriedenheit und folglich auch die Kundenbindung verbessert wird.

Diese Vorteile lassen sich zugleich auf die zwei weiteren behandelten Bezugsprobleme übertragen, nämlich die unklaren Qualitätsmerkmale und die Vermittlung unbekannter Inhalte an den Kunden. Ersteres befasst sich dabei mit einer exante schwer zu bewertenden Inhaltsqualität, insbesondere hinsichtlich der erwarteten Bedürfnisbefriedigung seitens der Kunden. Dabei konnte die Verwendung von Evidence-Items in Form von Thumbnails, wie bereits in Zusammenhang mit dem ersten Bezugsproblem dargestellt, zu einer gesteigerten Click-Through-Rate führen. Chandrashekar et al. (2017) und Krishnan (2016) stellten in diesem Zusammenhang ebenfalls fest, dass die Rate, mit der Kunden ihnen gegenüber neue und unbekannte Inhalte entdecken und abspielen, ebenfalls gesteigert werden konnte. Dieser Anstieg der Wiedergabezahlen kann daher zudem das Risiko der sunk costs im Bereich produzierter und eingekaufter Inhalte reduzieren, da nun zusätzlich zu neu entdeckten Inhalten auch Nischeninhalte vermehrt wiedergegeben werden (Gomez-Uribe und Hunt 2016, S. 13.6). Durch die verbesserte Vermittlung von Inhalten profitieren auch die Kunden, welche durch personalisierte Empfehlungen einfacher relevante Inhalte auffinden. Hiervon profitiert folglich ebenfalls die Kundenbindung.

3.7 Fazit

Im Rahmen der durchgeführten Analyse des Unternehmens Netflix konnte festgestellt werden, dass der Einsatz von Algorithmen in Zusammenhang mit Thumbnails und Empfehlungssystemen eine Lösungsmöglichkeit für definierte Bezugsprobleme darstellt. Dabei nimmt die unternehmerische Weiterentwicklung seit der Gründung im Jahr 1997 eine zentrale Rolle ein, da der hierbei vollzogene Wandel hin zu auftragsorientierten Mediengütern unter Anwendung von Algorithmen und Big-Data die Grundlage für den Erfolg des SVOD-Anbieters darstellt. Unter Anwendung dieser Technologien wurde es möglich, immer weitreichendere Teile der Netflix Experience zu personalisieren und hierdurch Kunden bei der Entscheidungsfindung durch Inhaltsvorschläge und individualisierte Darstellungsformen zu unterstützen.

Hier stehen als Teil der thematisierten Empfehlungsalgorithmen vor allem Evidence-Selection Algorithmen im Vordergrund, welche dazu dienen, Inhaltsvorschläge durch zusätzlich angezeigte Informationen zu personalisieren. Da die Zielsetzung darin besteht, den Kunden aufzuzeigen warum empfohlene Inhalte zur individuellen Bedürfnisbefriedigung verwendet werden können, stellen Thumbnails eine zentrale Komponente dar. Hier verfügt Netflix auf Grundlage der thematisierten Essential Suite über einen integrierten Workflow, dessen Output in Kombination mit verwendeten Empfehlungsalgorithmen zur Problemlösung angeführter Bezugsprobleme beitragen kann. Das Unternehmen profitiert dabei in Bezug auf die Essential Suite von einem skalierbaren Prozess der Thumbnail-Generierung, welche auch bei anwachsendem Inhaltsangebot im Vergleich zu externen Medienagenturen gleichwertig performende Inhalte ausgibt.

Die hierbei erstellten Thumbnails ermöglichen es dem Unternehmen aufgrund der hohen visuellen Aussagekraft die Click-Through Rate von vorgeschlagenen Inhalten und hierdurch die Gesamtwiedergabezeit zu steigern. Ähnliches wurde in Zusammenhang mit der Vermittlung den Kunden gegenüber unbekannten Inhalten festgestellt, wodurch sunk costs für wenig rezipierte Videos reduziert werden konnten. Damit dies auch weiterhin gewährleistet werden kann, ist es von Relevanz, dass weiterhin repräsentative Thumbnails verwendet werden und folglich auf Clickbait verzichtet wird. Irreführende Darstellungen können auf Kundenseite zum

Abbruch der Wiedergabe führen und so die Kundenzufriedenheit beeinträchtigen. Unter Berücksichtigung dessen ist anzuführen, dass die Bezugsprobleme der begrenzten Aufmerksamkeitsspanne, der unsicheren Qualitätsmerkmale, sowie der Vermittlung unbekannter Inhalte adressiert werden konnten.

Werden nun die bisherigen Fortschritte im Bereich der Automatisierung betrachtet, so kann durchaus die Frage gestellt werden, ob sich zukünftig die Prozesse der Essential Suite von einer ergänzenden Rolle zu einem vollständigen Ersatz externer Medienagenturen weiterentwickeln könnten. Die gleichwertige Performance beidseitig erstellter Inhalte zumindest zeigt hier das mögliche weitere Potenzial auf.

Abschließend kann also festgehalten werden, dass die automatisierte Thumbnail-Generierung im Rahmen der Essential Suite samt personalisierter Darstellung, zur Lösung bestehender Bezugsprobleme beitragen kann. Hierbei profitieren folglich sowohl das Unternehmen Netflix als auch deren Kundenbasis von einer optimierten Netflix Experience.

Literatur

Barnes, Brooks (2019). Disney Is New to Streaming, but Its Marketing Is Unmatched. The New York Times vom 12.11.2019. Online verfügbar unter https://www.nytimes.com/2019/10/27/business/media/disney-plus-marketing.html (abgerufen am 07.12.2021).

Barnes, Brooks (2021). ‚Black Widow' Release Date Pushed Back Including Six Disney Films. The New York Times vom 12.07.2021. Online verfügbar unter https://www.nytimes.com/2021/03/23/business/black-widow-release-date.html (abgerufen am 22.11.2021).

Bojko, Agnieszka (2009). Informative or Misleading? Heatmaps Deconstructed. In: Julie A. Jacko (Hg.). Human-Computer Interaction. New trends; 13th international conference, HCI International 2009, San Diego, CA, USA, July 19–24, 2009; proceedings, part I. Berlin, Springer, 30–39.

Boyarsky, Katherine (2021). How to monetize video on demand using SVOD, TVOD, and AVOD. Video for business. vimeo blog. Online verfügbar unter https://vimeo.com/blog/post/how-to-sell-video-on-demand/ (abgerufen am 08.12.2021).

Chandrashekar, Ashok/Amat, Fernando/Basilico, Justin/Jebara, Tony (2017). Artwork Personalization at Netflix. Netflix Technology Blog. Online verfügbar unter https://netflixtechblog.com/artwork-personalization-c589f074ad76 (abgerufen am 06.12.2021).

Colbjørnsen, Terje (2021). The streaming network: Conceptualizing distribution economy, technology, and power in streaming media services. Convergence: The International Journal of Research into New Media Technologies 27 (5), 1264–1287. https://doi.org/10.1177/1354856520966911.

Derr, Tatjana/Georg, Stefan/Heiler, Chris (2021). Die disruptive Innovation durch Streamingdienste. Eine strategische Analyse der Marktführer Netflix und Spotify. Wiesbaden, Springer Fachmedien Wiesbaden.

Gomez-Uribe, Carlos A./Hunt, Neil (2016). The Netflix Recommender System: Algorithms, Business Value, and Innovation. ACM Transactions on Management Information Systems 6 (4), 1–19. https://doi.org/10.1145/2843948.

Johnson, Cameron (2017). Goodbye Stars, Hello Thumbs. Netflix. Online verfügbar unter https://about.netflix.com/en/news/goodbye-stars-hello-thumbs (abgerufen am 03.12.2021).

Kiefer, Marie Luise (2020). Dienstleistungsökonomik und Medien. In: Jan Krone/Tassilo Pellegrini (Hg.). Handbuch Medienökonomie. Wiesbaden, Springer Fachmedien Wiesbaden, 165–195.

Krishnan, Gopal (2016). Selecting the best artwork for videos through A/B testing. Netflix Technology Blog. Online verfügbar unter https://netflixtechblog.com/selecting-the-best-artwork-for-videos-through-a-b-testing-f6155c4595f6 (abgerufen am 06.12.2021).

Loesche, Dyfed (2017). Marktanteile der VoD-Anbieter in Deutschland. Statista GmbH. Online verfügbar unter https://de.statista.com/infografik/12214/marktanteile-der-vod-anbieter-in-deutschland/ (abgerufen am 09.12.2021).

Mcalone, Nathan (2017). Why Netflix replaced its 5-star rating system. The exec who replaced Netflix's 5-star rating system with ‚thumbs up, thumbs down' explains why. Business Insider vom 05.04.2017. Online verfügbar unter https://www.businessinsider.com/why-netflix-replaced-its-5-star-rating-system-2017-4 (abgerufen am 03.12.2021).

Nelson, Nick (2016). The Power of a Picture. Netflix. Online verfügbar unter https://about.netflix.com/en/news/the-power-of-a-picture (abgerufen am 07.12.2021).

Netflix (2021). Anzahl der zahlenden Streaming-Abonnenten von Netflix weltweit vom 3. Quartal 2011 bis zum 3. Quartal 2021 (in Millionen). Statista GmbH. Online verfügbar unter https://de.statista.com/statistik/daten/studie/196642/umfrage/abonnenten-von-netflix-quartalszahlen/ (abgerufen am 07.12.2021).

Riley, Madeline/Machado, Lauren/Roussabrov, Boris/Branyen, Tim/Bhawalkar, Parth/Jin, Eugene/Kansara, Apurva (2018). AVA: The Art and Science of Image Discovery at Netflix. Netflix Technology Blog. Online verfügbar unter https://netflixtechblog.com/ava-the-art-and-science-of-image-discovery-at-netflix-a442f163af6 (abgerufen am 05.12.2021).

Shahid, Hamid/Haq, Syed (2020). Essential Suite – Artwork Producer Assistant. Netflix Technology Blog. Online verfügbar unter https://netflixtechblog.com/essential-suite-artwork-producer-assistant-8f2a760bc150 (abgerufen am 05.12.2021).

VuMA (2020). Beliebteste Genres von gestreamten, heruntergeladenen oder gekauften Filmen/Serien unter Netflix-Nutzern in Deutschland im Jahr 2020. Statista GmbH. Online verfügbar unter https://de.statista.com/statistik/daten/studie/1250177/umfrage/beliebteste-genres-bei-filmen-serien-unter-netflix-nutzern-in-deutschland/ (abgerufen am 01.12.2021).

Winthagen, Mira (2021). Streamingdienste in Deutschland: Ist Netflix, Amazon oder Disney+ am erfolgreichsten? Ströer Media Brands GmbH. Online verfügbar unter https://www.kino.de/unternehmen/netflix/news/streamingdienste-in-deutschland-ist-netflix-amazon-oder-disney-plus-am-erfolgreichsten/ (abgerufen am 09.12.2021).

Wirtz, Bernd W. (2019). Digital Business Models. Concepts, Models, and the Alphabet Case Study. Cham, Springer Nature Switzerland.
Zydorek, Christoph (2017). Einführung in die Medienwirtschaftslehre. 2. Aufl. Wiesbaden, Springer Fachmedien Wiesbaden.
Zydorek, Christoph (2018). Grundlagen der Medienwirtschaft. Algorithmen und Medienmanagement. Wiesbaden, Springer Fachmedien Wiesbaden.

4 Medienökonomische Bezugsprobleme der Wertschöpfungsstufe der Initiierung und Produktion am Beispiel des Algorithmus SciFiQ

Luna Naima Mohr

4.1 Einleitung

Geschichten entstehen seit jeher aus individueller, menschlicher Kreativität und werden heute wie vor Jahrtausenden stets nachgefragt. Die Digitalisierung hat jedoch nicht nur die Produktionsprozesse in der Publizistik verändert, sondern ebenfalls die Konzeption und Initiierung von Inhalten; Vorgänge, deren Ergebnis bislang allein dem menschlichen Vorstellungsvermögen zugeschrieben wurde. Immer mehr Produktionsprozesse werden branchenübergreifend teilweise und komplett automatisiert, um so effizienter und kostengünstiger zu agieren. Auch in der Texterstellung greifen diese Veränderungen bereits. So gibt es Künstliche Intelligenz (KI), die z. B. Marketingtexte für Webseiten, Blogs, Newsletter etc. schreibt. Jarvis, eine KI in diesem Bereich, verspricht höhere *conversions* (z. B. Kontoerstellung oder Käufe auf Webseiten) und höhere Return on Investment-Raten (vgl. Jarvis – AI Powered Marketing Copy and Content 2021, Abs. 1) Teilweise sind von KI erstellte Texte so gut, dass sie nicht von Texten von menschlicher Hand zu unterscheiden sind (vgl. Sagar 2020, Abs. 3).

L. N. Mohr (✉)
Master Design Interactive Media, Hochschule Furtwangen, Furtwangen, Deutschland

Hier schließt die vorliegende Arbeit an und behandelt die algorithmische Unterstützung der Lösung von medienökonomischen Bezugsproblemen bei der Erstellung belletristischer Literatur in der Buchbranche. Der Algorithmus SciFiQ und das dazugehörige Browserinterface, das den eingegebenen Content überprüft, sind für ein Experiment eines Autors und zweier Wissenschaftler erstellt worden und derzeit nicht auf dem freien Markt verfügbar. Dennoch ist der Ansatz untersuchenswert, da die Funktionsweisen des Algorithmus neue Möglichkeiten für die Erstellung belletristischer Literatur bietet und dementsprechend auch in der Buchbranche Einsatz finden könnte.

Zunächst werden die theoretischen Grundlagen der Wertschöpfungskette des Buchmarkts und der Wertschöpfungsstufen der Initiierung sowie Produktion aufgegriffen. Im Anschluss werden die spezifischen medienökonomischen Bezugsprobleme der Branche anhand einiger Beispiele erklärt. Der dritte Abschnitt widmet sich den technischen Funktionsweisen von SciFiQ und beschreibt den Erstellungsprozess der Geschichte *Twinkle, Twinkle*. Anschließend wird erläutert, wie der Algorithmus diese Bezugsprobleme lösen könnte. Diese Ansätze werden schließlich kritisch hinterfragt.

4.2 Theoretische Grundlagen

Im folgenden Kapitel werden die Wertschöpfungsstufen der Konzeption sowie Produktion, die Wertekette und Erlösquellen des Buchmarkts umrissen.

4.2.1 Die Wertschöpfungsstufen der Initiierung und Produktion

Der Prozess von SciFiQ erstreckt sich über die Wertschöpfungsstufen der Initiierung bzw. Konzeption sowie der Produktion. Während der Initiierung entsteht die Idee für das Manuskript aus Eigeninitiative des Autors, oder Buchverlage tragen Buchideen, die ihrer Meinung nach gut in das jeweilige Programm passen, an bestimmte Autoren heran. Auch über Literaturagenturen können Manuskripte den Weg zum Verlag finden, wo der Content anschließend vom Verlag lektoriert und überarbeitet wird. Dieser Prozess der Überarbeitung ist der Wertschöpfungsstufe der Produktion zuzuordnen, wie in Abb. 4.1 beschrieben ist (vgl. Gläser 2014, S. 349–350).

In diesem Fall hat der Autor Stephen Marche die Idee der algorithmisch gesteuerten Produktion einer Geschichte initiiert. Marche gab den Auftrag zur Erschaf-

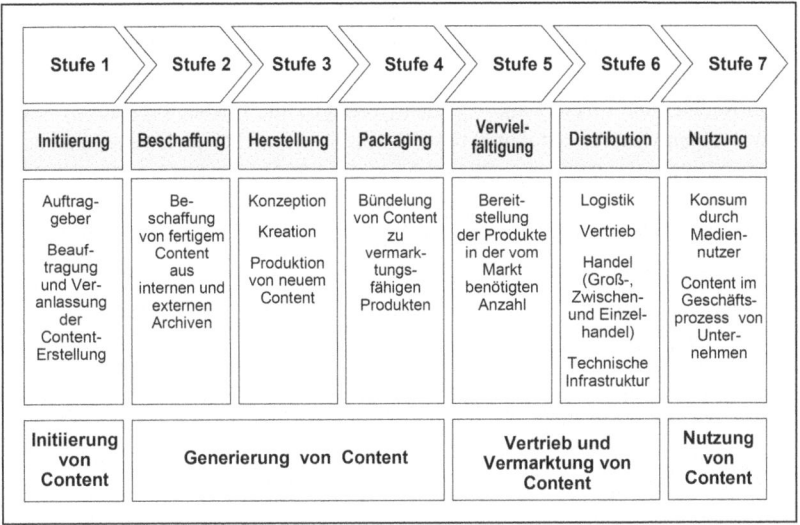

Abb. 4.1 Modell des medialen Wertschöpfungsprozesses (Gläser 2014, S. 349)

fung des Algorithmus, der thematische und stilistische Regeln für die Erstellung der Erzählung sowie des Browserinterfaces zur Überprüfung des eingegebenen Contents entwarf, an zwei Wissenschaftler. Die entstandenen Regeln, die vom Autor beim Verfassen des Textes eingehalten werden müssen, sind der Stufe der Initiierung zugeordnet, während die Überprüfung durch das Interface zur Produktionsstufe gehören. Die Erstellung des Textes ist demnach die Voraussetzung für die nachfolgenden Wertschöpfungsprozesse und spätere Verarbeitung des Mediengutes (Abb. 4.1).

4.2.2 Wertschöpfung und Erlösquellen

Akteure auf dem Buchmarkt erwirtschaften traditionell Erlöse durch Wertschöpfungsaktivitäten auf drei Märkten. Dazu zählen der Vertrieb durch die Produktion und den Verkauf von Büchern, der für diese Arbeit relevant ist sowie der Lizenzmarkt. Wird ein Buch im Buchhandel verkauft, erhält zunächst der Händler Rabatt von dem Verkaufspreis. Dieser Rabatt kann von 25–50 % reichen, je nach Genre des Buches. Die reine Herstellung eines Buches kostet ca. 13–20 % vom Verkaufspreis. Nach Abzug des Autorenhonorars, das ca. 8–20 % beträgt, erhält der Verlag ca. 30–50 % des Erlöses. Die variablen Kosten, also z. B. das Autorenhonorar, hängen vom Absatz des Buches ab und sind in der Regel vorzuschießen (vgl. Janello 2010, S. 65–66).

Der Rechte- und Lizenzmarkt verschafft Verlagen und Buchautoren auf der ganzen Welt einen wachsenden Anteil des Erlöses. So wurde beispielsweise die buchbasierte Netflixserie *Bridgerton* (Stand November 2021) rund 625 Millionen Mal angeschaut (vgl. Tapp 2021, Abs. 2). Auch Merchandising oder Franchise gewinnen immer mehr an Popularität. Verlagshäuser sichern sich Verwertungsrechte und verkaufen diese bei eintretendem Erfolg des Buches weiter (vgl. Wirtz 2019, S. 300).

Bevor jedoch ein Buch publiziert wird, müssen sich die Verlagsmitarbeiter über einige Faktoren Gedanken machen. Kriterien, die einberechnet werden müssen, sind z. B. Bruttopreis, Druckkosten und Format, Auflagengröße, Remittenden, Zuschuss im Voraus für Autoren etc. Diese Berechnungen bilden trotz Planungsunsicherheiten in der nachgefragten Menge des Buches die essenzielle Basis des möglichen Gewinns eines Verlagshauses (vgl. Janello 2010, S. 59).

Weitere Faktoren, die Verlagshäuser wie andere Medienunternehmen in ihren Contenterstellungsprozess mit einbeziehen, sind z. B. die Orientierung an bewährten und erfolgreichen Themen, Genres oder am Massenmarkt, sowie das Senden von Qualitätssignalen wie Pressestimmen und Kritiken bekannter Journalisten, Autoren usw. auf dem Cover (vgl. Zydorek 2018, S. 74).

Bleiben die erhofften Erlöse der geplanten Buchverkäufe aus, kommt die Querfinanzierung, eine typische Maßnahme verlegerischen Handelns, zum Tragen. Häufig ist es im Medienbereich so, dass einige wenige sehr erfolgreiche Produkte mehrere Flops querfinanzieren. Beispielsweise kann von zehn Büchern nur eines Gewinn erwirtschaften, während die restlichen entweder gerade so die Kosten decken oder Verluste verursachen (vgl. Kiefer und Steininger 2014, S. 185). Daher müssen die Aufnahme unbekannter Autoren in das Verlagsprogramm, das Eröffnen einer neuen Reihe oder andere Risiken, die im folgenden Kapitel erläutert werden, von Verlagsmitarbeitern bei der Entscheidung über die Annahme von Titeln beachtet werden.

4.2.3 Medienökonomische Bezugsprobleme auf dem Buchmarkt

Medienökonomische Bezugsprobleme beschreiben Umstände, die daraus entstehen, dass Medienunternehmen wie die Produzenten und Vermarkter anderer Güter auch der Kapitallogik im Kontext der Fremdbedarfsdeckung unterworfen sind. Im Phänomenbereich der Wertschöpfung mit Medieninhalten verbinden sich damit spezielle ökonomische Rahmenbedingungen und Herausforderungen in Bezug auf das Produkt, die Funktion der Märkte und das Handeln der Akteure (vgl. Zydorek 2018, S. 46 ff.). Im Folgenden werden diese Bezugsprobleme des Buchmarktes an verschiedenen Beispielen diskutiert.

4.2.3.1 Probleme der Wertschöpfungsstufe Initiierung

Unsicherheit der Nachfrage
Die Programm- und Lektoratsabteilung in einem Verlag ist dafür zuständig, Buchtitel für die Herausgabe auszuwählen. Hier stellt sich die Frage, nach welchen Kriterien zukünftige Buchtitel und deren Auflage ausgewählt werden. Die Abteilungen können nicht voraussagen, welche Bücher sich tatsächlich verkaufen und welche nicht. Die Unsicherheit der Nachfrage von Rezipienten, ein gängiges Problem in der Medienwirtschaft, hat also auch für Buchverlage große Bedeutung.

Einige vermeintlich erfolgversprechende Faktoren können bei dem Prozess unterstützend wirken; beispielsweise werden bereits erfolgreiche Autoren (wieder) aufgenommen oder erfolgreiche Bücher aus dem Ausland übersetzt (vgl. Zydorek 2018, S. 73). Ein weiterer Faktor, der beim Publizieren von belletristischen Büchern wichtig ist, ist das Aufgreifen aktueller Trends. Beispielsweise erfuhr *Young Adult Fiction* (YA), also Bücher für Menschen im Alter von 12 bis 18, in den 90er- und 00er-Jahren einen belletristischen Höhepunkt. Das lag daran, dass Jugendbücher erstmals um die Jahrtausendwende ihr eigenes, separates Genre bekamen. Plötzlich wurden Bücher gezielt für die Zielgruppe der Heranwachsenden publiziert und vermarktet. Die erste massentaugliche und bekannteste Buchserie dieses Genres war wohl die Harry Potter-Serie. J.K. Rowlings Buchreihe regte die Produktion vieler weiterer YA-Fantasy Bücher an, wie Stephenie Meyers *Twilight-Saga* oder Suzanne Collins' *Hunger Games*-Trilogie. Vampire, Zauberer und Hexen tummeln sich also auch heutzutage noch zuhauf in dystopischen Welten in den Buchregalen (vgl. Strickland 2015, Abs. 2).

Im Nachhinein erscheint die Tatsache, dass das Exposé der Harry Potter-Serie zwölf Mal von verschiedenen Verlagshäusern abgewiesen wurde, unbegreiflich, insbesondere angesichts des internationalen Erfolgs von über 500 Millionen verkauften Exemplaren weltweit (Stan 2018). Die jeweiligen Verlagsmitarbeiter beurteilten die Buchidee wohl als nicht verkaufssicher genug und erfuhren daher einen entgangenen Gewinn (vgl. Pieruschka 2021, Abs. 6).

Dieses Beispiel ist wohl das bekannteste der jüngeren Buchgeschichte; es beschreibt jedoch überspitzt das tägliche Problem von Verlagsmitarbeitern, die versuchen, in Bezug auf die ihnen vorliegende Menge an Manuskripten Vorhersagen über erfolgreiche Titel zu treffen.

Intransparenz der Güterqualität
Diese Abschätzung ist deshalb so schwierig, da Bücher die Eigenschaft des *Erfahrungsgutes* haben. Das bedeutet, dass ein Medienprodukt erst während oder nach Verwendung und erfahrenem Erlebnis von den Konsumenten beurteilt werden kann. In diesem Fall können Bücher erst nach dem Lesen hinsichtlich ihrer Qualität, in der Belletristik also vorrangig nach ihrem Unterhaltungswert, beurteilt werden. Konsumenten müssen also knappe externe Ressourcen wie Zeit, Aufmerksamkeit und Geld investieren, um herauszufinden, ob ihnen das Buch überhaupt gefällt (vgl. Zydorek 2018, S. 72).

Weiter haben Mediengüter das Problem des *Informationsparadoxons*. Hier liegt die Herausforderung darin, Konsumenten Informationen zu verkaufen, über deren Gehalt und Auswirkungen sie nichts wissen. Hier liegt normalerweise eine geringe Zahlungsbereitschaft wegen der fehlenden Beurteilung seitens der Konsumenten vor. Gegensätzlich dazu ist es ebenfalls schwierig, Konsumenten Informationen zu verkaufen, deren Inhalt und Nutzen sie im Vorfeld kennen. Hier liegt ebenfalls eine geringe, wenn nicht sogar geringere, Zahlungsbereitschaft für Informationen vor, sei es für Nachrichten, Bücher oder anderen (Online)Content (vgl. Schumann et al. 2014, S. 27).

Das Informationsparadoxon besteht ebenso auf Seiten des Verlags, da nicht das gesamte Manuskript zu Beginn der Zusammenarbeit vorliegt oder von Verlagsmitarbeitern gelesen werden könnte. Stattdessen verlangen die Mitarbeiter bestimmte Informationen in gewissem Umfang. Häufig wird ein Exposé, ein Probekapitel oder den Einstieg in ein Kapitel verlangt, um einen möglichst guten Vorabeinblick in das spätere Manuskript zu gewähren. Ein anderer Weg ist der Kauf von Exposés über Auktionen von Literaturagenturen, die in großen Umfang beworben werden. Hier spielen die Bekanntheit des Autors, bereits verkaufte Filmrechte oder andere erfolgversprechende Faktoren wesentliche Rollen. Unabhängig von Weg eines Exposés als Buch ins Verlagsprogramm müssen sich die Programm- und Lektoratsmitarbeiter mit wenigen Informationen auf den Wertschöpfungsprozess der Buchherstellung einlassen. Entspricht ein Manuskript nicht den Erwartungen des Verlags, wird es dennoch publiziert und verbreitet, um die Kosten zu decken. Eine Nicht-Veröffentlichung des Buches ist in diesem Fall keine Alternative, da meist schon Prozesse zur Veröffentlichung in Vorbereitung oder Arbeit sind (Covergestaltung, Illustrationen, Druckauftrag, Auflage etc.) (vgl. Wirtz 2019, S. 308).

4.2.3.2 Probleme der Wertschöpfungsstufe der Produktion
Während die fortschreitende Digitalisierung und automatisierte Produktion in vielen Bereichen zu effizienteren Prozessen führte, ist es bis heute in der Kunst und

Kultur anders. Dieser Sektor kann von den Vorteilen der Rationalisierung in der Herstellung eines Guts (noch) wenig profitieren. Abgesehen davon, dass ein Text auf einem modernen Träger erstellt und festgehalten werden kann, dauert das kreative, schöpferische Erstellen eines belletristischen Textes immer noch genauso lange wie vor 100 Jahren. Es wird argumentiert, dass die kreative Arbeit eines Menschen also nur bedingt von Technik unterstützt oder gar ersetzt werden kann (vgl. Kiefer und Steininger 2014, S. 174; Zydorek 2018, S. 50).

First Copy Costs
Aus den oben genannten Gründen und gemeinsam mit der bereits erwähnten Tatsache, dass durchschnittlich von zehn Büchern eines Gewinn erwirtschaftet, ist es für Verlage besonders schwierig, sich für Titel und deren Auflagenanzahl zu entscheiden. Das Medienprodukt Buch muss fertig produziert sein, bevor es vermarktet werden kann (vgl. Zydorek 2018, S. 71). Die erste Kopie ist ein Unikat und hat hohe fixe Kosten in der Ersterstellung, die unabhängig von der Höhe der Auflage oder Menge der Rezipienten sind. Jede weitere Kopie ist weitaus günstiger zu produzieren. Diesen Umstand nennt man *Hohe First Copy Costs*. Verlage haben also das wirtschaftliche Ziel, möglichst auflagenstarke Bücher zu produzieren und verkaufen (vgl. ebd., S. 91–92).

Sunk Costs
Bei der Kostenberechnung eines Buches werden auch die *versunkenen Kosten* abgeschätzt. Dazu zählen z. B. das Autorenhonorar, das Lektorieren und Überarbeiten des Textes oder die Gestaltung des Layouts. Diese Kosten sind nicht mehr zurückzuholen; die Ressourcen können nicht mehr wiederverwendet werden und liegen dem Verlag zu Lasten, wenn sich das Buch schlecht verkauft (vgl. Zydorek 2018, S. 48; Kiefer und Steininger 2014, S. 185). Einmal gedruckte Bücher können nicht im Nachhinein verändert oder angepasst werden und verursachen versunkene Kosten dadurch, dass die gedruckte Menge nicht verkauft werden kann und im Lager liegen bleibt.

Weitere Eigenschaften des Mediengutes Buch
Für die Konsumenten hingegen besitzt das gekaufte Buch noch über längeren Zeitraum materiellen wie immateriellen Wert, wenn es im heimischen Bücherregal steht. Sie können das Buch mehrmals über Jahre hinweg lesen, es ihren Kindern vorlesen etc. Die Konsumenten investieren also Zeit, Geld und Aufmerksamkeit in das Medienprodukt und möchten ihren Nutzen daraus maximieren (vgl. Kiefer und Steininger 2014, S. 250). Damit zählen Bücher zu Gebrauchsgütern, da sie länger und wiederholt verwendet werden können. Der Wert einer journalistischen Nach-

richt hingegen hängt meist direkt mit ihrer Neuigkeit zusammen. Sie hat daher eine kurze Verfallszeit, während Bücher über eine längere Verfallszeit verfügen (vgl. Zydorek 2017, S. 197–198).

Aus Verlagssicht hingegen verliert das einzelne, reguläre Buch an Wert, sobald es verkauft ist und die Kosten ausgeglichen hat, weil die Kosten versunken sind. Die Ressourcen hierfür und das Produkt an sich können nicht mehr wiederverwendet werden. Ausgenommen hiervon sind z. B. Serien oder Klassiker, die immer wieder auferlegt werden können, aufeinander aufbauen und eine andauernde Nachfrage haben. Zudem unterliegen Printbücher bestimmten zeitlichen Einschränkungen. Printbücher sind Medien, die in der Regel nicht während einer anderen (geistigen) Tätigkeit konsumiert werden können. Anders ist es bei Audiobüchern, Podcasts etc., die weniger zeitlichen Ausschließungen unterliegen und stärker als Nebenbei-Medium Verwendung finden. Daher und auch wegen des materiellen Trägers, an das ein Printbuch gebunden ist und physischen Platz für die Lagerung notwendig ist, neigen Konsumenten immer mehr zu zeitlich flexiblen Mediengütern (vgl. Kiefer und Steininger 2014, S. 250).

4.3 Das Experiment SciFiQ

Geschichten, die sich in bestimmten Kriterien wie Stil oder Charakter ähneln (bekannte und häufig verwendete Fantasy-Charaktere sind z. B. Elfen, Zwerge, Drachen etc.), sammeln oftmals eine begeisterte Leserschar um sich. Fantasyfans z. B. sind stetig auf der Suche nach Geschichten, die ihren Lieblingen im Buchregal ähneln. Zu diesem Ansatz haben zwei Wissenschaftler, Adam Hammond, Englischprofessor in Toronto und Julian Brooke, Computerwissenschaftler mit Fokus auf Computer Linguistics, in Zusammenarbeit mit Autor Stephen Marche im Herbst 2015 ein Experiment gestartet (vgl. Hammond und Brooke 2018, Abs. 1). Marche hatte das Ziel, die „perfekte Science-Fiction Geschichte" (ebd.) zu schreiben. Dazu erstellten die Wissenschaftler *14 thematische und 24 stilistische Regeln* anhand von 50 Science-Fiction-Vergleichswerken, die Marche aus seinen Lieblingstexten der Science-Fiction auswählte. Die thematischen Regeln bezogen sich auf Rahmenbedingungen, die die Geschichte an sich betreffen; z. B. ist Regel Nr. 1: „Die Geschichte sollte nicht auf der Erde stattfinden" (Hammond und Brooke 2018, Abs. 2), während die stilistischen Regeln prozentuale Mengen verschiedener Wortgruppen vorgaben, z. B. „Anzahl von Verben pro 100 Wörter" (vgl. Hammond und Brooke 2018, Abs. 3). Die Regeln wurden mit den Methoden der *computergestützten Textanalyse* und dem *Topic Modeling* gebildet. An diese Regeln sollte sich der Autor beim Schreiben halten. Um die Überprüfung der Einhaltung der 24 stilistischen Regeln durchzuführen, entwickelten die Wissenschaftler den Algorithmus *Sci-FiQ* der als Browserinterface den eingegebenen Text farblich kennzeichnet und so anzeigt, wenn der Text den Regeln nicht entspricht (vgl. ebd.). Die Geschichte wurde anschließend im Online-Magazin *Wired* publiziert (vgl. Marche 2017).

4.3.1 Technische Grundlagen: Computergestützte Textanalyse und Topic Modeling

Vorweg mussten die thematischen und stilistischen Regeln formuliert werden. Dazu wurden die Vergleichswerke automatisch mit einer computergestützten Textanalyse untersucht, um zunächst die stilistischen Regeln zu formulieren. Für diesen Schritt verwendeten die Wissenschaftler ihr eigenes Tool *GutenTag*. Das Tool erlaubt es Forschenden, auch ohne technische Vorbildung groß angelegte computergestützte Literaturanalysen durchzuführen. Weiterhin kann das Tool exakte Textkörper selektieren, bestimmte Textpassagen wie z. B. Dialoge identifizieren und Prozentsätze als Wert für die Häufigkeit der vorgenommenen Wortmessungen für die identifizierten Passagen berechnen (vgl. Hammond und Brooke 2017, S. 1–2).

Ein großer Textkorpus ist nötigt, um Ergebnisse zuverlässig zu interpretieren. Eine kleinere Menge Texte, wie die 50 Lieblingswerke von Marche, an die seine Geschichte angelehnt werden soll, reichte für eine verlässliche Literaturanalyse allein nicht aus (vgl. Wermer-Colan 2020, Abs. 2). Deshalb verwendeten die Wissenschaftler insgesamt ca. 4000 Texte zur Analyse. Diese bestanden aus den Werken Marches und zwei Vergleichssets. Das erste Set setzte sich aus ca. 3000 Texten zusammen, die nicht dem Genre Science-Fiction angehörten. Das zweite Set bestand dabei aus 1000 Science-Fiction Texten. Die o. g. 50 handverlesenen Geschichten des Autors bildeten das dritte Set (vgl. Hammond und Brooke 2018, Abschn. 3). Einige Beispiele seiner gewählten Erzählungen sind *Vaster than Empires and More Slow* von Ursula K. Le Guin, *The Father-Thing* von Philip K. Dick und *There Will Come Soft Rains* von Ray Bradbury (Marche 2017, Abs. 4).

Die Analyse mittels *GutenTag* funktionierte so, dass Wortstrukturen, -arten und genannte Orte identifiziert sowie Dialog und Erzählung voneinander unterschieden wurden. Zudem wurden einzelne Charaktere sowie ihr Geschlecht ermittelt und jedes Wort nach stilistischen Merkmalen und Stimmung untersucht (vgl. Hammond und Brooke 2018, Abs. 3). Anhand dieser Textanalyse wurden die 24 stilistische Kriterien formuliert, die im nächsten Abschnitt aufgelistet sind.

Im Anschluss an die Textanalyse wurde das *Topic Modeling-Verfahren* angewandt: eine einfache Lösung, um große Mengen nicht gekennzeichneten Textes zu analysieren. Ein sogenanntes Thema beschreibt ein Cluster von Wörtern, die häufig zusammen in einem Text auftreten. Aus diesem Kontext kann das Modell ähnliche Wörter verbinden und zwischen verschiedenen Bedeutungen differenzieren (vgl. Mallet 2018, Abs. 1).

Die Wissenschaftler definierten 400 Themen in Form von 500 Wörtern vor und verwendeten nur Substantive. Anschließend verglichen sie die Themen der 50 Werke von Marche mit den zwei Vergleichssets und formulierten daraus 14 thematische Regeln (vgl. Hammond und Brooke 2018, Abs. 2).

4.3.2 Anwendung von SciFiQ

Im Folgenden ist eine Auswahl der 14 thematischen Regeln, die aus den 50 Werken extrahiert wurden, aufgelistet (Hammond und Brooke 2018, Abs. 2; Marche 2017, Fußnote 8, die Regeln sind dort anders nummeriert):

1. The story should be set on a planet other than earth.
2. The story should thus NOT be set in space itself.
3. On this planet, there should be an existing, non-human civilization. This civilization should have a hierarchical social structure with a powerful ruler. Inhabitants of this alien civilization should be given clearly non-human names. The protagonists of the story should be humans who are directly observing this civilization from a certain distance and do not consider themselves part of it.
4. The story should be set in a city. The protagonists should be seeing this city for the first time and should be impressed and dazzled by its scale.
5. Part of the action should unfold at night during an intense storm.
6. Include a pivotal scene in which a group of people escape from a building at night at high speed in a high-tech vehicle made of metal and glass that is large enough to live in for an extended period (it should have a bed in it, for instance).
7. Include a scene set on a traditional earth farm, with apple trees and/or corn fields. In this scene, a mother and father are present. (Given the other rules, this is most likely a flashback to a protagonist's childhood, but I leave the details to you, of course.)
8. Include extended descriptions of intense physical sensations and name the bodily organs that perceive these sensations.
9. Engage the sublime. Consider using the following words: vast, gigantic, strange, radiance, mystery, brilliance, fantastic, and spooky.

10. DO NOT focus on conventional domestic family life. Marriage should not be a theme. No scenes should depict a conventional bourgeois family (especially a happy bourgeois family) at the dinner table.

Diese Regeln sollte der Autor als Rahmenbedingungen bei der Erstellung seiner Erzählung beachten. Nachdem Marche sich den Plot anhand dieser Voraussetzungen zurechtgelegt hatte, begann er, seine Geschichte in das Browserinterface einzutippen. Das Interface markierte auf Basis von *SciFiQ* bei der Texteingabe die Abweichungen des Textes von den stilistischen Regeln, von denen einige Beispiele im Folgenden aufgezählt werden (Hammond und Brooke 2018, Abs. 3, auch dort eine anderer Nummerierung):

1. Literariness
2. Abstractness
3. Colloquialness
4. Average word length
5. Lexical density
6. Four speaking characters
7. Percentage of text which is dialogue
8. Percentage of dialogue by female characters

Es wird schon anhand der hier beispielhaft genannten Regeln eindeutig, wie streng der Algorithmus den eingegebenen Text markierte. Entsprechen einzelne Wörter oder Textpassagen nicht diesen Kriterien, leuchten sie farbig[1] auf. Sind die Passagen violett gekennzeichnet, ist der Wert zu gering, also ist zu wenig Text entsprechend diesem Kriterium vorhanden. Leuchten sie rot auf, ist zu viel davon enthalten. Die Farbe Grün bedeutet, dass der Wert innerhalb der 0,5 Standardabweichung vom Mittelwert aller 50 Geschichten von Marche liegt und somit dem Kriterium entspricht. Eine Geschichte ist erst fertig, wenn sich alle Werte im grünen Bereich befinden (vgl. Hammond und Brooke 2018, Abs. 3). Im Folgenden ist die Überprüfung anhand der stilistischen Regeln im Browserinterface beispielhaft zu sehen (vgl. Abb. 4.2, 4.3, 4.4 und 4.5).[2]

---

[1] Durch den Schwarzweißdruck fehlen die farblichen Kennzeichnungen in den folgenden Abbildungen. Die roten und violetten Felder werden in Fußnoten beschrieben. Die Felder, die nicht erwähnt werden, sind grün.
[2] Die Abbildungen entstammen einer anderen Geschichte Marches und entsprechen daher nicht einem zwischenzeitlichen Stand von *Twinkle, Twinkle*.

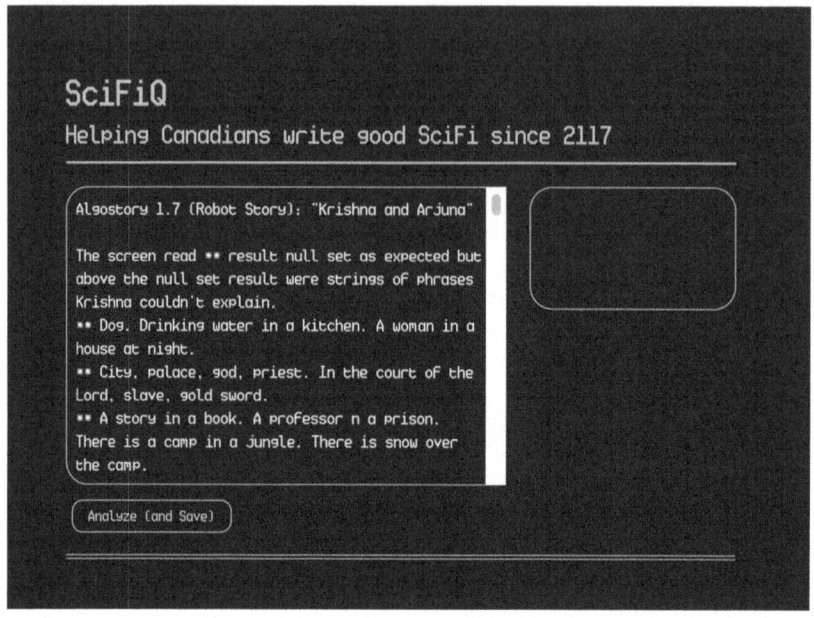

Abb. 4.2 Die Benutzeroberfläche vergleicht die Geschichte mit den klassischen Science-Fiction-Geschichten (eigene Darstellung, angelehnt an Ilani 2020)

Dem Autor Marche bereiteten die strengen Regeln einige Schwierigkeiten. Der Algorithmus zwang Marche beispielsweise, die richtige Balance zwischen Regeln Nr. 1 (literarisch) und Regel Nr. 4 (umgangssprachlich) zu finden. Zunächst zeigte SciFiQ eine zu hohe Anzahl von *literarischen Wörtern* an, also prüfte Marche die Geschichte nochmal und änderte Wörter wie z. B. *scarlett* zu *red* (vgl. Marche 2017, Fußnote 9). Auch war die Geschichte zunächst nicht abstrakt genug, weshalb Wortänderungen wie von *house* zu *residence* von Marche durchgeführt wurden, bis das Feld für Regel Nr. 2: *Abstractness* grün leuchtete. Die *lexikalische Dichte* (Nr. 20) beschreibt die Anzahl von Wörtern eines Textes, die Informationen vermitteln, wie z. B. Substantive, Adjektive oder Verben. Artikel oder Präpositionen zählen nicht dazu. Der Autor musste also darauf achten, genügend beschreibende Wörter zu verwenden (vgl. Lexical Density 2021, Abs. 1).

Ebenfalls fehlten der Geschichte zunächst eine Anzahl von Adverbien pro 100 Wörter, bei deren Anpassungen jedoch Regeln Nr. 9 (*durchschnittliche Wortlänge*) und Nr. 11 (*durchschnittliche Paragraphenlänge*) schnell überschritten wurden (vgl. Ilani 2020, Abs. 8). Adverbien sind zudem beim Schreiben von Geschichten

4 Medienökonomische Bezugsprobleme der Wertschöpfungsstufe der ...

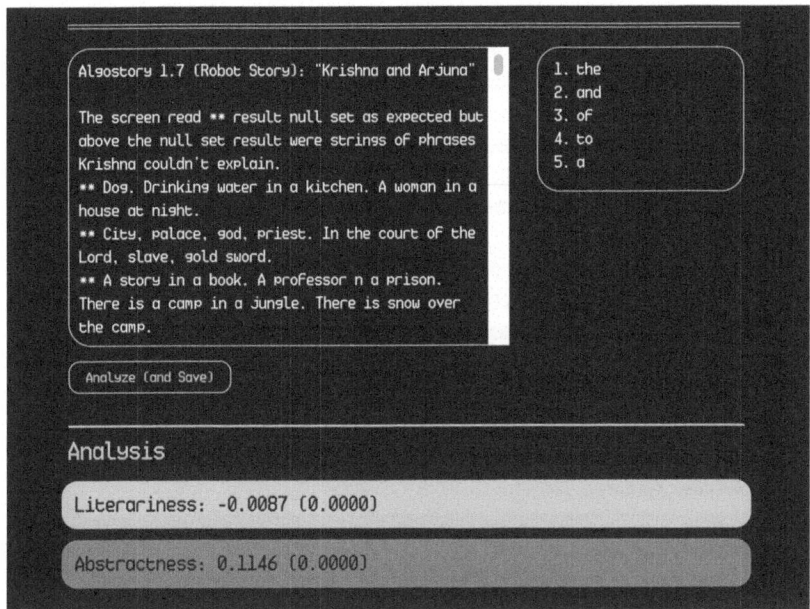

Abb. 4.3 Der Algorithmus gibt stilistische Anweisungen (eigene Darstellung, angelehnt an Ilani 2020) (Der Wert *Abstractness* ist violett, also zu gering)

vorsichtig zu verwenden, daher musste Marche beim Schreiben genau das Gegenteil davon tun, was ihm als Autor beigebracht wurde (vgl. Marche 2017, Fußnote 4).

Die Erzählung musste vier sprechende Charaktere enthalten, was den Autor dazu zwang, eine Szene hinzuzufügen, die er unter normalen Umständen gestrichen hätte (vgl. Marche 2017, Fußnote 14). Zudem sollten diese sprechenden Charaktere insgesamt 26 % Dialog produzieren (vgl. Marche 2017, Fußnote 10). Marche durfte seiner Protagonistin Anne jedoch lediglich 16,1 % Dialog geben, was dazu führte, dass er sie als zurückhaltend und wortkarg beschreiben musste, während die männlichen Charaktere vor Selbstbewusstsein und Arroganz strotzten (vgl. Marche 2017, Fußnote 6).

4.3.3 Twinkle, Twinkle

Twinkle, Twinkle ist als Geschichte im Netz abrufbar unter:
https://www.wired.com/2017/12/when-an-algorithm-helps-write-science-fiction/

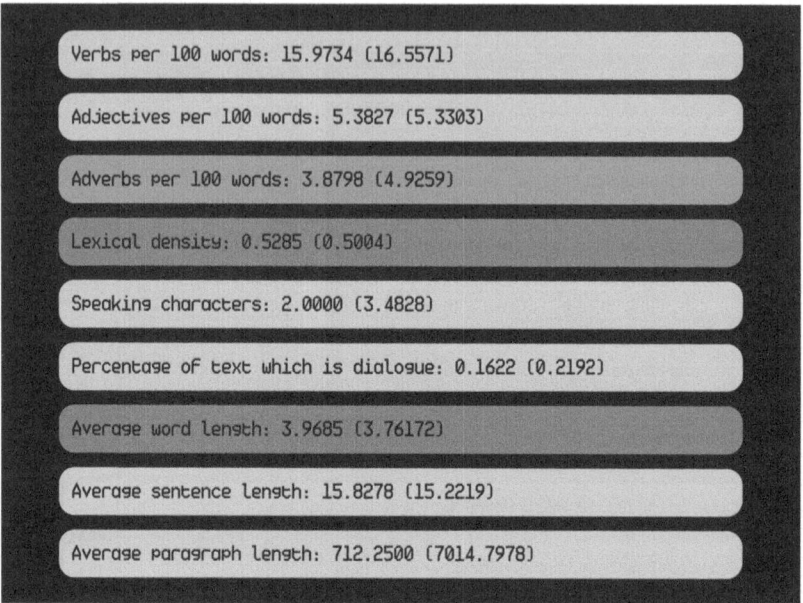

Abb. 4.4 Mit der Analyse werden die Einhaltung der stilistischen Regeln deutlich (eigene Darstellung, angelehnt an Ilani 2020) (Der Wert *Adverbs per 100 words* ist rot gekennzeichnet, d.h. es sind zu viele Adverbien. Die Werte *Lexical density* und *Average word length* sind violett)

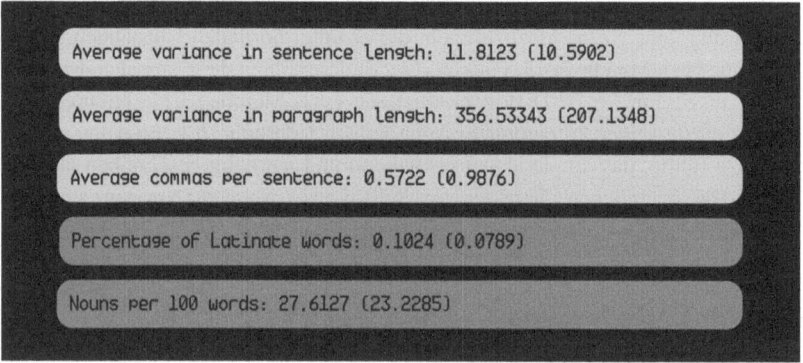

Abb. 4.5 Analyse weiterer Regeln (Die Werte *Percentage of Latinate words* und *Nouns per 100 words* sind ebenfalls violett)

4 Medienökonomische Bezugsprobleme der Wertschöpfungsstufe der ...

Im Folgenden werden einige beispielhafte Ausschnitte der Geschichte und die Umsetzung der jeweiligen thematischen und stilistischen Regeln dargestellt.

> „If you're curious, go to the archives. I know, you're a full prof, full xenologist. I know you've spent 10 years in the archives already, but you've got four hours tonight, well, three hours and 42 minutes. The archives have a hundred million hours cross-referenced. Your job is to keep looking to find something so we can justify keeping the lights on here."
> „*I understand.*"
> „This light here," he said, tapping the lamp.
> The glow from the viewer that no one was looking into unnerved Anne. *The Other world*, 1,564 light-years away, was flowing *brightly* and *glamorously* into the machine, unobserved, while Ed gave what must be his boilerplate orientation speech.
> „Nobody cares. That's the thing to remember. While you're here, I'll be making phone calls to the South China coast begging for cash. Help me out. Keep the lights on here to keep an eye on there. That's our motto now."
> „*Curiosity isn't enough*," she said.

In diesem Abschnitt ist die Verwendung der sonst in der Belletristik spärlich genutzten Adverbien (kursiv gekennzeichnet) und der geringe Anteil des weiblichen Dialogs zu sehen. Auch ist die Umsetzung thematischer Regel Nr. 1, „The story should be set on a planet other than earth", zu erkennen.

> Anne wanted to look a bit more closely. She reached down and her screen went blank. She had zoomed too far. She pulled up with a clenched fist and an elbow curl, and she was among the clouds above the mountains. The fire of the tribe's torches made a *red* and *blue* dot in the center. She pushed down slowly, adjusting. She had asked one of her dissertation supervisors what it was like working on the screens and he had told her it was like being an impotent god, and the description was precise. *Delicately, tentatively*, Anne focused on the face of the Other woman holding a spear. Sometimes a gallack might not come to light for hours, and when it did, it offered maybe three seconds of its purple-streaked skull bone for a strike. The Otherwoman's eyes had narrowed sharply in concentration, her eyes small, even for the eyes of the Others, who had no nasal bridge, and whose button noses, like tiny dogs, were considerably more powerful than a human nose. A horrific violence lurked in her gaze.

Hier wurden literarische Begriffe durch umgangssprachliche ersetzt, um die Balance zwischen stilistischer Regel Nr. 1 (*Literariness*) und 2 (*Abstractness*) einzuhalten. Auch musste der Autor die hohe Anzahl der Adverbien pro 100 Wörter einhalten.

> She pulled up, too quickly, and she was once again too high. She hovered over the whole of the OSC, the Other South City, *momentarily dazzled*. There were 24 million Others in the city, more than any city on Earth had held for 50 years, and that was wi-

thout counting however many were living in the subterranean tunnels. Even at night, glowing with torches over the large avenues, the circles within interlocked circles, orbs within orbs which were so typically a figure of the Southern part of the main Continent, the City Center sprawled haphazardly. So much life. So much life to see.

Die Umsetzung von thematischer Regel Nr. 4, „The story should be set in a city. The protagonists should be seeing this city for the first time and should be impressed and dazzled by its scale", ist hier dargestellt.

Anne's face, as it sucked out of the viewer, pulled slightly on the flaps, gently squeezing her eyeballs in their sockets. Two hours and 17 minutes had passed. Time was always distorted by drifting over the Other, what with a 36 hour, 17 minute, 54 second day. Culture shock is always worse coming home.

Der Autor hat hier Regel Nr. 10 (Include extended descriptions of intense physical sensations and name the bodily organs that perceive these sensations) bei der Beschreibung der Augen umgesetzt. Dazu sagte Marche: „The first part of that rule is generally good writing advice (make 'em feel it), but the second part is innovative: It's not just the description but the organs that matter" (vgl. Marche 2017, Fußnote 13).

Anne called Lee, a colleague from graduate school who had worked on subterranean history, and if she was recalling it right, even something with machines. He was living in Cairo these days, she thought, some kind of assistant professor at the uni there.
„*Is this Anne?*", *he asked*. He was older, more slovenly than she remembered, but it had been nearly 10 years. She reached him at a Shisha bar on Tahrir Square. „Is that the Anne who is working, I heard, at ISEL and who is actually looking into the sky?"
„*That's me.*"

Stilistische Regel Nr. 21 (vier sprechende Charaktere) wurde mit diesem Charakter eingeführt. Marche fügte ihn lediglich zwecks der Einhaltung der Regel ein; der Einsatz dieses zusätzlichen Charakters macht für die Storyline wenig Sinn (vgl. Marche 2017, Fußnote 14). Auch ist der geringe Prozentsatz des weiblichen Dialogs wieder zu erkennen.

Her parents were still up when Anne, sick from the train and suffused with an indefinable and all-suffusing disappointment, rolled through the portico of the family farmstead. She found them in the viewing room, watching a new *storm* roll ferociously over the *cornfields* and the *apple orchard*. Mom was lying down, asleep, with her head on Dad's lap. The lightning from the storm was continuous enough that the room needed no other illumination, and Anne's skin tingled furtively with the electricity in the air. She sat beside her father in the noise of the rain that filled her ears like a cloying syrup.

Wie hier gut erkenntlich, wurde die thematische Regel Nr. 5, „Part of the action should unfold at night during an intense storm" und die Regel Nr. 9 „Include a scene set on a traditional earth farm, with apple trees and/or corn fields. In this scene, a mother and father are present" erfüllt.

4.3.4 Kritik der Publizistik

Insgesamt fiel es Marche nicht leicht, die Geschichte unter den Bedingungen der thematischen und stilistischen Regeln zu verfassen. Teilweise widersprachen sich die thematischen Regeln und auch stilistisch musste der Autor häufig Kompromisse machen, wie oben bereits beschrieben.

Ein bestimmter Schreibstil wird von den meisten Lesenden als das Zusammenwirken bestimmter Elemente, die einen Text qualitativ ausmachen, beschrieben. Der Algorithmus erstellte die Stilregeln hingegen anhand der Referenzliteratur mathematisch und legte Elemente quantitativ fest. Besonders zu kämpfen hatte der Autor mit den Regeln, die den Dialog vorgaben. Die niedrige Prozentzahl des weiblichen Dialogs ist aus den 50 Vergleichswerken abzuleiten. Hier kann also eine algorithmische Voreingenommenheit festgestellt werden. In diesem Fall führte es den Autor dazu, kritisch über seine präferierte Wahl von Science-Fiction nachzudenken (vgl. Marche 2017, Fußnote 7). Die strengen Regeln führten im Laufe des Verfassungsprozesses zu einem Frustgefühl des Autors und dem Gefühl, dass er seinen eigenen, kreativen Schreibstil relativ große Einschränkungen unterwerfen musste. „It was like working out probabilities when you're playing poker. […] It's a bit like doing a Rubik's cube. You fix one thing, you've messed up the side you weren't looking at" (Marche 2017, Fußnote 15).

Das Ziel des Autors war es jedoch, die Fragen nach der Unterstützung der kreativen Leistung durch einen Algorithmus nachgehen. Sie sollten klären helfen, ob der Algorithmus konsistente Storylines einhalten kann und ob die resultierende Geschichte als Science-Fiction erkennbar sein würde. Laut Marche war *Twinkle, Twinkle* eine originelle Science-Fiction Geschichte mit erzählerischem Ansatz. Das Experiment SciFiQ war somit aus seiner Sicht gelungen (vgl. Ilani 2020, Abs. 3).

Rückmeldung gab es ebenfalls von der publizistischen Seite. Marches Herausgeber empfand die Geschichte als überraschend gut, in Anbetracht der strengen Regeln und dessen veränderten Entstehungsprozesses, die die Kreativität des Autors auf andere Weise als üblich forderten. Jedoch wurden einige Elemente der Geschichte von anderen Redakteuren kritisch betrachtet und als *hölzern, unmenschlich klingend* oder *ohne genügend Charakterentwicklung* beschrieben (vgl. Marche 2017, Abs. 6).

4.4 Lösungsansätze der ökonomischen Bezugsprobleme anhand von SciFiQ

In diesem Abschnitt werden die Auswirkungen des hier diskutierten Experiments auf die medienökonomischen Bezugsprobleme der Buch- und Verlagsbranche, die in Abschn. 4.2.3 angesprochen werden, auf theoretischer Basis besprochen.

4.4.1 Lösungen für die Wertschöpfungsstufe Initiierung

Unsicherheit der Nachfrage
Bei der Auswahl neuer Bücher lassen sich Leser oft von persönlichen Präferenzen leiten. Das können Lieblingsautoren, favorisierte Genres oder lediglich als hübsch empfundene Buchcover sein. Die Referenzliteratur, also die 50 Lieblingswerke Marches im oben genannten Beispiel, kann als wichtiger Anhaltspunkt für die Leser gelten, indem die Ähnlichkeit zu diesen anderen Geschichten hervorgehoben und vermarktet wird. Verkaufszahlen als Trends können hier, wie bereits angesprochen, ein vorteilhafter Indikator sein. Seit einigen Jahren gewinnen z.B. Bücher des Politikgenres an Popularität (vgl. Howarth 2021, Abs. 3). Möchte also eine Autorin ein Buch zu diesem Genre publizieren, könnte SciFiQ thematische Regeln anhand der Referenzliteratur analysieren und so der Autorin darstellen, über welche Gemeinsamkeiten sie verfügen bzw. welche Themen in gemeinsamer Zusammenwirkung besonders von Lesern nachgefragt werden. Damit wirken bereits erfolgreiche Bücher, die stetige Nachfragesicherheit demonstriert haben, als Qualitätsmerkmale für ein neues Manuskript und können Verlagshäusern zumindest beschränkt eine Erfolgsgarantie geben.

Intransparenz der Güterqualität
Lesende steuern das Buchmarktangebot über ihre Zahlungsbereitschaft für ihre jeweiligen Präferenzen. Können sie nicht im Vorfeld über Nutzen, Qualität und Übereinstimmung mit persönlichen Präferenzen eines Buches urteilen, ist ihre Marktmacht als Konsument geschwächt. (vgl. Kiefer und Steininger 2014, S. 257). Da Bücher Erfahrungsgüter sind, können die Kriterien erst nach Kauf und Konsum beurteilt werden. Bei der Implementierung von SciFiQ zur Erstellung von Texten können die positiven Erfahrungen, die Leser mit anderen Büchern bereits gemacht haben, genutzt werden. Die Referenzliteratur könnte anhand von bestimmten Kriterien ausgewählt werden, z. B. Verfilmungen, Auswahl bestimmter Autoren (im politischen Genre könnten Bücher der Obamas, Kamala Harris oder Joe Biden in

das Vergleichsset fließen), Verfügung über bestimmte Plotelemente (z. B. Abenteuer, Liebesdrama o. Ä.) oder Charakter (Fantasyfiguren, feministische Protagonisten, LGBTQIA+ Elemente) etc. Durch gewisse übereinstimmende Merkmale der Referenzliteratur mit dem neuen Text könnte sich zumindest mit Hilfe dieser implementierten Merkmale das Buch tendenziell vom Erfahrungsgut in Richtung eines Inspektionsgutes verlagern. Ein solches Gut kann hinsichtlich Qualität und Nutzen von Konsumenten bereits vor dem Konsum bewertet werden (vgl. Kiefer und Steininger 2014, S. 141). Somit könnten sich Lesende zumindest beschränkt ein Urteil über das neue Buch vor dem Kauf machen. Dabei entstände kein wirtschaftlicher Nachteil, da lediglich die Rahmenbedingungen durch SciFiQ für Konsumenten urteilbar gemacht werden, jedoch nicht die eigentliche Geschichte an sich, die immer noch einen Neuigkeitswert bietet.

Ein weiterer Faktor, der Lesenden die Buchwahl schwer machen kann, ist die hohe Anzahl an jährlichen Neuerscheinungen auf dem deutschen Buchmarkt. Im Jahr 2020 erschienen rund 69.200 neue Bücher auf dem Markt (vgl. Weidenbach 2021). Diese Anzahl kann zu Entscheidungsunsicherheiten oder Überforderungen der Leser führen. Daher könnte SciFiQ als Literaturkompass für manch unentschlossenen Leser fungieren, indem die Referenzliteratur als Richtlinie funktioniert.

Auch seitens der Verlage können die Regeln, vor Erstellen des Textes, von SciFiQ Anhaltspunkte hinsichtlich der Qualität geben. Verlage müssten nun nicht mehr um Texte fürchten, die anders als erwartet nach Unterzeichnung des Autorenvertrags eingereicht werden und somit zu höheren Lektorats- und sonstigen Kosten durch die Verzögerung führen.

4.4.2 Lösungen für die Wertschöpfungsstufe Produktion

First Copy Costs & Sunk Costs
Mehrfachnutzung ist in der Medienbranche nichts Neues. Dabei gibt es laut Kiefer & Steininger eindeutig einen „…ökonomischen Zusammenhang zwischen wachsendem Medienangebot und steigendem Bedarf der Medienindustrie nach bestsellerverdächtigen Stoffen" (2014, S. 241). Eine bekannte Mehrfachverwertung sind die Harry Potter-Bücher, die auf eine siebenteilige Serie ausgelegt, erfolgreich verfilmt wurden und mit Lizenzrechten großen Gewinn erwirtschaften. Neben Büchern und Filmen gibt es Merchandising in vielen Formen, Touren durch das Filmgelände, riesige Fan-Communities, Live-Vorführungen der Filmmusik etc. Nahezu jeder Bereich der Bücher wurde kommerzialisiert und vermarktet.

Die Regeln, die SciFiQ erstellt, geben den Verfassern von neuen Büchern bestimmte Richtlinien. Dadurch sind gewisse Elemente sicher in der Geschichte enthalten, die für die Lektoratsabteilung und den späteren Erfolg relevant sind. Somit könnte SciFiQ einen Teil der Korrektur und damit der Lektoratsarbeit übernehmen. Auch bei der ersten Gestaltung des Buchcovers können die Cover der Referenzliteratur Unterstützung bieten. Besitzen diese Cover ähnliche Motive oder Gestaltungselemente, können sich Grafiker daran orientieren und die Arbeit schneller und effizienter erledigen. Ein weiterer Produktionsfaktor, der Kosten sparen könnte, ist der Zeitfaktor bei der Erstellung der Geschichte. Die Verfasser neuer Bücher könnten durch die Regelvorgaben Zeit einsparen, die sie sonst bei der Konzipierung der Rahmenbedingungen und Plotinhalte ihrer Erzählung verwenden würden. Die kreative Arbeit kann sich also auf bestimmte Bereiche festlegen und sich innerhalb der Strukturen, die SciFiQ vorgibt, entfalten. Diese Beispiele stellen Prozesse dar, die zur Senkung der Erstellungskosten beitragen könnten.

Weitere Kosten, die abgesenkt werden könnten, sind die versunkenen Kosten. Durch die Referenzliteratur, die SciFiQ verwendet, könnten Texte, die bereits publiziert sind, mehrfach (wieder)verwendet werden. Die Ressourcen der Lektoratsarbeit für diesen Titel können also bedingt zurückgeholt werden. Die Texte der bereits publizierten Referenzliteratur erlangen dadurch wieder Wert für den Verlag und bereiten dem Haus geringere versunkene Kosten.

4.4.3 Kritik der Kulturindustrie

Die algorithmische Unterstützung SciFiQs muss auch seitens der Kreativ- und Kulturindustrie betrachtet werden. Diese vertritt gesellschaftliche Standards wie Vielfalt, Gleichberechtigung und freie Meinungsbildung. Bücher sind meritorische Güter, was bedeutet, dass die Nachfrage gesellschaftlich gewollt und gefördert wird (vgl. Schumann et al. 2014, S. 26). Die gesetzlich festgelegte Buchpreisbindung unterstützt den kulturellen Status von Büchern in Deutschland. Damit wird kulturelle Vielfalt gestärkt, der Buchhandel als einfacher Zugangspunkt für Bürger zu Büchern erhalten und Chancen für unbekannte Autoren ermöglicht (vgl. Janello 2010, S. 66). Entscheidungen, die aus rein ökonomischen Gründen getroffen werden und in den vorhergehenden Abschnitten dieses Textes dargestellt werden, entsprechen nicht immer diesen Standards (vgl. Zydorek 2018, S. 71). Kulturelle Freiheit kann also gefährdet werden, wenn ausschließlich Medien nach erfolgversprechenden Faktoren wie die oben genannten Referenzliteratur produziert werden.

Wäre SciFiQ auf dem freien Markt für Verlage verfügbar und es würden ausschließlich erfolgreiche Bücher als Referenzliteratur verwendet werden, könnte die kreative Vielfalt von Autoren eingeschränkt werden. Auch könnte der Gemeinsamkeitsfaktor mit erfolgreichen Geschichten die Nachfrage nach Büchern, die nicht anhand von SciFiQs Regeln oder bei Verwendung von SciFiQ mit anderen Kriterien geschrieben wurden, verringern. Zudem könnten Autoren, die ihr Buch bei einem Verlag veröffentlichen möchten, aber nicht willens sind, das Buch anhand von SciFiQ zu schreiben, aus dem Verlagsgeschäft verdrängt werden. Überspitzt könnte daher festgehalten werden, dass bei einer großflächigen Verwendung von SciFiQ das Verlagsangebot tendenziell einheitlicher und bestsellerorientiert werden könnte, während die Vielfalt von Büchern über Self-Publishing oder andere Plattformen verstärkt würde.

4.5 Fazit

Das Experiment SciFiQ zeigte, dass es möglich ist, eine im Ansatz gelungene Geschichte mit der Hilfe eines Programms zu schreiben. Wie an den Kritiken zu *Twinkle, Twinkle* zu sehen ist, kann die Geschichte jedoch nicht unbedingt mit Geschichten gleichgesetzt werden, die komplett von menschlicher Hand geschrieben wurden. Die stilistischen Regeln wirkten hier zu einschränkend, sie schadeten dem literarischen Gestaltungsstil und führten zu Missfallen von Lesern.

Ökonomisch zeigte SciFiQ jedoch einige Vorteile bei der Rationalisierung kreativer Arbeit, die in diesem Bereich wie angesprochen oft nicht von der Technologisierung profitieren kann (vgl. Kiefer und Steininger 2014, S. 174). Einige Prozesse im Verlagswesen könnten durch die algorithmische Unterstützung zumindest teilweise rationalisiert werden.

Auch für die Verfasser kann SciFiQ einige Vorteile bieten. Die Implementierung SciFiQs thematischer Regeln kann als Innovation für Buchbegeisterte gesehen werden. Inhaltliche Gemeinsamkeiten erfolgreicher Geschichten können für viele (zukünftige) Verfasser bei der kreativen Contenterstellung unterstützend wirken und sie in ihren Schreibfähigkeiten verbessern. Algorithmische Hilfe bzw. Lenkung bei der Initiierung von Inhalten ist daher im kreativen Prozess möglich.

Literatur

Gläser, Martin (2014): *Medienmanagement (Vahlens Handbücher der Wirtschafts- und Sozialwissenschaften)*, 3., vollständig überarbeitete, [online] doi:https://doi.org/10.15358/9783800647668_1.

Hammond, Adam, Julian Brooke (2017): GutenTag: A User-Friendly, Open-Access, Open-Source System for Reproducible Large-Scale Computational Literary Analysis, in: *DH Computer Science*, S. 1–4, [online] https://dh2017.adho.org/abstracts/388/388.pdf.

Hammond, Adam, Julian Brooke (2018): SciFiQ and „Twinkle, Twinkle": A Computational Approach to Creating „the Perfect Science Fiction Story" – DH 2018, DH 2018, [online] https://dh2018.adho.org/scifiq-and-twinkle-twinkle-a-computational-approach-to-creating-the-perfect-science-fiction-story/ [abgerufen am 20.11.2021].

Howarth, Josh (2021): 11 Key Publishing Trends For 2021–2024, Exploding Topics, [online] https://explodingtopics.com/blog/publishing-trends [abgerufen am 13.11.2021].

Ilani, Cathryn (2020): I used an algorithm to help me write a story. Here's what I learned., Cathryn Ilani, [online] https://cathrynilani.tumblr.com/post/635963273673621505/i-used-an-algorithm-to-help-me-write-a-story [abgerufen am 20.11.2021].

Janello, Christoph (2010): *Wertschöpfung im digitalisierten Buchmarkt (Markt- und Unternehmensentwicklung/Markets and Organisations)*, Arnold Picot/Ralf Reichenwald/Egon Franck/Kathrin Möslein (Hrsg.),, 2010. Aufl., Wiesbaden, Deutschland: Gabler Verlag.

Jarvis – AI Powered Marketing Copy and Content (2021): Conversion, [online] https://www.conversion.ai/ [abgerufen am 20.11.2021].

Kantey, Jordan (2021): Writing a good book: 10 ingredients of great novels, Now Novel, [online] https://www.nownovel.com/blog/writing-a-good-book-10-ingredients/ [abgerufen am 20.11.2021].

Kiefer, Marie Luise, Christian Steininger (2014): *Medienökonomik (Lehr- und Handbücher der Kommunikationswissenschaft)*, 3. aktualisierte und erweiterte, München, Deutschland: Oldenbourg Wissenschaftsverlag GmbH.

Lexical Density (2021): Analyze my writing, [online] https://www.analyzemywriting.com/lexical_density.html [abgerufen am 11.12.2021].

Mallet (2018): Topic Modeling, MALLET, [online] http://mallet.cs.umass.edu/topics.php [abgerufen am 20.11.2021].

Marche, Stephen (2017): What Happens When an Algorithm Helps Write Science Fiction, Wired, [online] https://www.wired.com/2017/12/when-an-algorithm-helps-write-science-fiction/ [abgerufen am 20.11.2021].

Pieruschka, Marius (2021): Manuskript abgelehnt – 6 Bestseller, die Verlage nicht wollten, Ein Buch schreiben, [online] https://ein-buch-schreiben.com/manuskript-abgelehnt-bestseller-verlage/#Joanne_K_Rowling_(Harry_Potter_und_der_Stein_der_Weisen,_1997) [abgerufen am 20.11.2021].

Sagar, Ram (2020): OpenAI Releases GPT-3, The Largest Model So Far, Analytics India Magazine, [online] https://analyticsindiamag.com/open-ai-gpt-3-language-model/ [abgerufen am 20.11.2021].

Schumann, Matthias, Thomas Hess, Svenja Hagenhoff (2014): *Grundfragen der Medienwirtschaft: Eine betriebswirtschaftliche Einführung*, 5., überarb. Aufl. 2014, Berlin, Deutschland: Springer Gabler.

Strickland, Ashley (2015): A brief history of young adult literature, CNN, [online] https://edition.cnn.com/2013/10/15/living/young-adult-fiction-evolution/index.html [abgerufen am 10.11.2021].

Tapp, Tom (2021): Most Popular Netflix Movies & TV Series, Ranked By Total Viewing Time, Deadline, [online] https://deadline.com/feature/most-popular-watched-netflix-movies-tv-series-ever-list-1234876500/ [abgerufen am 12.11.2021].

Weidenbach, Bernhard (2021): Buchtitelproduktion in Deutschland bis 2020, Statista, [online] https://de.statista.com/statistik/daten/studie/39166/umfrage/verlagswesen-buchtitelproduktion-in-deutschland/ [abgerufen am 13.11.2021].

Wermer-Colan, Alex (2020): Research Guides: Computational Textual Analysis: Home, University Libraries, [online] https://guides.temple.edu/corpusanalysis [abgerufen am 20.11.2021].

Wirtz, Bernd (2019): *Medien- und Internetmanagement*, 10., aktualisierte und überarbeitete Aufl. 2019, [online] doi:https://doi.org/10.1007/978-3-658-25224-3.

Zydorek, Christoph (2017): *Einführung in die Medienwirtschaftslehre*, 2. Aufl. 2017, [online] doi:https://doi.org/10.1007/978-3-658-14217-9.

Zydorek, Christoph (2018): *Grundlagen der Medienwirtschaft: Algorithmen und Medienmanagement*, 1. Aufl. 2018, Wiesbaden, Deutschland: Springer Gabler.

Procedural Content Generation durch Algorithmen bei Games

5

Maximilian Glassner und Moritz Rehm

5.1 Einleitung

Über die letzten Jahrzehnte durchlebte die Computerspielindustrie einen enormen Wandel. Sie entwickelte sich von einem ursprünglichen Nischendasein zu einer eigenständigen Mediengattung und ist ein fester Bestandteil der Gesellschaft geworden (Anderie 2020, S. 1036). Dabei wurden laufend neue Arten von Games entwickelt, wie z. B. persistente Spiele,[1] mobile oder social Games und neue Geschäftsmodelle entstanden (Riedl und Zook 2013, S. 1). Die Spieler wurden über die Zeit immer diverser und bekamen Zugang zu unzähligen Spielen über viele verschiedene Distributionsplattformen, wie beispielsweise die Plattformen *Steam* des Vermarkters Valve, oder *Origin* des Spieleherstellers Electronic Arts. Dadurch produzieren sie mehr Nutzungsdaten als je zuvor, welche von Entwicklern genutzt werden können, um die Spiele noch individueller und ansprechender zu gestalten. Künstliche Intelligenz und automatisierte Vorgänge sind in der Spieleproduktion längst kein Neuland mehr und kommen an vielen Stellen der Game-Production-

---

[1] Langfristige bzw. wiederkehrende Spielererlebnisse, die dauerhaft für Spielende erreichbar sind (Riedl und Zook 2013, S. 1).

M. Glassner (✉)
Master Design Interactive Media, Hochschule Furtwangen, Konstanz, Deutschland
E-Mail: maximilian@glassner.eu

M. Rehm
Master Design Interactive Media, Hochschule Furtwangen,
Kappel-Grafenhausen, Deutschland

© Der/die Autor(en), exklusiv lizenziert an Springer Fachmedien Wiesbaden GmbH, ein Teil von Springer Nature 2022
C. Zydorek (Hrsg.), *KI in der digitalisierten Medienwirtschaft*,
https://doi.org/10.1007/978-3-658-37404-4_5

Pipeline zum Einsatz. Dazu gehören beispielsweise die Erstellung der Spielwelt, oder das Character Design. Diese Technologien interagieren auf vielfältige Weise sowohl mit dem Spieler als auch mit dem Entwickler eines Spiels.

Künstliche Intelligenz in Spielen (Game AI) hatte ursprünglich die Aufgabe, die Interaktion zwischen Spieler und dem Spiel zu unterstützen, indem sie etwa die Kontrolle über die nicht spielbaren Charaktere im Spiel (sogenannte non-player characters, NPC) übernimmt, die lediglich einfachen Regeln gehorchen. Dabei geht es hauptsächlich darum, ein ansprechendes und realitätsgetreues Spielerlebnis für den Spieler zu erzeugen. Künstliche Intelligenz kann dagegen heute in vielen Bereichen der Wertschöpfung bei einem Videospiel eingesetzt werden, dazu gehört auch die Produktion. Hier bestehen große Potenziale, den Wertschöpfungsprozess innerhalb eines Unternehmens zu verbessern. So kommt künstliche Intelligenz nicht nur im Live-Spielbetrieb zum Einsatz, sondern übernimmt auch wichtige Aufgaben während der *Entwicklung und Produktion eines Videospiels*. Mark Owen Riedl und Alexander Zook definieren in ihrem Conference Paper *AI for Game Production* den Begriff der Game AI wie folgt:

> Game AI has come to refer to the set of tools – algorithms and representations – developed specifically to aid the creation and management of interactive, real-time, digital entertainment experiences (vgl. Riedl und Zook 2013, S. 2).

Die Algorithmisierung in der Medienbranche lässt sich in der Produktion von Videospielen sehr gut erkennen, da beispielsweise gängige Game Engines schon einige automatisierte Prozesse bereitstellen. Wie bereits erwähnt, kommen allerdings viele Anwendungsfälle künstlicher Intelligenz erst während des eigentlichen Spielbetriebs zum Einsatz, wie z. B. die Steuerung von NPCs oder die automatische Generierung der Spielwelt. Dieser Beitrag beleuchtet jene Technologien, die während der *Wertschöpfungsstufe der Produktion* eines Videospiels relevant werden. Explizit soll die *procedural content generation* (PCG), also die algorithmisierte Entwicklung von Spielinhalten, untersucht werden. Gerade der Prozess des Level Designs ist während der Produktion einer der aufwändigsten und zeitintensivsten Bereiche (Pickell 2019), weshalb hier das Potenzial einer *Steigerung der Effizienz des Wertschöpfungsprozesses* sehr hoch ist. In diesem Kontext möchten wir den sogenannten *Grammar-Algorithmus* genauer untersuchen und seine Funktionsweise und die damit verbundenen ökonomischen Vorteile analysieren.

Bei Videospielen handelt es sich heutzutage um digitale Güter, die hauptsächlich Online und in der Regel nicht auf materiellen Trägern (DVD, Dongles) vertrieben werden. Unternehmen, die Wertschöpfung bei der Konzeption, Erstellung, Bündelung sowie Distribution von Medieninhalten betreiben, gelten laut Zydorek als Medienunternehmen (Zydorek 2017, S. 5). Aus diesem Grund können Unternehmen in der Videospielindustrie den Medienunternehmen zugeordnet werden. Die damit zusammenhängenden Herausforderungen und die ökonomischen Bezugsprobleme werden in diesem Kontext in Abschn. 5.3 genauer diskutiert. Ein mediales Gut, sei es ein Spiel oder ein journalistischer Beitrag, bedarf im Regelfall geistiger kreativer Arbeit, die (noch) nicht ohne weiteres durch automatisierte bzw. algorithmische Prozesse ersetzt werden kann – so war bislang die gängige medienökonomische Auffassung (vgl. Zydorek 2018, S. 50). Lösungsansätze der daraus resultierenden erwerbswirtschaftlichen Herausforderungen von Medienunternehmen werden im Folgenden analysiert.

5.2 Die Wertschöpfungsstufe der Contentproduktion

Unternehmen aus der Videospielbranche befinden sich in einem dynamischen Marktumfeld, weshalb die Organisation des Unternehmens laufend angepasst werden muss (Anderie 2016, S. 218). Aufgrund der Aufteilung der Produktion und des Vertriebs zwischen Entwicklern und Publishern kann sich die Wertschöpfung von Videospielen über mehrere Unternehmen erstrecken. Michael Porter führte 1985 das Modell der innerbetrieblichen Wertschöpfungskette ein. Dieses soll verdeutlichen, wie Wertschöpfung in organisatorischer Hinsicht koordiniert wird (vgl. Anderie 2016, S. 219). Demnach gibt es insgesamt neun relevante Aktivitäten, die innerhalb von Unternehmen miteinander verknüpft sind und durch deren Umsetzung Produkte (Videospiele) entwickelt, produziert, vertrieben und durch Kundendienst betreut werden. Aufgeteilt sind diese in primäre und unterstützende Aktivitäten. Erstere repräsentieren die zeitliche Abfolge, mit der gewisse Materialen von Unternehmen zu fertigen Produkten verarbeitet und anschließend vertrieben werden. Die unterstützenden Aktivitäten laufen dabei gleichzeitig mit den primären ab, sind aber nicht chronologisch fest zugeordnet (Zydorek 2018, S. 26 ff.).

Die von Porter definierte Wertschöpfungskette lässt sich nach Wirtz nicht ohne weiteres auf Medienunternehmen übertragen (Wirtz 2013, S. 78). Das ist unter anderem der Beschaffenheit der Produkte geschuldet. Vor allem bei Games handelt es sich in den meisten Fällen um immaterielle Güter, welche digital erstellt und vertrieben werden und daher keine externen materiellen Rohstoffe zur Produktion benötigen. Die Eingangslogistik, welche die Lieferung von Materialen beinhaltet, kann in diesem Kontext also nicht im warenwirtschaftlichen Sinne verstanden werden (Anderie 2016, S. 219). Wirtz weist darauf hin, dass die Wertkette als vereinfachte Struktur verstanden werden kann, welche individuell für das jeweilige Unternehmen angepasst werden kann und muss (Wirtz 2013, S. 78).

Dieser Beitrag befasst sich ausschließlich mit der *Wertschöpfungsstufe der Contentproduktion* innerhalb von Unternehmen aus der Videospielindustrie. Durch den hohen Wettbewerbsdruck und die Fülle an Games auf dem Markt sind die Anbieter gezwungen, sich unaufhörlich mit neuen Entwicklungen zu beschäftigen, um im Markt zu bestehen (Anderie 2020, S. 1037). Eine immersive Welt mit lebendigen Charakteren, atemberaubender Grafik, realitätsgetreuem Sound und packenden Storylines, die eine Vielzahl an Emotionen hervorrufen, lassen sich in vielen modernen Videospielen wiederfinden. Daraus lässt sich schließen, dass bei der Produktion von kommerziellen Spielen eine große Anzahl an Arbeitskräften eingesetzt werden. Im Folgenden soll ein kompakter Überblick über die verschiedenen Tätigkeiten und Prozesse während der Produktion von Videospielen gegeben werden. Die Grenzen zwischen Entwicklern und Designern sind aufgrund schwindender technischer Barrieren der Contentproduktion verschwommen. Des Weiteren existiert kein standardisierter Prozess der Produktion; verschiedene Spiele weisen zum Teil enorme Unterschiede in der Produktion auf. Dennoch gibt es feste Tätigkeiten und Rollen im Produktionsprozess, die von dem Verband der deutschen Games-Branche wie folgt gegliedert werden (game 2020).

Der *Game Designer* ist der kreative Kopf eines Spiels und entwickelt die grundlegende Spielmechanik. Er besitzt die Aufgabe, eine Spielidee in Regeln zu übertragen, die ein Spielablauf ergeben. Der *Writer* bzw. *Storyteller* entwickelt die Geschichte des Spiels und erschafft die Handlung, die Hintergründe und die Dramaturgie. Der *Grafikdesigner* erstellt darauf basierend *Concept Art* und erschafft den visuellen Stil der Spielwelt und ihrer Charaktere. Ein *Level/Content Designer* hat dann die Aufgabe, die digitalen Welten zu entwerfen, in denen sich der Spieler bewegt. Er setzt dabei das Game Design in erlebbare Spielabschnitte um, die vom Spieler später erkundet werden. Er ist das Bindeglied zwischen dem Konzept und der digitalen Spielwelt und stellt den Ansatz der zu untersuchenden Algorithmisierung der Contentproduktion, in Form der *procedural content creation* dar. Der *Game Producer* ist für die Fertigstellung des Spiels zuständig, dabei achtet er auf die Zeit, Kosten und die Qualität des Produkts. Er überwacht und koordiniert den Produktionsprozess und ist für die Bewältigung der finanziellen und ökonomischen Herausforderungen während der Produktion zuständig. Es existieren noch weitaus mehr Tätigkeitsfelder, wie zum Beispiel die Bereiche *Programmierung*, *Sound/FX Design* oder *Product Management* (Game 2020), welche aber aufgrund der thematischen Eingrenzung hier nicht weiter behandelt werden.

Bei Unternehmen aus dem Spielesektor können die einzelnen Tätigkeiten nicht immer trennscharf den einzelnen Wertschöpfungsstufen zugeordnet werden. Viele Arbeitsabläufe in der Produktions-Pipeline lassen sich mehreren Stufen zuordnen. So können die Aufgaben des Game Designers oder des Writers etwa der Konzeptions- aber auch der Produktionsstufe angehören. Allgemein lässt sich hier feststellen, dass Konzeption und Produktion bei der Spieleentwicklung nah beieinander liegen. Die Produktion von Videospielen ist ein dynamischer und fortlaufender Prozess, der nicht unbedingt nach der Herstellung eines Spiel endet. Fortlaufende Bug-Fixes (Fehlerbehebungen), Updates und Produktion von zusätzlichem Content finden häufig noch nach der eigentlichen Veröffentlichung eines Spiels statt. Generell existiert bei der Produktion von Videospielen oft eine Trennung zwischen dem Hersteller, der sich um die fortlaufende Entwicklung des Spiels kümmert und dem Publisher, der den Vertrieb und die Distribution übernimmt (Anderie 2020, S. 1040 ff.).

5.3 Medienökonomische Bezugsprobleme in der Wertschöpfungsstufe der Produktion von Videospielen

Zydorek definiert in seinem Buch *Grundlagen der Medienwirtschaft* ökonomische Bezugsprobleme, als „(…)diejenigen Fragen oder Problemstellungen, die dadurch entstehen, dass man mit einem spezifischen auf Medienökonomie und Medienmanagement ausgerichteten Blick auf den Phänomenbereich Konzeption, Produktion, Bündelung, Distribution und Konsum von Medieninhalten blickt." (Zydorek 2018, S. 46). Es handelt sich also um ökonomische Herausforderungen, mit denen sich Medienunternehmen bei der Leistungserbringung und dem Vertrieb der hergestellten Mediengüter konfrontiert sehen. Gerade im Bereich der Videospiele, existiert ein schnelllebiges Marktumfeld mit einer vergleichsweise geringen Produkt- und Markenloyalität seitens der Nutzer, welche die Unternehmen aus diesem Bereich vor Herausforderungen stellt (Anderie 2020, S. 1036 f.). Im Folgenden wird ein Überblick über einige Bezugsprobleme im Spielesektor gegeben und Strategien bzw. Vorgehensweisen von Videospiel produzierenden Medienunternehmen zur Bewältigung dieser Probleme erläutert.

Aus Sicht der produzierenden Unternehmen handelt es sich bei Videospielen um Wirtschaftsgüter, die primär der *Gewinnerzielung und -maximierung* dienen, sie werden für das Wirtschaften zur *Befriedigung von Bedürfnissen* der Nutzer eingesetzt (Anderie 2020, S. 1038). Im Vergleich zu anderen Mediengütern ist der Produktlebenszyklus bei Games relativ lang. Sie können auch noch nach einigen Jahren eine große Zielgruppe bedienen, die auch nach längerer Zeit noch Spaß an einem Spiel findet. Daraus lässt sich schließen, dass Computerspiele einen relativ *langsamen Wertverlust* über die Zeit besitzen. Die geschäftlichen Anliegen hierbei sind es, neue Spieler anzuwerben, bestehende Spieler zu halten und verlorene Spieler zurückzugewinnen (Riedl und Zook 2013, S. 4); nur so kann das Erwirtschaften von Umsätzen und Gewinnen gewährleistet werden. Um das zu erreichen, müssen

Unternehmen aus diesem Sektor eine Reihe von ökonomischen Herausforderungen (o. g. medienökonomische Bezugsprobleme) bewältigen.

Der Videospielmarkt „(…) stellt einen der dynamischsten Märkte in der Konsumgüterindustrie dar." (vgl. Anderie 2016, S. 101). Er ist unter anderem geprägt durch geringe Markteintrittsbarrieren (Anderie 2016, S. 37). Gerade durch die Vielzahl an Online-Vertriebsplattformen, wie beispielsweise Steam des Softwareunternehmens Valve, oder die App Stores von Google und Apple, ist es Entwicklern möglich, auf vielfältige Weise an potenzielle Kunden heranzutreten. Unternehmen aus diesem Sektor sehen sich daher mit einem *relativ hohen Konkurrenzdruck* konfrontiert. Hinzu kommt die vergleichsweise *geringe Loyalität* seitens der Nutzer gegenüber bestimmten Marken oder Produkten, was zur Folge hat, dass sich Videospielunternehmen ständig mit neuen Entwicklungen befassen müssen, damit sie fortlaufend Gewinne erzielen können (Anderie 2020, S. 1036). Im Hinblick auf die immer kürzeren Innovationszyklen der Videospielindustrie können diese Aspekte zu einer ökonomischen Herausforderung werden. Für den unternehmerischen Erfolg ist es wichtig auf die Marktveränderungen zeitnah zu reagieren und Produkte zu produzieren, welche dem aktuellen Standard der Technologie entsprechen (Anderie 2016, S. 37).

Bei der Produktion von Videospielen werden, wie auch bei anderen Gütern bzw. Mediengütern, eine Reihe an Produktionsfaktoren, „(…) materiellen und immateriellen Mittel und Leistungen, die im Zusammenhang mit der Herstellung und der Bereitstellung von Gütern eingesetzt werden" (Zydorek 2018, S. 90) verwendet. Ein Videospiel bedarf in der Herstellungsphase der ersten Spielekopie (Blaupause) einer Menge dieser materiellen und immateriellen Mittel und Leistungen, da es eine relativ lange und teure Produktion durchläuft (Castendyk & Lietzkow, S. 123). Ein kommerzielles Spiel eines großen Anbieters kann allein von der Produktionsdauer her bis zu ein oder zwei Jahre in Anspruch nehmen, und erfordert in der Regel ein sehr großes Produktionsteam mit vielen unterschiedlichen Fähigkeiten aus verschiedenen Fachgebieten. Dazu gehören beispielsweise die im Vorangegangen erwähnten Tätigkeitsfelder, wie das Schreiben der Handlung durch den Writer bzw. Storyteller oder die Gestaltung der Spielwelt durch den Level Designer. Das macht kommerzielle Videospiele zu sehr teuren und aufwendigen Gütern, die einen großen Anteil kreativer, künstlerischer und organisatorischer Arbeit beinhalten. Große Produktionen von bekannten Titeln, wie zum Beispiel Spiele aus den Reihen *GTA* oder *Assassin's Creed* können heutzutage leicht über 100 Mio. US$ kosten (Castendyk & Lietzkow, S. 123).

Die Kalkulation der Produktionskosten und die Finanzierung eines Spiels stellen aufgrund vielseitiger Spielarten, Plattformen und Geschäftsmodelle eine Herausforderung für produzierende Unternehmen dar (Castendyk & Lietzkow, S. 126).

5 Procedural Content Generation durch Algorithmen bei Games

Die Hauptkosten der Produktion ergeben sich dabei hauptsächlich aus Personal- und Sachkosten, wobei ersteres überwiegt (Castendyk & Lietzkow, S. 123). Bezüglich der Personalkosten kann zwischen fixen und variablen Kosten unterschieden werden. Fixe Kosten entstehen „(…) durch gesetzlich und vertragliche Bindungen (…), die einen konstanten Einsatz von Produktionsfaktoren festschreiben" (Zydorek 2018, S. 91). Vereinfacht gesagt sind das die Kosten, die durch feste Mitarbeiter entstehen, die unabhängig von dem Ergebnis der Produktion bezahlt werden müssen. Bei variablen Kosten hingegen handelt es sich z. B. um Ausgaben für externe Mitarbeiter, die leistungsabhängig bezahlt werden (Zydorek 2018, S. 91). Diese Kosten fallen komplett vor der Herstellung der ersten Kopie des Medienguts an und werden in diesem Zusammenhang auch *first copy costs* genannt. Man spricht hier auch von der *Unteilbarkeit der Kosten*, mit der Medienunternehmen bei der Produktion konfrontiert sind (vgl. Kiefer und Steininger 2014, S. 178). Da die first copy costs bei der Herstellung von Videospielen so hoch sind, entsteht für die herstellenden Unternehmen ein hohes finanzielles Risiko, wenn ein Flop produziert wird, d. h. ein Spiel, welches nur wenige Abnehmer findet. Da ein Videospiel ein immaterielles Gut ist, das für den Zweck der Bedürfnisbefriedigung nach Unterhaltung produziert wurde, kann es bei einem Flop nicht anderweitig verwertet werden. Die entstandenen Kosten von Gütern, die nach der Produktion keinen Abnehmer finden, bezeichnet man auch als *sunk costs*. Bei Videospiel produzierenden Medienunternehmen sind die Gefahren und Auswirkungen von sunk costs im Vergleich zu anderen Branchen relativ groß, da die Produktion eines Spiels so zeit- und kostenintensiv ist.

Eine weitere Herausforderung ist der rasante Aufstieg von *player communities* über die letzten Jahre. Foren, in denen sich Spieler über bestimmte Spiele austauschen, entwickelten sich zu einer treibenden Kraft für den Erfolg bzw. Misserfolges eines Spiels und stellen so eine (indirekte) ökonomische Herausforderung dar (Riedl und Zook 2013, S. 2). Die Spieler generieren mehr Content als je zuvor durch Bewertungen, Rezensionen, Walkthroughs (Bildschirmaufnahme während des Spielens), oder gar durch eigene Add-Ons oder zusätzlichen Game Content. Für den Nutzer ist es sehr leicht geworden, sich vor dem Kauf ein eigenes Bild über ein bestimmtes Spiel zu machen. Beta Tester, also Spieler, die das Spiel schon vor dem eigentlichen Veröffentlichung spielen können, spielen hier ebenfalls eine große Rolle. Es kann vorkommen, dass von einzelnen Testern festgestellte Mängel am Produkt schnell zu einem fatalen Fehler im Spiel aufgebauscht werden, was dazu führen kann, dass ein Spiel, noch bevor es auf den Markt kommt, öffentlich schon abgeschrieben wird.

Viele Abläufe in der Produktion eines Spiels werden bereits durch ausgeklügelte Technologien oder automatisierte Vorgänge unterstützt (Riedl und Zook 2013, S. 3). Vielseitige Spiele-Engines liefern ein Gerüst zur Produktion von Inhalten, welches das Schreiben von Code an einigen Stellen obsolet macht. Ein Beispiel hierfür ist die Software SpeedTrees, die als Plug-In in herkömmlichen Engines genutzt werden kann (siehe Abschn. 5.5.2). Mit der Vielzahl an technischen Hilfsmitteln ist es den Entwicklern und Designer möglich, die Produktivität in vielen Wertschöpfungsbereichen zu steigern. So haben sie beispielsweise die Möglichkeit, auf große Datenbanken mit schon vorproduzierten Spielinhalten (z.b. 3D-Modelle, Soundfiles oder vorgefertigte Animationsabläufe) zurückzugreifen. Die kreative und geistige Arbeit, die im Großteil eines Spiels steckt, ist jedoch bislang nur schwer bis gar nicht durch algorithmische Prozesse zu ersetzen. Vor allem die Story mit glaubhaften Charakteren und Handlungen spielen eine große Rolle für den Erfolg bzw. Misserfolg eine Spiels (Anderie 2016, S. 138).

5.4 Strategien von Videospiel produzierenden Medienunternehmen

Im Folgenden sollen verschiedene Strategien von Videospiel produzierenden Medienunternehmen zum Umgang mit den eben genannten ökonomischen Bezugsproblemen untersucht werden. Zydorek nennt drei Optionsbündel mit verschiedenen Maßnahmen, die von Medienunternehmen für eine Produktivitätssteigerung genutzt werden können. Dazu zählen *mitarbeiterbezogene Optionen*, *Veränderungen beim Content* und *Technologieoptionen* (Zydorek 2018, S. 94 f.). Zydorek bezieht sich dabei zwar hauptsächlich auf Medienunternehmen in der Nachrichtenproduktion, jedoch lassen sich viele, der von ihm genannten Aspekte auch auf den Kontext von Videospiel-Unternehmen übertragen.

Die *mitarbeiterbezogenen Optionen* beinhalten Maßnahmen, wie Personal einsparen, Mitarbeitern weniger für ihre Leistung bezahlen, oder mehr Leistung von den Mitarbeitern fordern. Diese Handlungen lassen sich in der Theorie und Praxis ohne weiteres in der Videospiel-Branche umsetzen. Nimmt man jedoch einzelne Akteure aus dem Wertschöpfungsprozess heraus, oder mindert die Motivation der Mitarbeiter, kann das unter Umständen zu einem Leistungsabfall in der Produktion führen. Ein weiterer Aspekt, den Zydorek nennt, ist das Outsourcen der Contentproduktion, bzw. reguläre Mitarbeiter durch externe freie Mitarbeiter zu ersetzen, um so Kosten einzusparen oder leistungsbezogen zu machen. Bei der Produktion von Videospielen existieren je nach Entwicklerstudio unterschiedliche Aufbauorganisationen, bei denen sowohl feste und externe Mitarbeiter eingesetzt werden (Anderie 2016, S. 222). Eine Branchenumfrage der Hamburg Media School zeigte, dass in der Videospielindustrie tendenziell mehr feste als freie Mitarbeiter beschäftigt sind (Castendyk & Lietzkow, S. 109). Dies deutet zumindest auf die Möglichkeit hin, in diesem Bereich verstärkt auf frei Mitarbeiter zu setzen, um so Kosten einzusparen. Externe Mitarbeiter werden laut der Ergebnisse der eben genannten Umfrage häufig in der Produktions- und Publishing Phase eingesetzt (Castendyk & Lietzkow, S. 110).

Veränderungen des Content lassen sich in der Videospiel-Branche in sehr vielfältiger Weise beobachten. Die Veränderungen beziehen sich dabei nicht nur auf die Spielinhalte (z. B. Story, Thema oder Spielmechaniken), sondern ebenfalls auf die Art des Spiels. So setzen viele Anbieter etwa auf neuartige (alternative) Erlösmodelle wie beispielsweise *Free-to-play,* durch deren Einsatz deutlich mehr Spieler gewonnen werden (Castendyk & Lietzkow, S. 19, Hamari & Lehdonvirta 2010). Der Aufstieg von *Massively Multiplayer Online Games* (MMOGs), Online Game Portalen und generell langanhaltenden und wiederkehrenden Spielerlebnissen, verdeutlicht das Interesse von Videospielunternehmen, eine größere Anzahl an Spielern für einen längeren Zeitraum an ein Spiel zu binden (Riedl und Zook 2013, S. 1). Man spricht in diesem Zusammenhang auch von persistent games, also anhaltenden Spielen ohne klares Ende (Riedl und Zook 2013, S. 1). So kann nach einer aufwendigen und wirtschaftlich riskanten Produktionsphase eine langfristige Gewinnerzielung gewährleistet werden.

Mit der Evolution des Internets und den vielfältigen Möglichkeiten der Online-Distribution und -Vermarktung kamen neue Arten von Spielen zum Vorschein. Selbst kleinere Entwickler sind nicht mehr ausschließlich auf die Gatekeeper-Funktion (Zugang zum Handel) der großen Publisher angewiesen und können durch das Internet selbst an die Endkunden herantreten (Ries 2013, S. 8). Videospiele entwickelten sich von physischen Produkten, die im Laden erworben werden können, zu digitalen Gütern, welche sowohl online erworben als auch gespielt werden können. So bezieht sich der von Zydorek genannte Optionsbündel *Veränderung des Content* nicht nur auf die Inhalte bestimmter Spiele, sondern auf die Art und Weise, wie mit ihnen Wertschöpfung erreicht wird. Die Herstellung des Content wird dadurch zwar nicht zwangsläufig billiger, dieser ist aber in der Lage, dauerhafter zur Bedürfnisbefriedigung der Rezipienten zu dienen und so mehr Umsatz zu erzielen.

Mit dem Aufkommen sozialer Netzwerke, der Einführung von In-App Käufen und dem Bereitstellen von zusätzlichen Spielerweiterungen als Downloads, konnte man einen Wandel von Spielen als Produkte zu Spielen als Service (GaaS – Games as a Service) beobachten (Ries 2013, S. 9). Ein gängiges Konzept hierbei, ist das eben angesprochene Erlösmodell *Free to Play* oder *Freemium*. Spiele werden kostenlos angeboten, mit der Möglichkeit, Premium-Inhalte im Spiel zu erwerben, die dem Spieler meist einen entscheidenden Vorteil im Spiel bringen. Der Entwicklungsaufwand ist etwas geringer, da das Spiel im Markt weiter optimiert werden kann und durch den längeren Zeitraum der Nutzung können mithilfe kostenpflichtiger Premium-Inhalte tendenziell größere Gewinne erwirtschaftet werden als bei herkömmlichen Spielen (Ries 2013, S. 9, Hamari & Lehdonvirta 2010).

Die *Technologieoptionen* beschreibt Zydorek als diejenigen Maßnahmen, bei denen Technologie eingesetzt wird, um Mitarbeiter oder andere Ressourcen zu ersetzen. Die Videospielbranche weist trotz eines relativ hohen Anteils an kreativer Arbeit während der Produktion eine Anzahl an Bereichen auf, in denen automatisierte Prozesse hohes ökonomisches Potenzial generieren könnten. Dazu zählt vor allem die automatisierte Contentproduktion von Spielinhalten. Die Erstellung der Charakter, der verschiedenen Komponenten eines Levels und die Kreation ganzer Level sind sehr zeitintensive Wertschöpfungsbereiche, die jedoch schon einige Ansätze der Algorithmisierung liefern. Dabei steht die Ersetzung menschlicher Arbeitskräfte jedoch noch nicht im Vordergrund der arbeitsrelevanten Technologieoptionen, sondern die Steigerung der Produktivität der Entwickler. Ein Beispiel hierfür ist etwa die im Folgenden beschriebene Software zur *Procedural Content Generation*. Diese erlaubt es dem Entwickler, weitaus *schneller* eine *größere Menge* an Content zu produzieren. Dadurch können während der Produktion Zeit und Kosten eingespart werden.

Die große Herausforderung automatisierter Prozesse in der Videospielproduktion ist es, algorithmische Lösungen zu finden, die in vielen verschiedenen Spielen zum Einsatz kommen können und nicht auf die Produktion oder das Spielprinzip nur eines Spiels reduziert sind. Im Folgenden wird ein bestimmter Ansatz der prozeduralen Content Generierung, der diese Eigenschaft mit sich bringt, genauer untersucht.

5.5 Automatisierte Content-Produktion am Beispiel von Grammar- und L-Systemen

Nahezu alle neuen Videospiele, die auf den Markt kommen, beinhalten eine große Menge an Content für ihre Spielwelten. Um die Produktion des Contents zu beschleunigen, könnten Algorithmen verwendet werden. Im folgenden Abschnitt soll anhand von Grammar- und dem L-System ein solcher Prozess beispielhaft dargestellt werden.

5.5.1 Einsatz und Funktionsweise

Es existieren viele algorithmisierte Ansätze, um Content in der *Level Creation* zu ermöglichen. Einige von diesen generieren beispielsweise ganze Terrains, welches eine sehr wichtige Aufgabe für die meisten Spiele ist (Shaker et al. 2018, S. 71).

Ebenso wichtig ist auch die Vegetation in jeglicher Form, also Gras, Bäume, Büsche und andere Pflanzen, die eine Landschaft bevölkern. Dieses Anwendungsfeld eignet sich perfekt für die PCG, da hierbei eine große Anzahl von Artefakten erzeugt werden muss, die einander ähnlich sind, sich aber dennoch leicht voneinander unterscheiden sollten. Ein klassisches Beispiel wären Bäume in einem Wald oder Grashalme auf einer Wiese (Shaker et al. 2018, S. 74). Hier kann nicht einfach ein Objekt erstellt und dieses via Copy-and-Paste immer wieder unverändert eingefügt werden, denn das würde den Spielern negativ auffallen.

5.5.1.1 Grammars

Eine formale Grammar oder Grammatik beschreibt eine Anzahl an Produktionsregeln zum Umschreiben von Zeichenketten, also das Umwandeln einer Zeichenkette in eine andere. Jede solcher Regeln beschreibt die Umformung eines oder mehrerer Symbole in ein anderes bzw. in mehrere andere Symbole. So wird aus „A" beispielsweise „AB" und aus „B" „b" (Shaker et al. 2018, S. 74). So werden Zeichenketten jedes Mal aufs Neue verändert. Mit diesen beiden Regeln und der anfänglichen Zeichenkette „A", würde die ersten vier Schritte folgendermaßen aussehen:

A → AB → ABb → ABbb → ABbbb

Dabei gilt für alle Grammars immer eine fixe Regel: Großbuchstaben sind nichtterminale Symbole. Das bedeutet, sie stehen auf der sogenannten linken Seite (LHS) von Regeln und werden daher weiter umgeschrieben. Genau andersherum verhält es sich mit Kleinbuchstaben. Diese sind terminale Symbole, sind also nur auf der rechten Seite (RHS) der Regeln zu finden und somit werden diese auch nicht weiter umgeschrieben. Grammars sind sehr umfangreiche Konstruktionen mit sehr vielen Klassifikationen, die sogar in der theoretischen Informatik und der Komplexitätstheorie Anwendung finden (Shaker et al. 2018, S. 75).

Für PCG sind vor allem zwei Unterscheidungen relevant: Ob die Grammar deterministisch ist und in welcher Reihenfolge sie ausgebaut werden soll. Ist sie deterministisch, bedeutet das, dass sie genau eine Regel für jedes Symbol oder jede Symbol-Folge hat. Somit ist es für eine Zeichenkette immer eindeutig, wie und nach welchen Regeln sie umgeschrieben werden soll. Ist die Grammar nicht- deterministisch, dann können mehrere Regeln auf eine eingespeiste Zeichenkette angewendet werden, was zu verschiedenen Ergebnissen nach dem Umschreiben führen kann. Welche Möglichkeit man anwendet, hängt davon ab, welches Ziel man verfolgt. Eine Möglichkeit ist, einfach zufällig zu wählen. In solchen Fällen könnte die Grammatik sogar Wahrscheinlichkeiten für die Wahl jeder Regel enthalten. Eine andere Möglichkeit besteht darin, einige Parameter zu verwenden, um zu entscheiden, auf welche Weise die Grammatik erweitert werden soll (Shaker et al. 2018, S. 75).

5.5.1.2 L-Systeme

Die andere eben genannte wichtige Unterscheidung ist die Reihenfolge, in der das Umschreiben der Zeichenketten vorgenommen wird. Läuft sie sequenziell ab, dann wird die Zeichenkette von links nach rechts umgeschrieben. Wird eine Produktionsregel auf ein Symbol angewendet, so wird das Ergebnis an das Ende angefügt und dann erst zum nächsten Symbol weitergegangen. Bei parallelem Umschreiben erfolgt alles gleichzeitig. Das heißt, die ursprüngliche Kette bleibt erhalten und es wird an einer separaten Speicherstelle realisiert (Shaker et al. 2018, S. 75 f.). L-Systeme sind eine Klasse von Grammatiken, deren definierendes Merkmal das parallele Umschreiben ist und die 1968 von dem Biologen Aristid Lindenmayer explizit zur Modellierung des Wachstums organischer Systeme wie Pflanzen und Algen eingeführt wurde (Shaker et al. 2018, S. 76). Als Beispiel einer solchen Modellierung, werden die Regeln wie folgt festgelegt:

A → AB 2. B → A

Start der Zeichenkette ist wieder „A". Nach acht Schritten sieht die Zeichenkette folgendermaßen aus:

1. A
2. AB
3. ABA
4. ABAAB
5. ABAABABA
6. ABAABABAABAAB
7. ABAABABAABAABABAABABA
8. ABAABABAABAABABAABABAABAABABAABABAAB

Die Zeichenkette verändert sich zum einen, zwar mit einer Regelmäßigkeit, die aber komplexer ist als eine einfache Wiederholung, und zum andern ist die Länge der Zeichenkette eine Fibonacci-Folge (1 2 3 5 8 13 21 usw.). Die L-Systeme haben also die Fähigkeit, trotz ihrer Einfachheit, hochkomplexe und gleichzeitig regelmäßige Ergebnisse zu liefern, also genau das, dass es für die PCG braucht (Shaker et al. 2018, S. 76).

5 Procedural Content Generation durch Algorithmen bei Games

Abb. 5.1 Vier Umschreibungen des L-Systems

Essenziell, um diese L-Systeme grafisch und damit für die PCG anwendbar zu machen ist, dass man generierte Zeichenfolgen als Anweisungen für das grafische Interface verwendet. Dies könnte zum Beispiel so aussehen:

- F: eine bestimmte Strecke vorwärts gehen (z. B. 10 Pixel)
- +: um 90 Grad nach links drehen
- -: um 90 Grad nach rechts drehen
- [: bleibe auf dem Pfad
-]: kehre zum Ursprungspfad zurück

Mit nur einer Regel, F → F[−F]F[+F][F], entstehen so nach wenigen Iterationen schon sehr komplexe Strukturen (siehe Abb. 5.1) (Shaker et al. 2018, S. 76).

5.5.2 Beispielsoftware: SpeedTree

Eine Beispielsoftware, die auch von etlichen AAA[2]-Spieleentwicklern, wie Ubisoft, CD-Projekt Red, Bungie etc. (vgl. SpeedTree – 3D Vegetation Modeling and Middleware o. D.), verwendet wurde, ist SpeedTree (siehe Abb. 5.2) (Shaker et al. 2018, S. 73). Dieser Software liegen genau diese Algorithmen zugrunde, die durch die Verwendung einer bestimmten Form der formalen Grammars, der L-Systeme und durch deren Interpretation der Ergebnisse Befehle an die Software weitergeben, welche am Ende einen Baum oder Busch generiert (Shaker et al.

---

[2] Spiele mit besonders hohem Budget, die bereits vor Veröffentlichung sehr stark vermarktet werden, vergleichbar mit Blockbustern bei Filmen (Zick 2018).

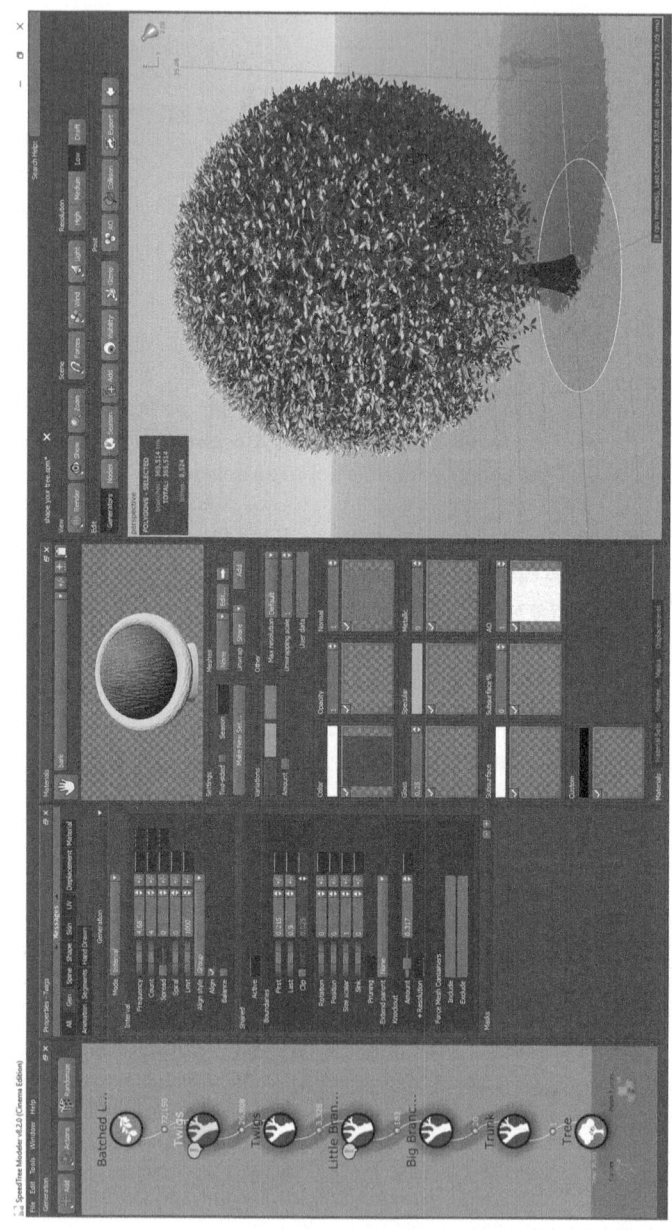

Abb. 5.2 SpeedTree Benutzeroberfläche

2018, S. 73). Die Software ermöglicht es, bestimmte Parameter zu verändern und dadurch innerhalb kurzer Zeit einen Baum, Strauch oder eine andere Vegetation zu generieren und nach diesem Muster weitere, einzigartige Vegetationen zu erstellen, um somit zum Beispiel einen Wald zu füllen.

5.6 Algorithmisch unterstützte Lösungsversuche der ökonomischen Bezugsprobleme der Contentproduktion

Die Videospielbranche liefert mit weltweiten Umsätzen von über 150 Milliarden US-Dollar (Wallossek 2020) beeindruckende Verkaufszahlen. Der Markt der Computerspiele boomt, jedoch bringt das für Unternehmen aus diesem Sektor auch einige ökonomische Herausforderungen mit sich, die vor allem während der Wertschöpfungsstufe der Produktion zum Tragen kommen. Dazu zählen unter anderem der sehr hohe Produktionsaufwand aus zeitlicher und finanzieller Sicht, die Fragmentierung des Publikums, welches eine Vielzahl an unterschiedlichen Optionen bei der Spiele-Wahl und dem Distributionsweg hat und der hohe Konkurrenzdruck, der durch die schwindenden Eintrittsbarrieren für Unternehmen auf den Markt entsteht (Anderie 2016, S. 37). Das übergeordnete Ziel der Produktion ist aus ökonomischer Sicht die Erzielung von Gewinnen bzw. deren Maximierung. Innovative Technologien, wie die PCG können dabei helfen, diese Ziele schneller und vor allem effektiver zu erreichen und bieten einige Lösungen für die ökonomischen Bezugsprobleme, die im Folgenden näher erläutert werden.

Die *Kostenreduktion* ist einer der Hauptvorteile der Algorithmisierung der Produktionsprozesse. Der Herstellungsprozess der Level, der unter normalen Umständen sehr zeit- und kostenintensiv ist, wird durch Algorithmen grundlegend effizienter gemacht. Wie in Abschn. 5.5 beschrieben, liefern die Technologieoptionen beispielsweise die Möglichkeit, eine große Menge an zufällig generierten Vegetationen im Level Design einzusetzen. Durch die schnellere Entwicklung der Inhalte sind Unternehmen in der Games Branche in der Lage, Personalkosten einzusparen. Die fixen Kosten, die mit der Herstellung der ersten Kopie anfallen, werden reduziert, da der Produktionsprozess durch den Einsatz algorithmischer Lösungen verkürzt werden kann. Die Geschwindigkeitsgewinne und Zeitspanisse, die die PCG mit sich bringt, führen zu einer *Senkung des Risikos der Produktion*. Eventuelle *sunk costs* bei Flops können durch die eingesparten Kosten reduziert werden. Die Gefahr, einen Flop zu produzieren, bleibt zwar bestehen, jedoch sind die finanziellen Folgen für das produzierende Unternehmen mit sinkenden First Copy Costs weniger gravierend.

Es ist somit deutlich, dass der Prozess der Algorithmisierung auch bei den Games als Substitutionsprozess geistig-kreativer menschlicher Arbeitskraft durch in Technologie investiertes Kapital, als *Maschinisierung immaterieller Arbeit* (Zydorek 2018, S. 105) beschrieben werden kann. Dabei sollte erwähnt werden, dass die algorithmisch automatisierte Produktion von Levels in Videospielen, die in dieser Arbeit behandelt wurde, technisch gesehen noch nicht in der Lage ist, menschliche Arbeitskräfte komplett zu ersetzen. Die eingesetzten Algorithmen dienen bislang eher als eine Art Instrument für Game Designer, um in kürzerer Zeit weit mehr Content zu produzieren, als ohne technische Hilfsmittel möglich wäre. Man kann also in diesem Kontext von einer *Erhöhung der Produktivität* menschlicher Arbeitskraft sprechen. Diese Algorithmen sind in der Lage, die Produktion zu verbessern und können so die Herstellungskosten von Spielen senken, weil durch sie beispielsweise weniger Mitarbeiter in der Produktion benötigt werden, da ein angestrebtes Produktionsergebnis schon mit weniger menschlicher Arbeitskraft erreicht werden kann. Algorithmen verrichten ihre Arbeit schneller als ein Mensch, lassen sich beliebig konfigurieren und arbeiten für einen Bruchteil der Kosten, die für menschliche Arbeitskräfte anfallen würden.

PCG-Software wie SpeedTree, die mit den Grammar- und L-System-Algorithmen arbeitet, ist ein Beispiel hierfür. Zwar wird noch eine menschliche Person benötigt, die die Veränderungen letztendlich vornimmt, allerdings benötigt diese Person für das Erstellen der Vegetation auf diesem Weg nur einen Bruchteil der Zeit, die sie brauchen würde, um die gesamte Vegetation selbst zu modellieren. Zum Vergleich sei angeführt, dass die monatlichen Kosten für die Nutzung von SpeedTree3 bei 19,99 US-Dollar liegen (SpeedTree – 3D Vegetation Modeling and Middleware o. D.) während ein Game-Designer in Deutschland im Durchschnitt brutto ca. 4000 Euro kostet (Spieleentwickler/-in, Game-Designer/-in „Gehalt & Beruf|GEHALT.de" o. D.).

Die Algorithmen, die in PCG eingesetzt werden, können bereits Vieles leisten und sind für manche Bereiche unabdingbar. „SpeedTree can generate more detailed forests than any dedicated team of designers ever could, but the best city generation algorithms still generate extruded building profiles, with generic looking textures" (Barriga 2019, S. 7). Das zeigt, dass durch den Einsatz innovativer technischer Hilfsmittel nicht nur der Produktionsprozess verkürzt werden kann, sondern auch die *Qualität der Inhalte* steigt. Des Weiteren ist es möglich, mit den Grammar- und L-System-Algorithmen Storylines und Missionen zu generieren, was sich ebenfalls positiv auf die *Qualität und Komplexität* des Endprodukts auswirkt. Allerdings handelt es sich dann eher um Nebenmissionen, die sich ähneln bzw. keine komplizierte und bahnbrechende Hintergrundgeschichte haben (Shaker et al. 2018, S. 78 f.), da in diesen Bereichen die Entwicklung noch nicht so weit vorangeschritten ist, dass es verlässliche Produkte gibt (Barriga 2019, S. 8).

PCG hat auch in einem anderen Zusammenhang das Potenzial, Kosten und Entwicklungszeit durch die Unterstützung der Designer oder durch die automatische Generierung der Inhalte deutlich zu reduzieren: Ein *Reskin* ist eine gängige Praxis bei der Entwicklung von mobilen Spielen, bei der das Unternehmen mehrere Spiele herausbringt, die unterschiedlich aussehen, aber den gleichen Code verwenden. Wenn der Teil des Aussehens (Texturen, Karten, Levels) automatisch generiert wird, ist das Reskinning fast kostenlos. Außerdem wird der Wert des Endprodukts erhöht, da das Volumen der Inhalte im Grunde unendlich ist (Barriga 2019, S. 8).

Bei der Generierung von Content kommt es auf die spezifische Art der Inhalte an. Es ist wichtig, dass die Qualität des Contents nicht leidet. Wie bereits angesprochen, steigen die Nachfrage und Komplexität des Content immer weiter an. Dieser soll die Spieler an die Spielreihe binden, einen Wiedererkennungswert haben und sich gleichzeitig trotzdem stimmig in das Gesamtkonzept einfügen. Das bedeutet, dass jedes Spiel einer solchen Reihe sich von seinen Prequels durch beispielsweise neue Features abgrenzen sollte, um nicht als bloße Kopie wahrgenommen zu werden. Gleichzeitig sollten sie stimmig ins Ökosystem einer Reihe, welche die übergreifende Spielwelt und Gamemechanik beschreibt, passen. Durch die digitale Vielfalt der Plattformen müssen immer neue Inhalte entworfen werden, die die Spieler innerhalb eines Ökosystems an das Entwicklerstudio binden.

Die *Individualisierungsmöglichkeiten* der Spielinhalte bzw. der Spiele selbst, stellen einen großen Vorteil von Algorithmen bei der Bewältigung der ökonomischen Bezugsprobleme dar. Die sogenannte *Game Adaption* kombiniert die Procedural Content Generation und das *Player Modelling*, um Spiele speziell für einzelne Spieler oder Spielergruppen zu individualisieren (Riedl und Zook 2013, S. 3). Die Spielweise und das Feedback, welches ein Spieler liefert, wird beim Player Modelling durch zusätzliche Algorithmen erfasst und dienen als Orientierung für die automatische Generierung der Level und Inhalte. *Game Analytics* spielen beim Messen, Zusammenfassen, Verstehen und Visualisieren des Spielerverhaltens eine wichtige Rolle und können den individualisierten Design Prozess enorm unterstützen (Riedl und Zook 2013, S. 3). Die automatische Anpassung von Game Content basierend auf den Design Goals für das Spielverhalten einzelner Spieler sorgt für ein verbessertes und personalisiertes Spielerlebnis. Riedl und Zook weisen in diesem Zusammenhang auf das große Potenzial von *engagement-orientated content generation* hin (Riedl und Zook 2013, S. 4). Die Langzeitdaten, die über den Spieler gesammelt werden, dienen dazu, das player-engagement, also die Interaktionsbereitschaft der Spieler zu sichern. So können die für die finanziellen Ziele relevanten Ansätze, bestehende Spieler zu behalten (Kundenbindung) und verlorene Spieler zurückgewinnen (Kundenrückgewinnung) besser erreicht werden. Zwei Fähigkeiten von Algorithmen, die von menschlichen Designern niemals nachgeahmt werden können, sind, Inhalte zu generieren, die *auf jeden einzelnen Spieler zugeschnitten* sind, sowie *sofort auf implizites Feedback des Spielers zu reagieren*. Personalisierte Inhalte könnten die Branche verändern (Barriga 2019, S. 8). Ein Spieleentwicklungsunternehmen, das einen Teil der Künstler und Designer durch Algorithmen ersetzen könnte, hätte einen Wettbewerbsvorteil, da Spiele bei gleichbleibender Qualität schneller und günstiger produziert werden könnten (Shaker et al. 2018, S. 3). Aber nicht nur für die AAA-Studios wäre das ein Kostenvorteil, sondern es hätten auch kleinere Unternehmen die Möglichkeit, mit kleineren Teams inhaltsreiche Spiele zu erstellen. Durch die Inhaltsgenerierung, insbesondere eingebettet in intelligente Design-Tools, wie beispielsweise die Game Engines Unity oder Unreal, kann die Kreativität einzelner menschlicher Designer erweitert werden (Shaker et al. 2018, S. 3).

Aber auch die Rezipienten profitieren davon, da durch diese Techniken der immense Bedarf an immer neuen Inhalten und immer größeren Welten gedeckt werden kann. Die Wiederspielbarkeit (also der Drang des Spielers, das Spiel erneut zu spielen) kann dadurch erhöht werden (Barriga 2019, S. 2). Man stelle sich vor, dass jedes Mal, wenn das Spiel neu gespielt wird, neue Karten, neue Welten und neue Items generiert werden. Der wirtschaftliche Wert des Produktes würde automatisch steigen und es würde die Spieler enger an sich binden. Das Spiel *No Man's Sky* mit seinem beinahe unendlichen, virtuell generierten Universum ist eines der ersten Spiele, die diese Technik bereits einsetzt. Noch ist die Verbreitung dieser Praktiken eher gering, unzureichende Algorithmen, Mangel an Tools und Mangel an spezialisierten Fachkräften sind die Hauptgründe dafür. Wenn jedoch künftig mehr daran gearbeitet wird, könnte PCG die Wertschöpfung in der Gaming-Industrie nachhaltig verändern (Shaker et al. 2018, S. 237).

Alle der eben genannten Arten der automatisierten Herstellung von Content sind Teil der Procedural Content Generation. Wie in diesem Kapitel aufgezeigt wurde, liefern sie vielfältige Möglichkeiten für Unternehmen aus der Videospielbranche, den Wertschöpfungsprozess zu verbessern. Der rasant wachsende Markt der Videospiele liefert einen optimalen Ort für das Testen und Einsetzen solcher automatisierten Prozesse. Sowohl während der initialen Produktion, als auch im Live-Spielbetrieb erlauben Algorithmen die Produktion von Leveln in einem völlig neuen Ausmaß. Die Herausforderung wird dabei sein, die innovativen Techniken der Produktion so einzusetzen, dass die Videospiele die immer anspruchsvolleren Erwartungen der Spieler erfüllen. Die vielen Vorteile der Algorithmen in diesem Bereich können dabei eine entscheidende Rolle spielen.

5.7 Fazit

Die Computerspielindustrie wächst weiterhin, was einige wirtschaftliche Herausforderungen mit sich bringt, die für Unternehmen dieser Branche in der Wertschöpfungsphase der Produktion besonders wichtig sind. Dies sind unter anderem sehr hohe Produktionskosten in Bezug auf Zeit und Geld, die Fragmentierung des Publikums durch viele verschiedenen Optionen in Bezug auf Spielauswahl und Vertriebskanal und der dadurch entstehende hohe Wettbewerbsdruck. Dies liegt an der Beseitigung von Eintrittsbarrieren für Unternehmen. Der Produktionsprozess von Levels, der normalerweise sehr zeit- und kostenintensiv wäre, wird durch Algorithmen grundsätzlich effizienter gestaltet.

Die durch PCG erzielten Geschwindigkeitsgewinne und Zeiteinsparungen führen zu einer Reduzierung des Produktionsrisikos. Anzumerken ist, dass die algorithmische Generierung von Levels in den in dieser Studie diskutierten Videospielen technisch noch nicht in der Lage ist, menschliche Arbeitskräfte vollständig zu ersetzen. Die verwendeten Algorithmen dienten Gamedesignern bisher als eine Art Werkzeug, um in kürzerer Zeit mehr Inhalte zu produzieren, als dies ohne technische Hilfe möglich gewesen wäre.

Algorithmen erledigen ihre Arbeit schneller als ein Mensch, können beliebig konfiguriert werden und verursachen einen Bruchteil der Kosten menschlicher Arbeit. Die in PCG verwendeten Algorithmen können viel und sind zur Unterstützung von Designern oder durch automatisierte Inhaltserstellung bereits unverzichtbar.

Die sogenannte Spielanpassung kombiniert prozedurale Inhaltserstellung und Spielermodellierung, um Spiele speziell für einzelne Spieler oder Spielergruppen anzupassen. Der Wiedergabestil und das Feedback eines Spielers werden von zusätzlichen Algorithmen in der Spielermodellierung erfasst und dienen als Routing für die automatische Generierung von Levels und Inhalten. Spielanalysen spielen eine wichtige Rolle beim Messen, Zusammenfassen, Verstehen und Visualisieren des Spielerverhaltens und können den individualisierten Designprozess enorm unterstützen. Die automatische Abstimmung von Spielinhalten basierend auf Designzielen für das Spielverhalten einzelner Spieler bietet ein verbessertes und personalisiertes Spielerlebnis.

Über den Spieler gesammelte Langzeitdaten werden verwendet, um das Spielerengagement, d. h. die Bereitschaft der Spieler zur Interaktion zu fördern. Auf diese Weise können wichtige Ziele wie das Halten bestehender Spieler, das Gewinnen neuer Spieler und das Wiedergewinnen verlorener Spieler besser erreicht werden. Eine der Fähigkeiten von Algorithmen, die aufgrund der hohen Kosten von menschlichen Designern niemals übernommen werden kann, ist ihre Fähigkeit, maßgeschneiderte Inhalte für jeden Spieler zu erstellen und sofort auf indirektes Spieler-Feedback zu reagieren.

Personalisierte Inhalte wie Online-Spiele können die Branche verändern, und dies in naher Zukunft in der virtuellen Realität. Ein Spieleentwicklungsunternehmen, das einige Künstler und Designer durch Algorithmen ersetzen kann, hat einen Wettbewerbsvorteil, da Spiele schneller und billiger produziert werden können, während die Qualität erhalten bleibt. Der wirtschaftliche Wert des Produkts würde automatisch steigen und Spieler an dieses binden.

Alle gerade erwähnten Arten des automatisierten Verfassens sind Teil der prozeduralen Inhaltserstellung. Wie in diesem Kapitel dargestellt, bieten sie eine Vielzahl von Möglichkeiten für Unternehmen der Videospielbranche, ihren Wertschöpfungsprozess zu verbessern. Algorithmen ermöglichen die Produktion von Levels in einem völlig neuen Maßstab, sowohl während der Erstproduktion als auch während des Live-Spielbetriebs.

Die Herausforderung der Branche besteht darin, innovative Produktionstechniken so einzusetzen, dass Videospiele die ständig steigenden Erwartungen der Gamer erfüllen. Die vielen Vorteile von Algorithmen in diesem Bereich können eine entscheidende Rolle dabei spielen.

Literatur

Anderie, L. (2016) *Games Industry Management*. Heidelberg: SpringerGabler. https://doi.org//10.1007/978-3-662-49425-7.

Anderie, L. (2020): Wertschöpfung und Fun, J. Krone, T. Pellegrini (Hrsg.) in: Handbuch Medienökonomie, Springer Fachmedien, Wiesbaden.

Barriga, Nicolas A. (2019): A Short Introduction to Procedural Content Generation Algorithms for Videogames, in: *International Journal on Artificial Intelligence Tools*, Bd. 28, Nr. 02, S. 1930001, [online] doi:https://doi.org/10.1142/s0218213019300011.

Game – Verband der deutschen Games-Branche (2020): Arbeiten in der Games-Branche, game, [online] https://www.game.de/wp-content/uploads/2018/05/2018_game_Arbeiten-in-der-Games-Branche_web.pdf [abgerufen am 18.12.2021]

Hamari, J. & Lehdonvirta, V. (2010): Game design as marketing: How game mechanics create demand for virtual goods. In: Int. Journal of Business Science and Applied Management, Volume 5, Issue 1, 2010, S. 14–29.

Kiefer, M.L. & Steininger, C. (2014): Medienökonomik: Einführung in eine ökonomische Theorie der Medien (3. Aufl.). München, Wien: Oldenbourg

Riedl, M.O. & Zook, A. (2013). AI for game production. in: 2013 IEEE Conference on Computational Intelligence in Games (CIG), S. 1–8, [online] doi: https://doi.org/10.1109/CIG.2013.6633663.

Pickell, Devin (2019): The 7 Stages of Game Development, g2, [online] https://www.g2.com/articles/stages-of-game-development [abgerufen am 18.12.2021].

Ries A. (2013): Freemium als Erlösmodell der Spieleindustrie, (Bachelorarbeit, Media Management) Abgerufen von https://www.grin.com/document/214744.

Shaker, Noor/Julian Togelius/Mark Nelson (2018): *Procedural Content Generation in Games*, New York, Vereinigte Staaten: Springer Publishing.

SpeedTree – 3D Vegetation Modeling and Middleware (o. D.): SpeedTree, [online] https://store.speedtree.com/ [abgerufen am 18.12.2021].

Spieleentwickler/-in, Game-Designer/-in „Gehalt & Beruf|GEHALT.de" (o. D.): gehalt.de, [online] https://www.gehalt.de/beruf/game-designer-in [abgerufen am 18.1.2022].

Wallossek, Igor (2020): Die Videospielbranche analysiert: Status Quo einer milliardenschweren Industrie, [online] https://www.igorslab.de/die-videospielbranche-analysiert-status-quo-einer-milliardenschweren-industrie-grosse-umfrage/ [abgerufen am 28.01.2022]

Wirtz, B. W. (2013): Medien- und Internetmanagement, 8. Aufl., Springer Gabler, Wiesbaden.

Zick, Thomas (2018): AAA-Titel: Was ist das?, CHIP, [online] https://praxistipps.chip.de/aaa-titel-was-ist-das_36629 [abgerufen am 18.12.2021].

Zydorek, C. (2017) Einführung in die Medienwirtschaftslehre, 2. Aufl. Wiesbaden: SpringerGabler

Zydorek, C. (2018): Grundlagen der Medienwirtschaft, 1. Aufl., Springer Gabler, Wiesbaden, [online] doi: https://doi.org/10.1007/978-3-658-15252-9.

auf die Digitalisierung erlebt haben. Der Umsatz mit Musik-Streaming erreichte 27,5 US-Dollar pro Nutzer und 15,9 US-Dollar pro Nutzer für digitale Musik. In Deutschland lag der Gesamtumsatz aus Musikverkäufen, dies beinhaltet physische und digitale, im Jahr 2020 bei 1,79 Milliarden Euro. Der digitale Anteil am Gesamtumsatz betrug 71,5 %. Streaming-Plattformen, wie z. B. Spotify, machten mit 895 Millionen Euro den Großteil des Umsatzes aus (Statista 2021; Weidenbach 2020).

Die Digitalisierung der Musikindustrie betrifft nicht nur die Vertriebs- und Verkaufsphase, sondern auch die Ebene der Musikproduktion. In diesem Text werden wir speziell auf die Musikproduktion durch künstliche Intelligenz eingehen.

Um besser zu verstehen, wie wir an den Punkt gelangt sind, an dem Künstliche Intelligenz die Fähigkeit hat, Musik zu komponieren und zu produzieren, wollen wir einige Meilensteine in der Geschichte der Musikschaffung durch Künstliche Intelligenz bis zum heutigen Tag beleuchten.

Im Jahr 1951 schuf der Informatiker Alan Turing zum ersten Mal in der Weltgeschichte einen musikgenerierenden Computer. Die Aufnahme der Lieder *God Save the King* und *Baa, Baa, Black Sheep* wurde für die BBC im *Computing Machine Laboratory* in Manchester, England, gemacht. Bereits 1957 entwickelten der Komponist Lejaren Hiller und der Mathematiker Leonard Isaacson ILLIACI (Illinois Automatic Computer), um Material zu generieren und ein vollständig von künstlicher Intelligenz geschaffenes Musikstück zu kreieren, die *Illiac Suite for String Quartet*. 1965 stellte der amerikanische Erfinder Ray Kurzweil ein von einem Computer erzeugtes Klavierstück vor, die Uraufführung wurde in Steven Allens *I've got a secret*-Show gespielt (Miranda 2021, S. 3; Freeman 2020).

Die Firma Sony gründete 1988 die *Computer Science Laboratories*, zur Forschung im Bereich der Informatik, dies gilt als einer der Meilensteine auf dem Gebiet der musikalischen künstlichen Intelligenzforschung. Der Musiker David Bowie leistete ebenfalls einen Beitrag zu diesem Bereich, indem er dem Programmierer Ty Roberts 1995 half, eine Anwendung namens *Verbaliser* zu entwickeln, das literarisches Material analysiert und Wörter nach dem Zufallsprinzip neu anordnet, um verschiedene Kombinationen zu erzeugen (Miranda 2021, S. 15; Freeman 2020).

Im Jahr 2002 entwickelte der Forscher den Algorithmus *Continuator*, der lernt und interaktiv mit live spielenden Musikern zusammenspielt sowie in der Lage ist, die Fortsetzung des Liedes zu komponieren. Im selben Jahr wurde im Rahmen des von David Cope ins Leben gerufenen Programms *Emily Howell* ein Musikalbum mit dem Titel *From Darkness, Light* veröffentlicht.

Iamus ist ein Cluster von Computern in Malaga, der mit Melomics-Technologie ausgestattet ist und im Jahr 2010 das erste Fragment professioneller zeitgenössischer klassischer Musik mit dem Namen *Iamus Opus One* geschaffen hat. Zwei Jahre später schuf die Emily Howell Software ihr zweites Musikalbum *Atemlos* (Freeman 2020; Miranda 2021, S. 455).

Die Sony Computer Laboratories haben durch ihr *Flow Machines*-Programm im Jahr 2016 den Song *Daddy's Car* erstellt. Die Software extrahierte aus einer großen Datenbank von Songs kleine Elemente aus vielen vorhandenen Tracks, um Kompositionen zu erstellen. Der Song *„Daddy's Car"* wurde hauptsächlich aus Original-Songs der Beatles generiert. Im selben Jahr entwickelte das IBM-Computersystem in Zusammenarbeit mit dem Produzenten und Musiker Alex Da Kid den Song *Not Easy* (https://www.youtube.com/watch?v=DvR2RHIYW5U). Der IBM-Computer kombinierte künstliche Intelligenz und analytische Software, die zur Entwicklung des Songs Artikel, Blogs und Daten aus sozialen Medien analysierte, um die Top-Themen zu verstehen und die allgemeine emotionale Stimmung zu charakterisieren. Der Song erreichte Platz eins der Billboard Top 40 Charts (Miranda 2021, S. 496; Freeman 2020).

Ein Jahr nach der Veröffentlichung des Songs *„Not Easy"* veröffentlichte die Sängerin Taryn Southern ihr Album *I AM AI* (https://www.youtube.com/watch?v=-XUs6CznN8pw&list=OLAK5uy_ksh5IyzIcgNj8DpTWQtR5vQ4_ip0t-M57A&index=1), das komplett von einem Programm mit künstlicher Intelligenz namens Amper Music (https://www.ampermusic.com/) komponiert wurde. Das Programm hat die Fähigkeit, Melodien entsprechend einer bestimmten Musikrichtung und Stimmung zu erzeugen. 2019 sendete die Firma Dadabots (https://dadabots.com/) 7 Tage lang 24 Stunden am Tag live Death-Heavy-Metal-Musik, die komplett von einem Algorithmus generiert wurde (Miranda 2021, S. 849; Freeman 2020).

Durch künstliche Intelligenz erzeugte Musik ist ein Teil des Bereichs *Computational Science*, genauer gesagt *Computational Creativity*. Dieses Feld wird von Cardoso, Veale und Wiggins wie folgt erklärt,

> As a subdiscipline of artificial intelligence, computational creativity explores theories and practices that give rise to a phenomenon, creativity, that all intelligent systems, human or machine, can legitimately lay claim to. (Cardoso et al. 2009, S. 15).

Das Gebiet der *Computerkreativität* legt den Schwerpunkt auf Kreativität und versucht, Ähnlichkeiten zu dem zu generieren, was von Menschen als *kreatives Verhalten* angesehen wird. IJWCC (International Joint Workshop on Computational Creativity) Workshops befassen sich damit, Computersysteme zu demonstrieren, die *Computational Creativity* zeigen können, wie bei Geschichtengenerierung,

Improvisation, Humor, Metaphern, Analogien und musikalischen Kompositionen (Cardoso et al. 2009, S. 15–16).

Software, die Kreativität und künstliche Intelligenz miteinander verbindet, gewinnt im akademischen Bereich zunehmend an Relevanz. Ebenso wird hinterfragt, ob sie sich als Unterstützungswerkzeug für Künstler weiterentwickeln wird oder ob die Künstler selbst durch eben diese Werkzeuge ersetzt werden.

Diese Werkzeuge gewinnen nicht nur im akademischen Bereich, sondern auch im erwerbswirtschaftlichen Bereich an Bedeutung. Im Folgenden werden wir in der Musikindustrie für die Musikproduktion verwendete Algorithmen aus wirtschaftlicher Sicht diskutieren.

6.3 Die Wertschöpfungsphase der Musikproduktion

Um die Auswirkungen von Musikkompositionssoftwares innerhalb des Ökosystem der Musikindustrie besser zu verstehen, werden wir ihre Wertschöpfungskette in folgenden analysieren.

Der Musikproduktionssektor hat als Haupttätigkeitsbereiche den Musikverlagsmarkt, den phonografischen Markt und den Markt für Musikveranstaltungen. Als Sekundärmärkte bezeichnet man den Radiomarkt, den TV-Musikmarkt, den Filmmarkt, den Werbemarkt, die Sponsoring- und Markenpartnerschaften, den Videospielmarkt und schließlich den Merchandisingmarkt (Tschmuck 2020, S. 83–189).

Die traditionelle Musikwertschöpfungskette beginnt mit der Produktion des kreativen Materials, wie in Abb. 6.1 dargestellt. Diese Phase wird von Textautoren und Melodiekomponisten und den Künstlern selbst durchgeführt. Das kreative Material wird dann in einem Tonstudio aufgenommen. Die Kosten für die Aufnahmetechnik sind normalerweise hoch und die beteiligten Musiktechniker benötigen ein hohes Maß an Fachwissen und Erfahrung. Diese Faktoren können eine Eintrittsbarriere für Künstler in die traditionelle Musikwertschöpfungskette darstellen (Schramm 2019, S. 442).

Die nächsten Stufen der Wertschöpfungskette – Auswahl, Finanzierung und Promotion – werden von den Musikverlagen durchgeführt, die als Gatekeeper fungieren. Der Rest des Marktes wird von kleineren Unternehmen wie den independent Labels abgedeckt. Mit der fortschreitenden Digitalisierung des Mediums Musik haben die Musikverlage heute nicht mehr die volle Kontrolle über diese Phasen, aber sie sind immer noch ein wichtiger Akteur bei der Durchführung dieser Phasen (Tschmuck 2020, S. 232).

Artist & Repertoire (A&R-Abteilungen) haben das Ziel, musikalische Talente zu identifizieren und vertraglich an eine Plattenfirma zu binden. In der Vergangen-

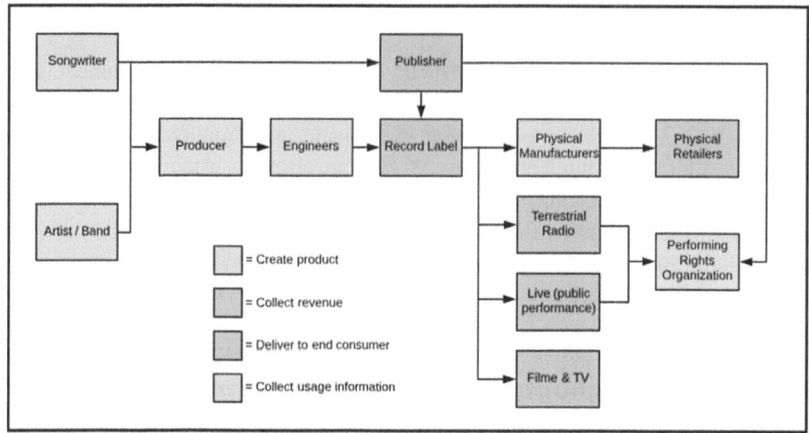

Abb. 6.1 Wertschöpfungskette vor der Digitalisierung vgl. Sitonio & Nucciarelli 2018, S. 5

heit wurde diese Aufgabe in Clubs oder kleinen Musiklokalen wahrgenommen. Heutzutage, im digitalen Zeitalter, erfolgt die Suche nach neuen Künstlern über Social-Media-Kanäle wie Youtube, Instagram und Facebook. Ergänzend zu den Besuchen von Clubs, Konzerten und Festivals werden Sekundärforschung und Data Mining durchgeführt. Viele Plattenfirmen, insbesondere die Major Companies, lagern die A&R-Funktion an unabhängige Produzenten, A&R-Manager oder sogar ganze A&R-Teams aus. Eine andere Form von A&R ist Crowdfunding. Crowdfunding-Plattformen bieten die Möglichkeit, Geld für verschiedene Musikprojekte zu sammeln, können aber auch als A&R-Tool genutzt werden. Ein Beispiel ist die Plattform ArtistShare, die es seit 2001 gibt (Tschmuck 2020, S. 103–104).

Neben den Plattformen bietet die Digitalisierung des Mediums Musik eine neue Art des A&R-Managements. Technologieunternehmen, die sich auf die Datenanalyse spezialisiert haben, finden neue Musiktrends und Talente anhand von Datenströmen, die sich von anderen abheben. Ein Beispiel ist das 2008 in New York gegründete Unternehmen Next Big Sound, das aufstrebende Künstler anhand ihrer Popularität bei Streaming-Diensten und in sozialen Medien identifiziert. Ein weiteres Beispiel ist das Unternehmen Asaii, das riesige Datenmengen aus sozialen Medien, Streaming-Plattformen, Online-Nachrichten, Radio- und Fernsehsendungen analysiert, um Anzeichen für den Erfolg von Musikern zu erkennen, bevor sie die Charts erreichen (Tschmuck 2020, S. 108).

Algorithmic Music Generation

Kerstin Buck und Christoph Zydorek

6.1 Zusammenfassung

Ziel dieser Arbeit ist es, den Einsatz von Algorithmen als Lösung für wirtschaftliche Probleme im Bereich der Musikproduktion zu diskutieren.

Zunächst werden die Meilensteine in der Geschichte der Musikschöpfung durch musikalische Intelligenz bis zum heutigen Tag beleuchtet. Anhand dieser Zeitleiste ist es möglich, sich einen Überblick über die Entwicklung von Algorithmen in der Musikindustrie zu verschaffen.

Danach wird eine Analyse der Wertschöpfungskette im Bereich der Musikproduktion vorgenommen. In diesem Teil werden alle zuständigen Akteure und die ihnen zugewiesenen Funktionen von der Schaffung bis zum Vertrieb von Musik behandelt.

Nach einem Überblick über die derzeitige Situation auf dem Musikmarkt wird in dieser Arbeit näher auf die Phase der Musikproduktion eingegangen. Als wirtschaftliche Probleme dieser Phase werden Kreativität als Kapital, steigende Personalkosten im Kulturbereich, Kosten für die erste Kopie, sowie die Arbeitsintensität der Musikproduktion benannt.

K. Buck (✉)
Master Design Interactive Media, Hochschule Furtwangen, Furtwangen, Deutschland
E-Mail: kerstin.buck@hs-furtwangen.de

C. Zydorek
Fakultät Digitale Medien, Hochschule Furtwangen, Furtwangen, Deutschland
E-Mail: zyd@hs-furtwangen.de

© Der/die Autor(en), exklusiv lizenziert an Springer Fachmedien Wiesbaden GmbH, ein Teil von Springer Nature 2022
C. Zydorek (Hrsg.), *KI in der digitalisierten Medienwirtschaft*,
https://doi.org/10.1007/978-3-658-37404-4_6

Medienunternehmen wenden bereits einige klassische Strategien an, um die Produktivität im Kultursektor zu maximieren, z. B. in der Musikproduktion. Folgende Strategien können bei der Musikproduktion angewandt werden: Strategien zur Risikominderung und -verteilung, Produktionskostensenkung, Modularisierung, Versionierung, Mehrfachverwertung, Ansätze im Distributionsbereich und technologischer Fortschritt. Diese letzte Alternative wird im weiteren Verlauf des Textes näher untersucht.

Es werden die technologischen Möglichkeiten von Algorithmen für die Produktion musikalischer Inhalte angesprochen, die bereits kommerziell genutzt werden. Neben verschiedenen Projekten und Tools werden die Anbieter Flow Machines, IBM Watson, Magenta, Jukebox, AIVA, Loudly und schließlich Amper vorgestellt.

Außerdem wird erörtert, wie die in der Musikkomposition verwendeten Algorithmen funktionieren. Zunächst werden die Funktionen von Algorithmen vorgestellt und dann einige Modelle von Algorithmen aufgezeigt.

Der Anbieter Amper Score wurde ausgewählt, um die tatsächliche Anwendung des Algorithmus in der Musikkomposition zu analysieren. Die Wahl fiel auf dieses Tool, weil es sich um eine einfache Interaktionsplattform handelt und Künstler wie Taryn Southern bereits Musik mit diesem Tool entwickelt haben. Neben der Funktionsweise zeigen wir auch, wie das durch den Algorithmus erzeugte Material von Amper Score vermarktet wird.

Als Nächstes erörtern wir den Einsatz von Algorithmen als Alternative zur Lösung der wirtschaftlichen Probleme, unter denen der Musiksektor leidet. In diesem Teil des Aufsatzes wird der Algorithmus als eine Form der Rationalisierung der intellektuellen und kreativen Arbeit vorgestellt, als Antwort auf die mangelnde Produktivität in diesem Sektor. Durch die Rationalisierung der kreativen Arbeit ist es auch möglich, die Personalkosten zu senken und gleichzeitig die Erzeugung von musikalischem Material zu erhöhen.

Abschließend werden die Vorteile und Folgen des Einsatzes von Algorithmen im Bereich der Musikproduktion erörtert. Welche Vorteile ergeben sich für Komponisten, Musiker und Künstler, Plattenfirmen und die Gesellschaft im Allgemeinen aus der Einführung von Algorithmen in die Wertschöpfungskette der Musikindustrie?

6.2 Einleitung

Die Musikindustrie bewegt Milliarden von Dollar auf der ganzen Welt. Im Jahr 2020 lag der weltweite Umsatz der Musikindustrie bei ca. 21,6 Milliarden Dollar. der Musikproduktionsmarkt ist einer der Märkte, die den größten Wandel in Bezug

Immer mehr übernehmen Streaming-Dienste A&R-Funktionen, wie beispielsweise Spotify mit seinem RISE-Programm. Auch traditionelle Medien übernehmen mit TV-Shows wie *Deutschland sucht den Superstar*, *X-Factor* oder *Pop Idol* A&R-Funktionen (Tschmuck 2020, S. 109).

Die Promotionsabteilung hingegen ist für die Promotion des Künstlers zuständig, d. h. für die Organisation von Werbekampagnen, Fernsehauftritten und Konzertreisen.

> Promotion of a recording involves all the activities of informing and motivating the buyer, including all types of media coverage, personal selling, tour support, promotional incentives for retailers, grassroots marketing, and new media marketing (Tschmuck 2020, S. 125).

Die Marketing- und PR-Ausgaben sind hoch, was zeigt, wie wichtig die Kommunikation auf dem Musikmarkt ist, und auch, dass des Major Companies im Musikmarkt die Macht haben, den Künstlern zu helfen, sich selbst zu promoten (Tschmuck 2020, S. 125).

Das Internet hat sich auch zu einem wichtigen Ort für Marketingaktionen entwickelt, da die digitale Mundpropaganda immer mehr an Bedeutung gewinnt. Blogs, Nachrichtendienste, Posts, E-Mail-Verteilerlisten, Tweets, Nachrichten, Fotos, Videos und Musik können jetzt über Social Media Seiten wie Facebook oder Instagram schnell an Tausende von Internetnutzern verbreitet werden (Tschmuck 2020, S. 126).

Die Distributionsphase hat sich im digitalen Zeitalter stark verändert: Was früher von den Musikunternehmen und ihren Tochtergesellschaften erledigt wurde, wird heute von Streaming-Plattformen wie Spotify und iTunes übernommen. Das bedeutet nicht, dass erstere die Kontrolle über den Vertrieb verloren haben. Nach dem Musikstreaming-Boom erwarben des Majors im Rahmen von Lizenzverhandlungen Anteile an den Streaming-Dienstleistern. Die Majors behalten also immer noch ein gewisses Maß an Kontrolle über den Vertrieb von Musik in ihrer digitalen Form. Im Jahr 2008 besaßen vier Majors insgesamt 17 % der Spotify-Plattform, und die Indies besaßen über den Major MERLIN 1 %. Neben dem Besitz eines Teils der Anteile an den Streaming-Plattformen haben auch Musikverlage in diese Dienste investiert, wie z. B. das Unternehmen Warner Music Group 130 Millionen US-Dollar in den Streaming-Dienst Deezer (Tschmuck 2020, S. 76–77).

Der Download-Markt wird von Apple/iTunes und Amazon Music beherrscht. Bei den Streaming-Diensten nehmen Amazon, Youtube bzw. Google und Apple über Apple Music eine herausragende Ausgangsposition ein. Unabhängige Streaming-Dienste wie Spotify konkurrieren um einen prominenten Platz, da sie eine schnell wachsende Zahl von Nutzern und einen hohen Marktanteil haben. Zusätzlich zu den Streaming-Diensten haben Musiker die Möglichkeit, ihre Musikvideos auf Youtube hochzuladen und soziale Medien zu nutzen, um direkt mit ihren Fans in Kontakt zu treten. Eine weitere Möglichkeit sind digitale Musikvertriebe wie Believe Digital, The Orchard, Finetunes und Rebeat, bei denen Musiker ihre Musik ohne Labelvertrag auf weltweiten Streaming- und Downloadportalen anbieten können (Tschmuck 2020, S. 40) (vgl. Abb. 6.2).

Im Verlauf dieser Arbeit werden wir uns näher mit kreativer und technischer Produktion des Songs befassen. Die Produktion eines Songs umfasst das Verfassen des Textes, das Komponieren der Melodie, die Aufnahme der Instrumente und des Gesangs sowie das Produzieren des Materials inklusive Overdubbing, Abmischen und Mastern der Spuren und das Erstellen spezieller Remixe (Tschmuck 2020, S. 113). An der Entwicklung und Produktion eines Songs ist ein multidisziplinäres und spezialisiertes Team beteiligt, wie z. B. Songwriter, Produzenten, Sänger, Musiker, Beatmaker, Mixing- und Mastering-Ingenieure und ein Studio für die Aufnahme (Recording Studios, Mixing & Mastering Engineers, Singers | SoundBetter 2021).

Auch in dieser Phase sind Veränderungen durch die Digitalisierung beobachtbar. Erst durch die Digitalisierung wurde es möglich, Werkzeuge für Musiker anzubieten, mit denen sie zu Hause ihre eigene Musik produzieren können. Alles, was sie brauchen, ist ein Computer und ein Mikrofon. Diese Veränderung wirkte sich direkt auf die Tonstudios aus, die in den letzten Jahren vermehrt geschlossen wurden. Außerdem hat das Internet die Barriere zwischen Musikern und ihren Zuhörern/Konsumenten abgebaut. Dieser Kontakt ermöglichte eine intensivere Zusammenarbeit zwischen den Teilnehmern dieser Gemeinschaft, was zu der Möglichkeit führte, gemeinsam Musik zu machen. Die Konsumenten sind auch zu Produzenten der von ihnen konsumierten Musik geworden, zu sogenannten *Produsers* (Tschmuck 2020, S. 234).

Die Digitalisierung und insbesondere das Internet sind zu Werkzeugen und Hilfsmitteln für die Musikproduktion geworden. Die Musik-Erstellungsphase ist jedoch etwas sehr Komplexes, das bislang größtenteils menschliche Arbeit und Kreativität beinhalt. Der folgende Abschnitt befasst sich mit den wirtschaftlichen Herausforderungen, die mit der Phase der Musikkreation und -produktion verbunden sind.

6 Algorithmic Music Generation

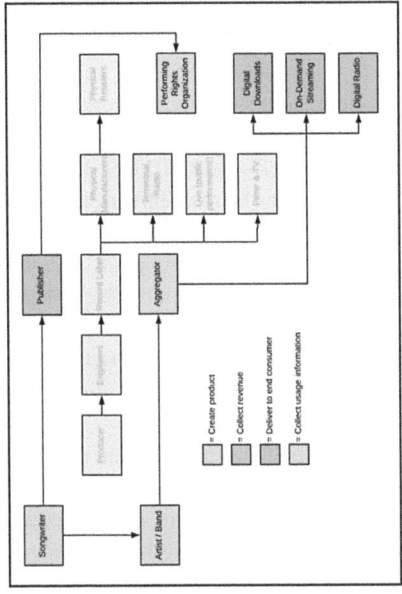

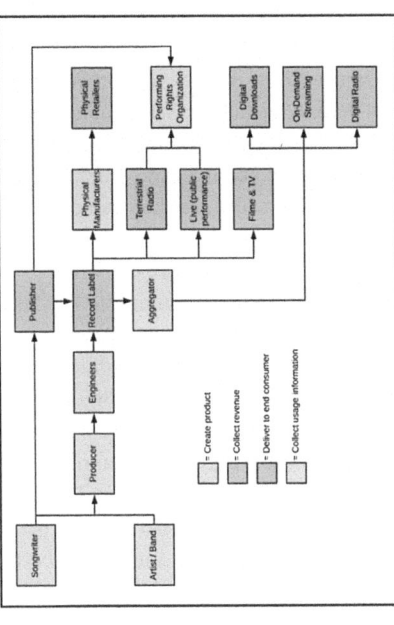

Abb. 6.2 Wertschöpfungskette vor und nach der Digitalisierung; vgl. Sitonio & Nucciarelli 2018, S. 6

6.4 Ökonomische Probleme des Medienbezugs in der Wertschöpfungsphase der Musikproduktion

Für die Produktion von Mediengütern sind „(…) materielle und immaterielle Mittel und Dienstleistungen, die im Zusammenhang mit der Herstellung und Lieferung von Waren eingesetzt werden" (Zydorek 2017, S. 130) erforderlich.

Bei der Ausarbeitung dieses Textes betrachten wir die professionelle Form der Musikproduktion. Wie bereits im vorigen Kapitel erwähnt, sind die Produktionsfaktoren der Musikerstellung sowohl in technischer als auch in kreativer Hinsicht mit menschlicher Arbeit verbunden, und zwar durch die Arbeit von Komponisten, Musikern, Produzenten und Misch- und Mastering-Ingenieuren (Recording Studios, Mixing & Mastering Engineers, Singers I SoundBetter 2021; Schramm 2019). Im Folgenden werden wir die Faktoren analysieren, die zu Produktivitätsproblemen in der Musikproduktionsbranche beitragen.

Der erste Faktor, den wir in Betracht ziehen können, der den Produktivitätsfortschritt in der Kulturindustrie negativ beeinflusst, ist die Bestimmung von *Kreativität als ein Produktsfaktor*, der in greifbarer Form vermarktet werden kann.

Im Kultursektor, einschließlich der Musikproduktion, kann man Kreativität als die Arbeit betrachten, die neue Ideen hervorbringt. Insofern kann Kreativität als eine Form von Kapital verstanden werden, die Innovationen bei Prozessen, Produkten, Konzepten hervorbringt. Innovationen werden durch Kreativität geschaffen. Für die Entwicklung neuer Ideen im Bereich der Musikproduktion sind die Künstler und Komponisten verantwortlich. Es ist jedoch nicht möglich, die *Effizienz der Ideenfindung* im Verhältnis zur Produktion von Neuheiten zu steigern. Wie in der darstellenden Kunst besteht die kreative Arbeit des Musikers in der Ideenfindung und folglich in der Produktion selbst, so dass es keine Möglichkeit gibt, die musikalische Produktion zu steigern. Auf diese Weise erhöhen die Kosten der Kreativität den Preis der Innovation (Schnellmann 2013, S. 155).

Wie im vorigen Absatz erwähnt, hängt die kulturelle Produktion von menschlicher geistiger Arbeit ab, und dies ist ein weiterer Faktor, der die Steigerung der Produktivität in diesem Sektor verhindert. Die im Kultursektor ausgeübten Tätigkeiten sind kurzfristig und in der Regel in unregelmäßigen Abständen angesiedelt, so dass sie zu unsicheren wirtschaftlichen Tätigkeiten werden. Die Kosten für die Beauftragung von Freiberuflern hängen von ihrer Leistung und ihrem Produktionsvolumen ab, also von ihrer Produktivität (Schnellmann 2013, S. 155).

Die Produktivität hat sich durch die Digitalisierung beschleunigt, doch das Rationalisierungspotenzial der Produktionsarbeit im Medienbereich, einschließlich der Musikproduktion, ist geringer als in anderen Branchen. Die Verbesserungen,

6 Algorithmic Music Generation

die durch neue Technologien erreicht werden könnten, waren bislang für die kulturelle Produktion nicht unmittelbar relevant (Schnellmann 2013, S. 143). Technologie war vor allem bei sich wiederholenden Tätigkeiten und Prozessen, wie z. B. der Musikreproduktion, unmittelbar geeignet. Das disproportionale Effizienzverhältnis zwischen der allgemeinen Wirtschaft und dem Kultursektor kann als *das ökonomische Dilemma der Kulturproduktion* bezeichnet werden, (Kiefer&Steininger 2014, zit in Zydorek 2018, S. 92).

Ein weiterer Aspekt, der unserer Meinung nach die Effizienz der Musikindustrie beeinträchtigt, sind die höheren Personalkosten im Verhältnis zu den anderen Kosten, die bei der Musikproduktion anfallen (vgl. Abb. 6.3 und 6.4). Durch den technologischen Fortschritt haben die meisten Wirtschaftssektoren, vor allem die Warenproduktion, die Möglichkeit, höhere Löhne und kürzere Arbeitszeiten zu ermöglichen, ohne die Gesamtproduktionskosten zu erhöhen. Leider gilt dies nicht im selbst Ausmaß für die Kulturwirtschaft, denn die Produktivität von Künstlern, Drehbuchautoren, Regisseuren und Musikern stagniert bei steigender gesamtwirtschaftlicher Produktivitätsentwicklung (Zydorek 2018, S. 92).

In einer integrierten Wirtschaft steigen die Löhne der Künstler im Laufe der Zeit in ähnlichen Maßen wie die Löhne in der Gesamtwirtschaft. Dies ist darauf

ABB. 5-3B
STRUKTUR DER GESAMTKOSTEN FÜR TONTRÄGERHERSTELLER (LABEL)
BASIS 2014: 776 MIO. EURO

QUELLE: Musikwirtschaftsstudie 2015: Unternehmensumfrage

Abb. 6.3 Struktur der Gesamtkosten für Tonträgerhersteller (Label) von 2015 vgl. Musikwirtschaft in Deutschland 2015, S. 45

**ABB. 5-1B
KOSTENSTRUKTUR DER HERSTELLER*INNEN UND VERMARKTER*INNEN
VON TON- UND BILDTONAUFNAHMEN (LABEL)**

QUELLE: Befragung 2020, eigene Berechnungen DIW Econ.

Abb. 6.4 Kostenstruktur der Hersteller*innen und Vermarkter*innen von Ton- und Bildtonaufnahmen (Label) von 2020 vgl. Musikwirtschaft in Deutschland 2020, S. 47

zurückzuführen, dass die Kulturindustrie inmitten des nationalen Arbeitsmarktwettbewerbs die Arbeitskräfte einzustellen hat, die sie für ihren Fortbestand benötigt. Auf diese Weise steigen die Kosten der Kulturwirtschaft tendenziell hnlich wie die Kosten der Gesamtwirtschaft, auch wenn die Produktivität nicht in gleichem Maße steigt (Schnellmann 2013, S. 144).

Der Anstieg der Löhne bei stagnierender Produktivität hat einen entsprechenden Anstieg der Personalkosten zur Folge. Diese Situation führt zu einem nicht kompensierbaren Anstieg der Produktionskosten pro Arbeitsstunde im Kultursektor. In Bereichen, in denen die Produktivität konstant ist, variiert der relative Kostenanstieg folglich mit der Wachstumsrate des Produktionswerts pro Arbeitsstunde in der gesamten Wirtschaft. Je schneller der technologische Fortschritt insgesamt ist, desto größer ist der Druck auf Sektoren, in denen die Produktivität nicht gestiegen ist (Schnellmann 2013, S. 144).

Der Anstieg der Personalkosten im Verhältnis zu den anderen Kosten im Musikproduktionssektor ist aus den Abb. 6.3 und 6.4 ersichtlich.

Die Diagramme zeigen den Unterschied in der Kostenstruktur der Tonträgerhersteller in Deutschland zwischen den Jahren 2015 und 2020. Es ist zu erkennen, dass die Kostenanteile für Künstlerhonorare, freie Mitarbeiter und Personalkosten erheblich gestiegen sind, während andere Kosten wie Marketing, Werbung und andere im Verhältnis dazu gesunken sind. Ein weiterer Faktor, der bereits erwähnt wurde, nämlich der technologische Fortschritt bei der Produktion und Wiedergabe von Musik, wird durch den Vergleich der beiden Grafiken deutlich. Es ist festzustellen, dass die Kosten für Aufnahmestudios und Presswerke von 8,6 % auf 5,9 % gesunken sind.

Ein Faktor, der zu den wirtschaftlichen Problemen der Musikproduktion beiträgt, sind die *hohen Kosten für die erste Kopie*. Der Grund für die hohen Kosten des ersten Exemplars liegt in der so genannten *Unteilbarkeit der Kosten* vor dem Inverkehrbringen des fertigen Produktes. Die Kosten vor der Markteinführung sind alle Kosten, die bei der Produktion eines Songs anfallen, bevor er auf den Markt gebracht wird. Neben den Personalkosten müssen für die Fertigstellung der ersten Kopie eines Musikstückes u. a. Produktionskosten, Verwaltungskosten, Werbung, Marketing und Tantiemen berücksichtigt werden. Die Unteilbarkeit der Vorlaufkosten in der Musikindustrie wie auch in der journalistischen Produktion liegt vor, wenn die Produktion einer Originalkopie eines Songs immer den gleichen Kostenwert hat, unabhängig davon, wie viele Reproduktionen und Kopien im Anschluss verkauft werden.

Die Kosten für die Originalaufnahme werden gegebenenfalls durch die Erhebung von Tantiemen und Lizenzgebühren kompensiert, wenn die Anzahl der Vervielfältigungen der Lieder steigt. Je mehr der Song wiedergegeben wird, desto geringer sind die Stückkosten, so dass die festen Produktionskosten durch eine größere Anzahl von Kopien geteilt werden.

Da die (variablen) Kosten für die Vervielfältigung der Musik bei digitalen Dateien gering sind, die Kosten für die Herstellung des ersten Exemplars dagegen hoch, gehen die Labels ein vergleichbar großes Risiko ein, wenn sie einen Song produzieren. Wenn der Song kein Hit wird, bleiben die Produktionskosten unverändert, und die Plattenfirma kann wirtschaftlich gesehen einen großen Verlust erleiden (Zydorek 2018, S. 91–92).

Der intensive Einsatz von Arbeitskräften in der Produktionsphase kann ebenfalls als ein Faktor angesehen werden, der die wirtschaftliche Entwicklung in der Kulturindustrie behindert. Dieses Phänomen ist auch auf dem Musikproduktionsmarkt zu beobachten. Mit der digitalen Entwicklung sinken die Kosten für die elektronische Vervielfältigung und anteilig steigt der Wert der Arbeit in der Kulturproduktion (Schnellmann 2013, S. 149). Zusätzlich zu einem großen Team von Künstlern und Technikern für jede Phase der Musikproduktion nimmt die Zahl der Künstler, die an einer einzelnen Phase der Produktion, wie z. B. der Komposition, beteiligt sind, weiter zu. Laut Statista steigt die durchschnittliche Anzahl der Songschreiber pro Lied mit jedem Jahrzehnt. In den 1960er-Jahren lag der Durchschnitt bei 1,87 Komponisten pro Lied und in den 2010er-Jahren bei 4,07 Komponisten pro Lied. Eine aktuellere Umfrage der Music Week aus dem Jahr 2019 ergab, dass die Songs, die es in die Liste der Top 100 Big Singles 2018 geschafft haben, von durchschnittlich 5,34 Songwritern geschrieben wurden. Im Vorjahr lag der Durchschnitt bei 4,84 und im Jahr 2016 bei 4,53 Songwritern pro Song. Bei Anne Maire's Song „*2002*" waren beispielsweise 18 Komponisten beteiligt, bei Drake's „*Nice For What*" sind 22 Komponisten aufgeführt und bei Travis Scott's Song *Sicko Mode* waren 30 Personen als Komponisten beteiligt (Savage 2019).

Im Folgenden zeigen wir einen Überblick über die Faktoren, die zu einer mangelnden Produktivität in der Musikproduktionsbranche beitragen:

> **Übersicht**
> **Kreativität als Kapital:**
>
> - Unfähigkeit, die Effizienz bei der Entwicklung neuer Ideen zu steigern
> - Abhängigkeit von intellektueller, kreativer menschlicher Arbeit
>
> **Steigende Personalkostenanteile im Kultursektor:**
>
> - Die Kosten für die Vervielfältigung aufgrund der fortschreitenden Digitalisierung sinken, die Kosten der Arbeitskräfte steigen anteilig
> - Während die Güterindustrie ihre Produktivität durch technologischen Fortschritt erhöht, stagniert die Produktivität der Kulturindustrie
> - Die Löhne der Beschäftigten in der Kulturproduktion steigen ähnlich wie die der Beschäftigten in der Gesamtwirtschaft
> - Die nicht kompensatorischen Personalkosten nehmen zu, da die Löhne der Beschäftigten steigen, aber die Produktivität unverändert bleibt
>
> **Kosten des ersten Güterexemplars:**
>
> - Für die Produktion eines Liedes fallen vor der Vermarktung Kosten an, die sich aus Produktions-, Verwaltungs-, Werbe-, Marketing- und Lizenzierungskosten zusammensetzen und unabhängig von der Anzahl der verkauften Exemplare gleichbleiben

- Je häufiger die Musik aufgeführt bzw. verkauft wird, desto geringer sind die Produktionskosten pro verkauftem Exemplar/Rezipient
- Die Investition in die Produktion eines Songs birgt ein Risiko, das traditionell von Labels oder Musikverlagen übernommen wird.

Die oben genannten Faktoren sind nicht neu, und die Musikindustrie hat bereits einige Strategien zur Senkung der Produktionskosten und zur Steigerung der Produktivität entwickelt. Im folgenden Kapitel werden diese Strategien näher erläutert.

6.5 Klassische Strategien von Medienunternehmen in der Musikproduktion

Die im vorangegangenen Kapitel genannten Probleme sind der Musikindustrie bekannt, und es wurden bereits Strategien zu ihrer Lösung angewendet. Wir werden einige davon im Laufe dieses Kapitels vorstellen.

Einige Strategien, die von großen Konzernen in der Musikindustrie angewandt werden, stehen im Zusammenhang mit der *Verteilung und Minimierung des ökonomischen Risikos*.

Bei der Produktion eines Songs ist in der Regel der Produzent der Hauptakteur im Aufnahmeprozess. Er ist verantwortlich für die Organisation und Überwachung des gesamten Musikproduktionsprozesses. Darüber hinaus umfasst seine Managementfunktion die Budgetplanung und die Kontrolle des Produktionsprozesses, was bedeutet, dass er Verträge mit Künstlern auf der einen Seite und mit dem Label auf der anderen Seite aushandelt (Tschmuck 2020, S. 113).

In Bezug auf die Auftragsvergabe an Produzenten und Künstler gibt es verschiedene Strategien, die durch unterschiedliche Arten von Verträgen umgesetzt werden. Bei einem *Standard-Produzentenvertrag* besteht die vertraglich vereinbarte Leistung in einer einzelnen Aufnahme oder der Produktion eines ganzen Albums. Die Plattenfirma (Label) zahlt einen nicht rückzahlbaren Vorschuss, und der Produzent verpflichtet sich, dem Label ein fertiges Masterband von höchster Qualität zu liefern (Tschmuck 2020, S. 113).

Eine andere Form ist der *Lizenzvertrag*, der in der Regel für die kommerzielle Musikproduktion abgeschlossen wird. Bei dieser Art von Verträgen treffen die Künstler eine Vereinbarung mit dem kommerziellen Produzenten, der einen Anteil von 20 % des Verkaufspreises des Einzelhändlers erhält. Diese Exklusivvereinbarung mit dem Künstler sieht 8 % Royalties[1] für den Künstler vor, und der Produzent erhält die restlichen 12 %. In der Regel sind solche Verträge so strukturiert, dass der Künstler alle für die Aufnahme erforderlichen Aufführungsrechte, aber auch die Verlags- und sonstigen persönlichen Rechte übertragen muss (Tschmuck 2020, S. 113).

Eine weitere Strategie sind *Auftragsproduktionen*. In diesem Fall fungiert der Künstler als Auftraggeber und der künstlerische Produzent ist für die Masteraufnahme verantwortlich. Die Aufnahme kann in Form eines Vertrages über die Übertragung eines Titels an eine Plattenfirma lizenziert werden. Bei dieser Vereinbarung erhält der Produzent eine feste Vergütung zwischen 2 und 5 % der zu erwartenden Einnahmen und verzichtet auf die Übertragung der Rechte. Doch in diesem Fall *tragen die Künstler das ökonomische Risiko* (Tschmuck 2020, S. 113).

Die Musikverlage haben andere Strategien. Eine solche Strategie ist der *Verlagsvertrag mit Künstlern und Songwritern*. In der Regel erwerben kleinere Verlage das Recht, einen einzelnen Song kommerziell zu verwerten, durch einen Verlagsvertrag mit Songwritern und Autoren. Mit diesem Vertrag werden alle Urheberrechte des Songwriters an die Plattenfirma lizenziert, die ihrerseits einen nicht rückzahlbaren Vorschuss zahlt (Tschmuck 2020, S. 83–84). Durch diese Art von Vertrag investiert der Musikverlag nur in einen Song des Künstlers, wodurch ein zukünftiger Verlust und somit das Risiko verringert wird.

Eine alternative Strategie besteht darin, dass die Verleger einen *Exklusivvertrag mit dem Künstler für einen begrenzten Zeitraum* abschließen und das gesamte Werk des Künstlers während dieses Zeitraums kommerziell verwerten können. Solche Verträge sind in der Regel auf ein Jahr befristet, können sich aber auf bis zu sieben Jahre erstrecken. Die Verlängerung der Vertragslaufzeit erfolgt, wenn der Verlag den Künstler weiterentwickeln möchte und der Künstler sich bereit erklärt, als Interpret zu arbeiten. Während der Laufzeit des Exklusivvertrags erhalten die Künstler einen wöchentlichen oder monatlichen Vorschuss, der mit den Einnahmen aus dem Verkauf ihrer digitalen oder physischen Musik, dem Verkauf von Noten, der Verwertung von Synchronisationsrechten und anderem ausgeglichen wird. Der Verleger kann bis zu 70 Jahre nach dem Tod des Künstlers von den Gewinnen aus den Liedern profitieren. (Tschmuck 2020, S. 83–84). Diese Art von Vertrag kann eine Möglichkeit sein, Risiken und Verluste für den Musikverlag zu verringern, da

---

[1] Lizenzgebühren für Urheberrechte an literarischen, musikalischen oder künstlerischen Werken und ähnlichen Gütern oder für Patente auf Erfindungen sind Beträge, die an sie für das Recht gezahlt werden, ihr Werk während eines bestimmten Zeitraums zu nutzen. Die Lizenzgebühren basieren in der Regel auf der Anzahl der verkauften Einheiten, z. B. der Anzahl der verkauften Bücher oder Eintrittskarten für eine Aufführung.

er langfristig von den vom Künstler erwirtschafteten Gewinnen profitieren kann. Darüber hinaus können die Kosten für die Produktion der Songs auf diese Vertragslaufzeit verteilt werden, weil die Produktionskosten nur für einen Song und nicht für ein ganzes Album anfallen.

Größere Verlage verfolgen eine andere Strategie: Sie kaufen ganze Musikkataloge von erfolgreichen Komponisten und Musikproduzenten, die ihre Werke unabhängig veröffentlichen. Sie kaufen sogar andere Musikverlage, um ihre eigenen Musikkataloge zu erweitern (Tschmuck 2020, S. 83–84). Mit dieser Strategie ist die Risikobewertung besser durchführbar, da die bestehenden Rechte besser vorhersehbar sind. Da die Lieder bereits vorhanden sind, können die Verlage vorhersagen, ob sie Erfolg haben oder nicht. Auf diese Weise verringern sie das Risiko und investieren nicht in die Produktion von Musik, deren Erfolg noch nicht absehbar ist.

Ein weiteres Strategiebündel des Kultursektors besteht darin, die *Produktionskosten zu senken*.

Eine in der Musikproduktion angewandte Strategie ist die *Senkung der Kosten für Aufnahmestudios*. Ermöglicht wurde diese Taktik durch die Digitalisierung. In der analogen Ära war es nur in Studios möglich, qualitativ hochwertige Aufnahmen zu machen. Mit der Digitalisierung hat sich dies jedoch geändert. Heute ist es möglich, kommerzielle Aufnahmen in den eigenen vier Wänden zu machen, alles was man braucht, ist ein Standard-Laptop und ein High-End-Mikrofon (Tschmuck 2020, S. 114). Dies bilden auch die o. g. Grafiken 6.1 und 6.2 ab.

Darüber hinaus hat die Technologie eine *Vereinfachung der Musikproduktion* ermöglicht, wie z. B. die professionelle Aufnahme von Instrumenten, Verstärkersimulationen, Tempo- und Tonhöhenkorrekturen und die Automatisierung von Mixing und Mastering (Endreß und Wandjo 2021, S. 269–270). Der verstärkte Einsatz von *Software für die Produktion neuer Klänge* ermöglichte eine größere Flexibilität und Kostenreduzierung bei der Produktion (Endreß und Wandjo 2021, S. 261). Die Digitaltechnik hat *leistungsfähigere und billigere Geräte* für die Musikproduktion zur Verfügung gestellt und mit der Einführung des Bildschirms den Prozess zu etwas Einfachem und Bequemem gemacht (Endreß und Wandjo 2021, S. 261).

Eine weitere Senkung der Kosten, die durch die Digitalisierung ermöglicht wurde, basiert auf dem verstärkten Einsatz von Software *für die Produktion neuer Musik*. Möglich wurde dadurch eine klarere und intuitivere Bedienbarkeit der Hardware, die weitere Kostenreduzierung in der Produktion ermöglichte (Endreß und Wandjo 2021, S. 269–270).

Durch den Einsatz von Technologie sind die erforderlichen *Investitionen für die Musikproduktion* auf einen Bruchteil dessen gesunken, was sie früher waren. Während die Zahl der professionellen Studios rückläufig ist, bauen viele Künstler und

Produzenten ihre *eigenen privaten Aufnahmestudios*. Dadurch müssen keine weiteren Musiker eingestellt werden und es ist weiterhin möglich, eigene Ideen zu verwirklichen (Endreß und Wandjo 2021, S. 265). Diese Privatstudios unterstützen eine breite Palette professioneller Dienstleistungen für Musiker, Produzenten, Plattenfirmen, Radio- und Fernsehsender, Filmgesellschaften, Spielehersteller und die Werbeindustrie (Tschmuck 2020, S. 114).

Eine weitere wichtige Strategie im Zusammenhang mit der Digitalisierung besteht darin, dass die Digitalisierung von Instrumenten es ermöglicht hat, Instrumente, selbst Orchesterinstrumente zu verwenden, ohne dass diese physisch vorhanden sein müssen und ohne, dass spezialisierte Musiker für das Spielen dieser Instrumente erforderlich sind (Endreß und Wandjo 2021, S. 268). Darüber hinaus kann dank der digitalen Musikproduktionstechnologie eine einzelne Person heute leichter eine ganze Musikkomposition erstellen, was die Personalkosten senkt (Endreß und Wandjo 2021, S. 269–270).

Ein weiterer Ansatz, den die Digitalisierung im Produktionsbereich ermöglicht, ist die *Massenproduktion von Samples* von Musikstücken. Durch die Erhöhung der Speichergröße und der Computerleistung konnten Software-Sampler immer größere Sample-Bibliotheken erstellen (Endreß und Wandjo 2021, S. 268). Sampler sind auch für die *unbegrenzte Produktion und Manipulation* von Musikmaterial zuständig. Durch die Sampler erfolgt eine Erweiterung der klanglichen Möglichkeiten im Bereich der Digitaltechnik, wodurch die musikalische Nutzung jeglichen akustischen Materials möglich ist. Diese Technologie hat es ermöglicht, bereits vorhandene Materialien ohne zusätzliche Produktionskosten zu verwenden und zu manipulieren (Endreß und Wandjo 2021, S. 269–270).

Ein weiterer Vorteil, den die Technologie bietet, ist die Produktion und Verbreitung von Musik entsprechend dem aktuellen Trend. Musterbibliotheken, wie Software und Online-Plattformen, haben kürzere Entwicklungszyklen als Hardware-Geräte, so dass sie sich schnell an neue Produktionsästhetiken anpassen können. Dieser Faktor ermöglicht es Bibliotheken, eine größere Menge an Klangsamples bereitzustellen und sie den Musikproduzenten zugänglich zu machen (Endreß und Wandjo 2021, S. 268). Diese Samples können in verschiedenen Liedern verwendet werden, so dass die Konsumenten sie öfters hören können. Die Kosten für die Herstellung der Samples und damit der aus den Samples gebildeten Songs sinken (Schnellmann 2013, S. 160).

Eine interessante und in der Musikindustrie weit verbreitete Strategie, über die wir im Abschn. 6.3 bereits gesprochen haben, ist das *Outsourcing*. Ziel dieser Strategie ist es, die Nachteile der hierarchischen Kontrollsysteme für große Unternehmen zu minimieren. In diesem Fall werden die Risikobereiche an kleine, flexible Spezialunternehmen *ausgelagert* und die großen Unternehmen konzentrieren sich auf die strategisch wichtigen Bereiche. Diese Strategie nimmt den großen Unternehmen und Plattenfirmen nicht die Macht in der Wertschöpfungskette, da die Refinanzierungs- und Gewinnmöglichkeiten im Vertrieb liegen. In dieser Phase haben die großen Labels die Kontrolle über die Lizenzierung und die Verträge (Schnellmann 2013, S. 182).

Ein Strategiebündel bezieht sich auf die *Umsatz- und Gewinnsteigerung* in der Musikindustrie.

Eine dieser *Methoden zur Erhöhung des Gewinns* ist die *Produkt-Versionierung*, bei der sich das Produkt von einem integrierten System in ein modulares System verwandelt. Das Produkt wird in verschiedenen Versionen auf die einzelnen Zielgruppen zugeschnitten. Einige Beispiele für diese Taktik sind eine Single-Veröffentlichung mit einem Featuring mit einem anderen Künstler, die B-Seiten-Version des Songs, die live aufgenommene Version und die Coverversion (Schnellmann 2013, S. 179–180).

Eine weitere Strategie zur Umsatzoptimierung ist die *Verwendung erfolgreicher Formate*, die die Erfolgsunsicherheit bei der Produktion verringern und auch die Umsetzung erleichtern, da die Budgets in der Regel für Formate genehmigt werden, die wirtschaftliche Vorteile garantieren. Die Verwendung von Formaten zielt darauf ab, möglichst breite Publika anzusprechen. Wir können diese Strategie in der Musikindustrie bei der Gründung von Popgruppen wie den *Spice Girls* und den *Backstreet Boys* in den 1990er-Jahren (Schnellmann 2013, S. 171–172) und aktuell bei *Now United* beobachten.

Um die Gewinne noch weiter zu maximieren, entscheiden sich die Unternehmen auch für die Strategie der *Internationalisierung erfolgreicher Formate*. Diese Taktik besteht darin, das Know-how von Formaten zu übertragen, die in einem Land erfolgreich waren und dann auf internationalen Märkten angepasst und produziert werden. Die Internationalisierung des Produktes bedeutet eine *Erweiterung des Marktes* und damit eine Verbesserung der Refinanzierungsmöglichkeiten. Dies erfordert eine Bewertung der Fähigkeit des Musikmaterials, seine Produktionskosten zu decken, wenn es für verschiedene Kanäle angepasst wird. Wie bereits erwähnt, war das Popgruppenformat sehr erfolgreich und wurde von K-Pop-Gruppen wie den berühmten *BTS* an den östlichen Markt angepasst (Schnellmann 2013, S. 178).

Überblick über klassische Strategien für Medienunternehmen in der Musikproduktion:

> **Übersicht**
> **Strategien zur Risikominderung und -verteilung**
>
> - Verträge über die Lizenzierung ganzer Alben oder Songs
> - Musikproduktions- und Auftragsverträge
> - Verlagsverträge für Künstler und Songwriter
> - Exklusive Verträge mit Künstlern
> - Kauf von Musikkatalogen
>
> **Produktionskostensenkung:**
>
> - Kostenreduzierung von Aufzeichnungsgeräten durch Digitalisierung
> - Verstärkter Einsatz von Software
> - Digitalisierung von Instrumenten
> - Auslagerung von Funktionen
> - Unbegrenzte Produktion und Manipulation von Sample
> - Die Produktion entspricht dem Trend der Zeit
>
> **Umsatz- und Gewinnsteigerung**
>
> - Versionierung von Musik
> - Investitionen in erfolgreiche Formate
> - Internationalisierung von Erfolgsformaten

Mit der technologischen Entwicklung ist die Strategie der Rationalisierung der geistigen Arbeit im Kultursektor bereits Realität geworden. Die Rationalisierung der kreativen und intellektuellen Arbeit wird durch Algorithmen ermöglicht, die zunehmend auch in der Musikproduktion Einzug halten. Auf diese Strategie wird in den folgenden Kapiteln noch näher eingegangen.

6.6 Die technologische Möglichkeit algorithmisch produzierte Musikinhalte

Heutzutage können wir die Technologie als einen großen Verbündeten für die Musikproduktion betrachten. Der Bereich der KI-Musik ist auf dem Vormarsch und kann an einer Reihe von Forschungsprojekten und Anbietern studiert werden. Im Folgenden werden einige Projekte und Anwendungen in diesem Bereich vorgestellt:

6 Algorithmic Music Generation

Flow Machines

Flow Machines ist ein Forschungs-, Entwicklungs- und Implementierungsprojekt des *Sony CSL Lab*. Es wird als ein erweitertes Kreativitätswerkzeug betrachtet, als eine Erweiterung der menschlichen Kreativität. Der Algorithmus arbeitet mit einer Methode namens Co-Writing, bei der die künstliche Intelligenz *Melodien vorschlägt*, die auf musikalischen Regeln basieren, welche durch die Analyse verschiedener Songs generiert wurden. Der Komponist ist frei, die Tracks nach seinen kreativen Vorstellungen zu bearbeiten, und die Musik wird gemeinschaftlich komponiert (Flow Machines – AI assisted music production 2021). *Flow Machines* war für die Erstellung des Songs *Daddy's Car* (https://www.youtube.com/watch?v=LSHZ_b05W7o) verantwortlich, der auf der Grundlage von Beatles-Songs entstand (Miranda 2021, S. 496).

IBM Watson

In Zusammenarbeit mit IBM Watson Insights hat Alex Da Kid den Song *Not Easy* (https://www.youtube.com/watch?v=U-e90ELRnnQ) erstellt. Das Projekt besteht aus einer Recherchephase zu aktuellen kulturellen Äußerungen. Das Watson AlchemyLanguage API-Programm analysierte fünf Jahre lang natürlichsprachliche Texte, um die wichtigsten Themen der gegenwärtigen Kultur zu identifizieren. Ein anderes Programm, der Watson Tone Analyser, las Nachrichtenartikel, Blogs und Tweets, um die Emotionen der Menschen zu den Themen zu identifizieren. Der Watson Tone Analyser, hat auch Alex Da Kid inspiriert, indem er mehrere Jahre populärer Musik analysiert hat. Währenddessen half das Cognitive Color Design Tool bei der Entwicklung des Album-Artworks. Schließlich analysierte Watson Beat die emotionale Identität der Musik des Jahres durch eine Musteranalyse von Liedern. All diese Werkzeuge halfen Alex Da Kid, publikumsorientierte Musik zu produzieren (IBM Watson Music 2016).

Magenta Google

Magenta Google ist ein Open-Source-Forschungsprojekt von Google, das die Rolle von Machine Learning als Werkzeug im kreativen Prozess untersucht (Magenta 2021). Aus Magenta wurde der NSynth-Algorithmus entwickelt, der durch Kombination der Eigenschaften bereits vorhandener Klänge neue Klänge erzeugen kann. Dazu erhält der Algorithmus verschiedene Geräusche als Eingabe und extrahiert mit Hilfe eines Autoencoders 16 Merkmale aus jeder Eingabe. Diese Merkmale werden linear interpoliert, um neue Einbettungen zu erzeugen, die in einen neuen Ton umgewandelt werden (NSynth Super 2021).

Jukebox

Jukebox ist ein Forschungsprojekt der Firma Open AI, die ein neuronales Netzwerk entwickelt hat, das Musik, einschließlich rudimentärem Gesang, als Roh-Audio in einer Vielzahl von Genres und Stilen erzeugt. Es ist ein OpenSource-Projekt und folgt einem Autocodier-Modell, das Audio in einen diskreten Raum komprimiert und dabei einen quantisierungsbasierten Ansatz namens VQ-VAE verwendet (OpenAI 2020).

AIVA

Ein von Pierre und Vincent Barreau und Denis Shtefan gegründetes Unternehmen entwickelte ein Programm, das mithilfe von spezifischen Algorithmen Musik in vordefinierten Stilen wie Elektronik, Pop, Ambient, Rock, Fantasy, Jazz, Sea Shanty und sogar Tango komponiert (vgl. Abb. 6.5). Es bietet die Möglichkeit einen vorhandenen Song hochladen, um eine andere Komposition mit der gleichen emotionalen Wirkung zu erstellen (AIVA – The AI composing emotional soundtrack music 2021). Der Algorithmus basiert auf stochastischen Verfahren der Künstlichen Intelligenz. Dies ist leicht zu erkennen, da dem Benutzer eine Vielzahl von Hyperparametern und Parametereinstellungen und -optionen angeboten werden (The Research Nest 2020).

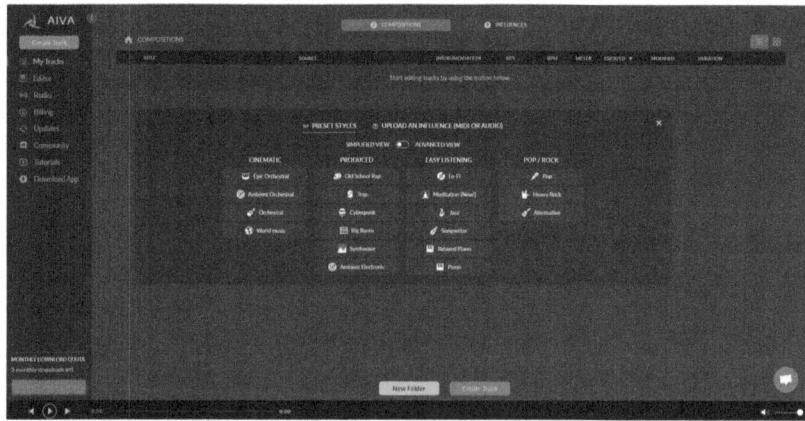

Abb. 6.5 AIVA Plattform Interface vergleich AIVA – The AI composing emotional soundtrack music. Online verfügbar unter https://www.aiva.ai/ (abgerufen am 07.12.2021)

6 Algorithmic Music Generation

Abb. 6.6 Loudly Plattform Interface, vgl. Loudly. AI Powered, Royalty Free Music Solutions. Online verfügbar unter https://www.loudly.com/ (abgerufen am 07.12.2021)

Loudly
Loudly ist eine deutsche Algorithmus-gesteuerte Musikplattform, die es Menschen ermöglicht, Musik in kürzester Zeit zu entdecken, zu generieren und zu personalisieren, um sie auf digitalen Medien zu nutzen (vgl. Abb. 6.6). Der grundlegende Algorithmus namens AI Studio wurde durch einen Katalog von 8 Millionen Musiktiteln trainiert und komponiert einen Song in weniger als fünf Sekunden aus einer Audio-Soundbank mit über 150.000 Klängen. Die Plattform ermöglicht es dem Benutzer auch, Anpassungen an den von ihrem Algorithmus generierten Songs vorzunehmen, was als kollaborative Erstellung bezeichnet wird (Loudly 2021).

Amper
Amper ist ein Unternehmen, das sich auf Musik spezialisiert hat, die durch künstliche Intelligenz erzeugt wird. Es bietet derzeit zwei Produkte an, die Score-Musikentwicklungsplattform und eine API, die es Unternehmen ermöglicht, die Musikentwicklungsplattform in ihre eigenen Tools zu integrieren. Das Score-Tool zielt auf die Schnelle Erstellung von Musik für Video-Editoren, Podcasts, Produzenten und Videospiel-Designer. Der Kunde kann verschiedene Parameter wie Dauer, Struktur, Genre, Stil, Instrumentierung und Tempo ändern (vgl. Abb. 6.7). Im Gegensatz zu anderen Musikbibliotheken (Kataloge der Aufnahmen und Musikkompositionen) wurden die auf der Score-Plattform verwendeten Klänge mit echten Instrumenten aufgenommen. Es wurde dafür entwickelt, um Produktionszeiten zu verkürzen und kann für den Einsatz in spezifischen Projekten angepasst werden.

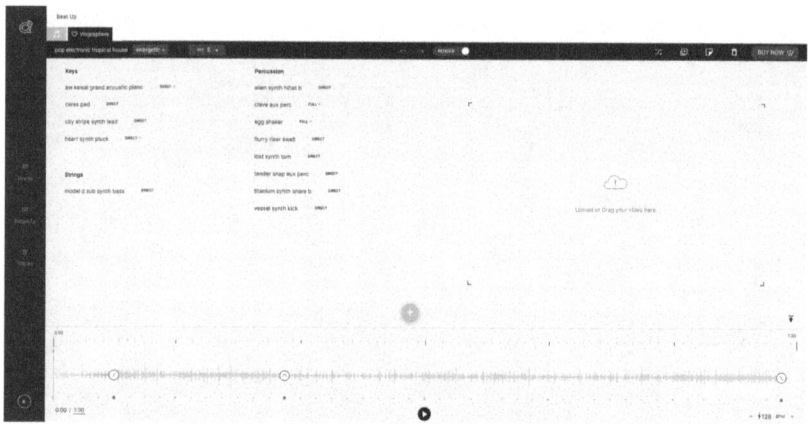

Abb. 6.7 Amper Plattform Interface vgl. Amper Score o. D. Online verfügbar unter https://score.ampermusic.com/ (abgerufen am 11.08.2022)

Die Score-Plattform von Amper wird in den folgenden Kapiteln verwendet, um die Funktionsweise von Algorithmen für die Musikkomposition zu erklären (Amper Score, o. D.).

6.7 Funktionsweise der Algorithmen bei der automatisierten Musikproduktion

Die Musikproduktion durch kreativitätsbasierte künstliche Intelligenz umfasst folgende Bereiche (Miranda 2021, S.7):

- Unterstützung für die Musikkomposition: Algorithmen unterstützen Komponisten, Musiker und Produzenten beim Komponieren von Musik für digitale Radiosender, für Noten und für instrumentenbasierte Kompositionen. Diese Form der Unterstützung findet außerhalb der Online-Umgebung statt und wird nicht in Echtzeit durchgeführt, d. h. die Musikkomposition wird nicht gleichzeitig erstellt und wiedergegeben (Hawthorne 2019; Miranda 2021, S. 6–7)
- Erstellung, Komposition und Wiedergabe von Musik durch Algorithmen. Künstliche Intelligenz spielt eine kreative Rolle, indem sie als musikalischer Agent und Instrument für die Kreation neuer musikalischer Kompositionen fungiert (Hawthorne 2019; Miranda 2021, S. 6–7)

- Meta-Design von musikalischen Schnittstellen, die bei der Kreation oder Aufführung verwendet werden. Ein Beispiel ist das Echtzeit-Mapping in verschiedenen Kontexten wie Gesten, Klänge, Instrumente, Genres, Tonhöhen und Rhythmen für die Schaffung neuer Musikinstrumente, gestengesteuerte Animationen und Spiele, Gestenanalyse und musikalisches Feedback in Echtzeit sowie Informationsabfrage (vgl. Fiebrink 2021)
- Entwicklung von maßgeschneiderten Systemen für Nischenanwendungen, für spezifische kreative Funktionen. Ein Beispiel ist der AI-Chor von Holly Herndon, der eine sehr spezifische Funktion innerhalb ihres Kompositionswerkes zugewiesen bekommt, aber keine dominante kreative Rolle innehat. Die KI improvisiert und spielt, aber sie schreibt das Musikstück nicht (Hawthorne 2019; Miranda 2021, S. 6–7).

Der Bereich der *Musikkomposition*, die durch künstliche Intelligenz unterstützt wird, kann eine individuelle oder kollaborative Aufgabe sein und kann in einer beliebigen Anzahl von musikalischen kulturellen Nischen durchgeführt werden, wie z. B. bei kommerziellen Studioproduktionen, experimenteller Kunstmusik und sogar in pädagogischen Kontexten. Zu den typischen Aufgaben im Bereich der Komposition gehört:

- die Erstellung von Melodien, Streichern oder Schlagzeug
- Arrangieren
- Inszenierung
- Harmonisierung
- Auswahl der Klangfarben
- aussagekräftige Wiedergabe
- Produktion im Zusammenhang mit dem Mischen und Mastern.

Für die Musikproduktion passt die KI ihre Kreationen an den aktuellen musikalischen Inhalt an, wählt verschiedene Stile und Parameter aus (Miranda 2021, S. 7).
Vereinfacht gesagt, arbeiten Algorithmen zur Musikkomposition mit Deep Learning Networks, Systemen, die sich auf die Analyse großer Datenmengen stützen. Die Software wird mit einer Reihe von Musikstücken, von Tanz-Hits bis zu Disco-Klassikern versorgt und analysiert dieses Material im Bezug auf Akkorde, Tempo, Dauer und die Beziehung der Noten zueinander, um Muster zu finden. Der Algorithmus lernt aus dem gesamten Eingabematerial, so dass er seine eigenen Melodien erstellen kann. Die Funktionsweise der Algorithmen ist von Plattform zu Plattform unterschiedlich. Einige stellen Dateien in Form von MIDI bereit, andere wiederum liefern Audio. Die Algorithmen unterscheiden sich auch in der

Lernphase. Während einige nur durch Datenanalyse lernen, orientieren sich andere an kodifizierten Regeln aus der Musiktheorie (Deahl 2018).

Aus technischer Sicht können wir sagen, dass die Musikkomposition durch künstliche Intelligenz auf Algorithmen des maschinellen Lernens basiert. Dabei werden verschiedene Arten von Algorithmen wie Regressions-, Klassifizierungs-, Clustering-, Vorhersage- und Verstärkungslernalgorithmen genutzt (Miranda 2021, S. 56).

Das Training von Regressions- und Klassifikationsalgorithmen (z.b. zur Instrumentenerkennung) als Algorithmen überwachten Lernens geschieht anhand eines Paars von Eingabedaten und Ausgabedaten, die festlegen, wie der Algorithmus arbeiten wird, um neue Daten zu erzeugen. Die Ausgabedaten sind die „richtige Antwort", die der Algorithmus lernen soll. Ziel dieses Trainings ist es, dass der Algorithmus den theoretischen Wert vorhersagt, der dem von den Eingabedaten gelieferten Wert am ähnlichsten ist (Miranda 2021, S. 56). Unüberwachtes Lernen, wie bei Custering-Algorithmen, zielt darauf, Strukturen in Daten zu erkennen und so neue Cluster zu entdecken, z.B. Cluster spektraler Ähnlichkeit bei Sounds. Vorhersagealgorithmen können auf der Basis von Vergangenheitsdaten beispielsweise neue Melodien generieren. Algorithmen des Verstärkungslernens können auf der Basis positiven oder negativen Feedbacks lernen (Miranda 2021, S. 57).

6.8 Funktionsweise von Amper

Wie bereits erwähnt, werden wir uns auf die Untersuchung von Amper Score für die automatische Musikproduktion konzentrieren. Amper hat eine eigene Plattform namens Scores, auf der Benutzer in wenigen Schritten ihre Musik automatisch generieren können. Ein gutes Beispiel dafür, was die Plattform zu leisten vermag, ist das Album *I AM AI* der Sängerin Taryn Southern (https://www.youtube.com/watch?v=XUs6CznN8pw).

Die Algorithmen, die zur Erstellung von Musik innerhalb der Amper-Plattform verwendet werden, *werden Deskriptoren* genannt werden. Jeder Deskriptor-Algorithmus hat seine eigene *Persönlichkeit*, d. h. er wurde darauf trainiert, einen bestimmten Musikstil mit seinen Eigenheiten und Merkmalen zu erzeugen. Ein Deskriptor kann entwickelt werden, um etwa einen Song New Yorker Punk-Rock und einen anderen entspannten Beach-Folk zu erzeugen (Amper Music 2021).

Die Komposition kann sich in vielerlei Hinsicht unterscheiden, selbst bei Verwendung desselben Deskriptors und Samples. Zwei Tracks, die mit denselben Algorithmen komponiert wurden, haben unterschiedliche Eigenschaften, z. B. ist einer schneller und der andere langsamer. In dem einen sind die Akkorde mehr

6 Algorithmic Music Generation

spannungsgeladen und in dem anderen zurückhaltender. Obwohl sie ähnliche Musikstücke produzieren, haben die Ergebnisse subtile Unterschiede (vgl. Musical Algorithms 2020).

Der Benutzer muss zunächst das Genre, die Stimmung, die Instrumentierung und die Struktur durch den Prozess namens *Rendering* auswählen. Sobald der Benutzer sich für die Struktur entschieden hat, muss er Genre und Subgenre, Stimmung und Band (Satz von Instrumenten, die zur Komposition der Musik verwendet werden) auswählen. Bei der Musikbandauswahl wird eine Liste von Merkmalen angezeigt, z. B. Musikbandname, Schaltfläche zum Anhören aller Instrumente, die zusammenspielen, und Instrumentenliste, Tonhöhenbezeichnung (die Vibration der Musikband). Wenn der Benutzer auf die Schaltfläche „Komposition" klickt, generiert und rendert der Algorithmus den Musiktitel entsprechend dem ausgewählten Stil (Making Music 2019).

Nachdem die Musik gerendert wurde, kann der Benutzer immer noch Änderungen an der Musik vornehmen, um sie seinem Zweck anzupassen. Der Benutzer kann die Instrumente bearbeiten, d. h. ein Instrument hinzufügen oder entfernen und die Klangfarbe ändern. Laut dem Gründer von Amper, Michael Hope, ist Amper eine der wenigen Anwendungen, bei denen der Benutzer eine größere Manipulationsmöglichkeit in Bezug auf Tempo, Instrument und Klang hat. „We own all of our audio content. We sample all of your own instruments, note by note, because we want artists to be able to manipulate that" (Deahl 2018).

Neben den Instrumenten kann der Benutzer auch die Zeitleiste des Musikstücks bearbeiten und das Intro, den Höhepunkt und andere Elemente ändern. Während der Bearbeitungen kann der Benutzer die Änderungen rückgängig machen und den Song jederzeit neu rendern (Making Music 2019).

Nach Abschluss der Songkomposition kann der Benutzer den Musiktitel im mp3- oder wav-Format herunterladen. Für Editoren, die das Projekt in einer digitalen Audio-Workstation bearbeiten wollen, können die von Score erzeugten Spuren als Streams der einzelnen Instrumente heruntergeladen werden. Vor dem Herunterladen muss der Benutzer jedoch die Lizenz für die Musik entsprechend seinen Bedürfnissen bezahlen. Die Preise für jeden Lizenztyp sind in der folgenden Tabelle dargestellt (Amper 2021) (Tab. 6.1):

Tab. 6.1 Liste der Lizenzen und Preise der von Amper Score produzierten Songs

Art der Lizenz	Preis
Persönliche Lizenz (persönliche/schulische Projekte)	$5
Profi-Lizenz (professionelle Projekte ohne Werbekosten)	$25
Kommerzielle Lizenz (professionelle Projekte mit unbegrenzter Förderung in Sozialen Medien)	$99
Online-Werbelizenz (professionelle Projekte mit uneingeschränkten Werbeausgaben)	$499
Multimedia-Lizenz	ein Angebot anfordern

(Amper Music 2021)

6.9 Algorithmus-gestützte Lösungsversuche für die ökonomischen Bezugsprobleme der Musikproduktion

Nachdem wir uns nun einen Überblick über die Funktionsweise dieser Algorithmen verschafft haben, wollen wir verstehen, wie sie zu einer Lösung der medienökonomischen Bezugsprobleme der Musikproduktion beitragen können.

Komponisten und Musiker stehen am Anfang der Produktionskette eines Musikstücks, wie wir bereits in den Abb. 6.1 und 6.2 gesehen haben. Die Aufgabe eines Komponisten und eines Musikers besteht vereinfacht gesagt darin, musikalische Strukturen zu schaffen (Österreichische Akademie der Wissenschaften 2021). Diese genannten musikalischen Strukturen oder Kompositionen entstehen aus dem gesamten Theorie- und Erfahrungshintergrund der Komponisten. Diese Arbeit kann als geistige oder kreative Arbeit definiert werden.

Mit der Entwicklung der künstlichen Intelligenz unterstützen oder erweitern Algorithmen die kreative Kapazität und können so auch Einfluss auf die Entstehung neuer kreativer und kompositorischer Ideen haben, selbst wenn sie nicht selbst Musik komponieren, sie können also als eine Erweiterung ihrer kreativen Möglichkeiten gesehen werden.

Die Idee von Musikkompositionsalgorithmen wie Amper Score besteht darin, Komponisten und Musiker *bei ihrer Tätigkeit zu unterstützen*. Der Mitgründer der Amper-Plattform, Michael Hobe, bewertet KI-Musikplattformen dementsprechend als Werkzeuge zur Unterstützung und Leistungsverbesserung intellektuell-kreativer Tätigkeiten:

> ‚I don't look at it like artificial intelligence,' Amper co-founder Michael Hobe says. ‚It's more of intelligence augmentation. We can facilitate your creative process to cut a lot of the bullshit elements of it. For me, it's allowing more people to be creative and

then allowing the people who already have some of these creative aspects to really further themselves.' (Deahl 2018)

Plattformen wie Amper Score werden einerseits als Werkzeuge zur Überwindung kreativer Blockaden, mangelnder Inspiration oder fehlender Produktivität betrachtet. Andererseits lassen sich damit fehlende musikalische Kenntnisse oder Kompetenzen ausgleichen, etwa wenn man nicht weiß, wie man ein Instrument spielt oder orchestriert, mit dem man noch nie gearbeitet hat. Auf diese Weise werden sie ökonomisch relevant, weil sie Engpassfaktoren abmildern helfen, die sowohl bei Künstlern als auch ihren Auftraggebern als Produktivität hemmende Faktoren wirksam werden und somit wirtschaftlich negative Konsequenzen hätten (Deahl 2018).

Andererseits kann man Algorithmen als neue Rationalisierungsinstrumente geistiger und kreativer Arbeit verstehen, die durch Substitution menschlicher kreativer Arbeitsleistung an der Minderung der ökonomischen Bezugsprobleme in der Wertschöpfung wirksam werden.

Im Falle der Musikproduktion kann künstliche Intelligenz auf drei Arten eingesetzt werden:

- Als Werkzeug: Algorithmen können für die Produktion von Material vom Künstler oder vom Komponisten auf verschiedene Weise und in verschiedenen Phasen des kreativen Prozesses eingesetzt werden
- Als Teile eines Systems: Algorithmen werden verwendet, um Musik als Teil eines interaktiven Systems zwischen Maschinen und menschlichen Agenten zu erzeugen
- Als autonome Agenten: Algorithmen können ohne menschliches Zutun Kunst erzeugen (Miranda 2021, S. 877–879)

Mit Sound Mapping können Algorithmen digitale Musikinstrumente entwerfen, die den Anforderungen einer Komposition entsprechen (Miranda 2021, S. 55). Sie können diese auch manipulieren (Miranda 2021, S. 58–59). Die Algorithmen gruppieren Geräusche auf der Grundlage ihrer Ähnlichkeit, klassifizieren die eingegebenen Geräusche und erzeugen entsprechende Antworten (Miranda 2021, S. 55–56).

Eine weitere Tätigkeit, an der Algorithmen in der Musikproduktion mitwirken können, ist die *kreative Entscheidungsfindung*. Durch interne autonome Prozesse können Algorithmen Entscheidungen treffen und als Reaktion auf menschliche Handlungen handeln, indem sie sensorische Daten sammeln und interpretieren (Miranda 2021, S. 59). Neben den schöpferischen Entscheidungen sind eine Bewertung und Anwendung der Ästhetik auf eine musikalische Komposition im Sinne von Schönheit und Harmonie erforderlich. Künstliche Intelligenz kann in diesem Zusammenhang mittels computergestützter ästhetischer Bewertung angewandt werden, d. h. zur ästhetischen Bewertung von (von Menschen oder Computern erzeugten) Artefakten. Dieses Forschungsgebiet der Computergestützten Ästhetik umfasst Ansätze wie Formeltheorien, psychologische Modelle und empirische Studien zur Ästhetik. Eine andere Form der Analyse ist die Beliebtheit/Popularität, die als Maß für die ästhetische Bewertung verwendet wird, jedoch wird diese Form weithin kritisiert (Miranda 2021, S. 61).

Ein weiterer Aspekt, zu dem Algorithmen beitragen können, ist die Schaffung eines kreativen Raums innerhalb der musikalischen Komposition. Kreative Räume sind Teilmengen von großen Möglichkeitsräumen und können durch Suchmethoden definiert werden, die bei der kreativen Suche verwendet werden. In diesem Fall kann der kreative Raum durch die Möglichkeiten der Klangsynthese definiert werden, die der Algorithmus auf der Grundlage kompositorischer Regeln oder Spezifikationen erzeugt. Kreativräume dienen dazu, kreative Entdeckungen durch die Interaktion zwischen Menschen und Computer zu fördern. Solche Räume können beispielsweise zur Erforschung eines Klangsynthesealgorithmus durch benutzerdefinierte Suchstrategien verwendet werden. Ein weiteres Beispiel ist der Algorithmus, der ein Ergebnis erzeugt, das der Nutzer/Künstler nicht geschaffen hätte, und ihn so in seinem kreativen Prozess in neue Bereiche führt. (Miranda 2021, S. 62).

Durch den Einsatz von Algorithmen ist die Musikproduktion billiger geworden, man braucht kein ganzes Team von Musikern und Tontechnikern zu engagieren, kein professionelles Studio zu mieten, und dennoch ist es möglich, einen Track in Sekundenschnelle zu komponieren.

Für Musikproduktionsunternehmen bedeutet der Einsatz von künstlicher Intelligenz in der Musikproduktion eine *höhere Produktivität* und *geringere Kosten*.

Wenn Medieninhalte auf Speichermedien produziert werden, handelt es sich nicht um eine Vorproduktion, sondern um die Herstellung von Vorprodukten. Diese Produktionsmethoden haben Rationalisierungsreserven und Möglichkeiten zur Produktivitätssteigerung eröffnet (Schnellmann 2013, S. 140).

Der Algorithmus ersetzt die menschliche und technische Arbeit, wodurch die Produktionskosten sinken. Um eine Vorstellung davon zu bekommen, haben wir oben erwähnt, dass die professionelle Produktion eines Tracks zwischen 200 und 10.000 Dollar kostet (SoundBetter 2021), die Produktion eines Liedes durch den Algorithmus kostet zwischen 5 und 499 US-Dollar (Amper 2021).

Digitale Inhalte können so zu äußerst geringen Kosten erstellt, modularisiert, konfiguriert, modifiziert, medienübergreifend genutzt und in hoher Qualität verarbeitet werden. Digital produzierte Inhalte sind variabel, mit geringem Aufwand anpassbar und individuell gestaltbar, so dass sie in jedem Medium, auf jedem Markt, zu jeder Zeit und an jedes Zielpublikum geliefert werden können (Schnellmann 2013, S. 186).

Die Personalisierung bietet Wettbewerbsvorteile. Beim Komponieren eines Tracks über Plattformen wie Amper Score hat der Kunde die Möglichkeit, ihn in Bezug auf Instrumente, Stil, Geschwindigkeit usw. anzupassen. Diese Modifikationsmöglichkeit sorgt für eine bessere Anpassung der Komposition an jedes spezifische Projekt und bietet zielgruppengerechte Inhalte, so dass dieselbe Plattform für verschiedene Arten von Projekten verwendet werden kann. Darüber hinaus bieten die Plattformen in der Regel eine kostenlose Probe der von ihnen erstellten Musikkomposition an, um die Qualität und Sicherheit derjenigen zu gewährleisten, die den Service in Anspruch nehmen.

6.10 Fazit

Die Entwicklung auf dem Gebiet der Musik, die durch künstliche Intelligenz ermöglicht wird, ist nicht so neu, wie wir es uns vorstellen. Die digitale Revolution hat zahlreiche Veränderungen in der Wertschöpfungskette der Musikindustrie mit sich gebracht, und die Musikproduktion wird aufgrund der zunehmenden Entwicklung von Kompositionsalgorithmen technologisch immer fortschrittlicher. Diese Algorithmen werden für verschiedene künstlerische Kreationen verwendet und gelten sogar als Kollaboratoren, wenn sie gemeinsam mit Künstlern künstlerische Produktionen erschaffen. Sie befinden sich in einem Stadium der Entwicklung, in dem sie aufgrund ihrer Fähigkeit aus dem Kontext, in den sie eingebettet sind, zu lernen, hoch entwickelte Werke erzeugen können.

Dahlstedt warnt in diesem Zusammenhang, dass moderne Algorithmen der künstlichen Intelligenz zwar mächtige Werkzeuge sind, die zahllose Möglichkeiten bieten, dass aber die Erwartungen und die Zuschreibung von Handlungskompetenz unseren Zielen angemessen sein müssen (Miranda 2021, S. 910). Dabei stellt er explizit die ökonomische Rationalität der kreativ-künstlerischen Perspektive entgegen: „We should apply AI algorithms to help us explore possibilities instead of optimizing toward known goals, or we will end up with conforming entertainment drones instead of AI artists." (Miranda 2021, S. 910).

Die in diesem Text behandelte Perspektive ist die Funktion von schon existierenden Algorithmen innerhalb des Medienwirtschaftssektors. In dieser Diskussion befassen wir uns deshalb mit der gezielten Optimierung der ökonomischen Effizienz durch Algorithmen im Bereich der Musikproduktion.

Wir konnten feststellen, dass der Musik- wie auch der gesamte Kultursektor an der Kostenkrankheit leidet, die weniger auf steigenden Kosten beruht, als auf dem Mangel an Faktorsubstitution, mit anderen Worten, auf der Begrenzung des Produktivitätswachstums. Ein Haupthindernis für eine angemessene Produktivitätssteigerung im Kultursektor war bislang die schlechte Substituierbarkeit kreativ-schöpferischer menschlicher Tätigkeiten, die durch andere.

Strategien in den Bereichen der Produktion, Bündelung, Distribution und Verwertung von Musikrechten nur partiell ausgeglichen werden konnte.

Die Strategie, die in diesem Text erörtert wurde, ist die Technisierung auf den Ebenen der Musikproduktion und -präsentation durch Algorithmen. Durch diese Mechanisierung/Rationalisierung des kreativen Prozesses wird zu einer weiteren technikbasierten Entschärfung des wirtschaftlichen Dilemmas im Musikproduktionssektor beigetragen.

Literatur

AIVA – The AI composing emotional soundtrack music. (2021). Online verfügbar unter https://www.aiva.ai/ (abgerufen am 07.07.2021).

Amper. (2021). AI Music Composition Tools for Content Creators. Online verfügbar unter https://www.ampermusic.com/ (abgerufen am 07.07.2021).

Amper Score (o. D.): Amper Music. Online verfügbar unter https://score.ampermusic.com/ (abgerufen am 11.08.2022).

Flow Machines – AI assisted music production. (2021). Online verfügbar unter https://www.flow-machines.com/ (abgerufen am 07.07.2021).

Loudly. (2021). AI Powered, Royalty Free Music Solutions. Online verfügbar unter https://www.loudly.com/ (abgerufen am 15.07.2021).

NSynth Super. (2021). Online verfügbar unter https://nsynthsuper.withgoogle.com/ (abgerufen am 14.07.2021).

Recording Studios, Mixing & Mastering Engineers, Singers | SoundBetter. (2021). Online verfügbar unter https://soundbetter.com/ (abgerufen am 07.07.2021).

Amper Music (2021). Making Music. Online verfügbar unter https://ampermusic.zendesk.com/hc/en-us/articles/360023435213-Making-Music (abgerufen am 16.07.2021).

Amper Music (2021). Musical Algorithms. Online verfügbar unter https://ampermusic.zendesk.com/hc/en-us/articles/360023279774-Musical-Algorithms (abgerufen am 15.07.2021).

Bùi, B., 2020. Smallmusicvae: An encoded latent space model for music variational autoencoder. Medium. Available at: https://medium.com/swlh/smallmusicvae-an-encoded-latent-space-model-for-music-variational-autoencoder-e087c7fd2536 [Accessed January 20, 2022].

Cardoso, Amílcar/Veale, Tony/Wiggins, Geraint A. (2009). Converging on the Divergent: The History (and Future) of the International Joint Workshops in Computational Creativity. AI Magazine 30 (3), 15. https://doi.org/10.1609/aimag.v30i3.2252.

Deahl, Dani (2018). How AI-generated music is changing the way hits are made. The Verge vom 31.08.2018. Online verfügbar unter https://www.theverge.com/2018/8/31/17777008/artificial-intelligence-taryn-southern-amper-music (abgerufen am 07.07.2021).

Endreß, Alexander/Wandjo, Hubert (Hg.) (2021). Musikwirtschaft im Zeitalter der Digitalisierung. Handbuch für Wissenschaft und Praxis. Baden-Baden, Nomos Verlagsgesellschaft mbH & Co. KG.

Fiebrink, Rebecca (2021). Wekinator. Online verfügbar unter http://www.wekinator.org/ (abgerufen am 07.12.2021).

Freeman, Jeremy (2020). Artificial Intelligence and Music – What the Future Holds? Medium. Online verfügbar unter https://medium.com/@jeremy.freeman_53491/artificial-intelligence-and-music-what-the-future-holds-79005bba7e7d (abgerufen am 08.07.2021).

Hawthorne, K. (2019). Holly Herndon: the musician who birthed an AI baby. The Guardian. Online verfügbar unter https://www.theguardian.com/music/2019/may/02/holly-herndon-on-her-musical-baby-spawn-i-wanted-to-find-a-new-sound

IBM Watson Music (2016). Listen to „Not Easy", the new collaboration by AlexDaKid + IBM Watson. #CognitiveMusic. Online verfügbar unter https://www.ibm.com/watson/music/uk-en/ (abgerufen am 07.07.2021).

Magenta (2021). Magenta. Online verfügbar unter https://magenta.tensorflow.org/ (abgerufen am 07.07.2021).

Making Music (2019): Amper Music. Online verfügbar unter https://ampermusic.zendesk.com/hc/en-us/articles/360023435213-Making-Music (abgerufen am 11.08.2022).

Miranda, Eduardo Reck (2021). Handbook of Artificial Intelligence for Music. Cham, Springer International Publishing.

Musikwirtschaft in Deutschland 2015. Studie zur volkswirtschaftlichen Bedeutung von Musikunternehmen unter Berücksichtigung aller Teilsektoren und Ausstrahlungseffekte. Online verfügbar unter https://www.musikindustrie.de/fileadmin/bvmi/upload/06_Publikationen/Musikwirtschaftsstudie/musikwirtschaft-in-deutschland-2015.pdf (abgerufen am 10.8.2022).

Musikwirtschaft in Deutschland 2020. Studie zur volkswirtschaftlichen Bedeutung von Musikunternehmen unter Berücksichtigung aller Teilsektoren und Ausstrahlungseffekte. Online verfügbar unter https://miz.org/de/dokumente/musikwirtschaft-in-deutschland-2020. (abgerufen am 10.8.2022).

OpenAI (2020). Jukebox. OpenAI vom 30.04.2020. Online verfügbar unter https://openai.com/blog/jukebox/ (abgerufen am 07.07.2021).

Österreichische Akademie der Wissenschaften (2021). Komposition. Online verfügbar unter https://www.musiklexikon.ac.at/ml/musik_K/Komposition.xml (abgerufen am 17.12.2021).

Rebecca Fiebrink (2021). Wekinator. Online verfügbar unter http://www.wekinator.org/ (abgerufen am 07.12.2021).

Savage, Mark (2019). Does a hit song really need 9 writers? BBC News vom 24.05.2019. Online verfügbar unter https://www.bbc.com/news/entertainment-arts-48395059 (abgerufen am 07.07.2021).

Schnellmann, Regina (2013). Das ökonomische Dilemma der Medienproduktion. Wiesbaden, Springer Fachmedien Wiesbaden.

Schramm, Holger (2019). Handbuch Musik und Medien. Wiesbaden, Springer Fachmedien Wiesbaden.

Sitonio, C. & Nucciarelli, A. (2018). The Impact of Blockchain on the Music Industry. 29th European Regional Conference of the International Telecommunications Society (ITS). „Towards a Digital Future: Turning Technology into Markets?" Trento, Italy. 1st - 4th August, 2018. International Telecommunications Society (ITS), Calgary.

SoundBetter (2021). How much does it cost to professionally produce a song? Online verfügbar unter https://soundbetter.com/how-much-to-produce-a-song/ (abgerufen am 07.07.2021).

Statista (2021). Audio Industry. Online verfügbar unter https://www.statista.com/markets/417/topic/475/audio/#overview (abgerufen am 07.07.2021).

The Research Nest (06.06.2020). AI That Can Generate Music – The Research Nest – Medium. Online verfügbar unter https://medium.com/@jeremy.freeman_53491/artificial-intelligence-and-music-what-the-future-holds-79005bba7e7d (abgerufen am 07.07.2021).

Tschmuck, Peter (2020). Ökonomie der Musikwirtschaft. Wiesbaden, Springer Fachmedien Wiesbaden.

Weidenbach, Bernhard (2020). Statistiken zur Musikindustrie. Statista vom 12.02.2020. Online verfügbar unter https://de.statista.com/themen/144/musik/ (abgerufen am 07.07.2021).

Zydorek, Christoph (2017). Einführung in die Medienwirtschaftslehre. 2. Aufl. Wiesbaden, Springer Fachmedien Wiesbaden.

Zydorek, Christoph (2018). Grundlagen der Medienwirtschaft. Wiesbaden, Springer Fachmedien Wiesbaden.

Automatic Scenario Building System bei Mangas

7

Riem Yasin

7.1 Einleitung

Ein Manga ist ein japanischer Comic. Auch werden Werke außerhalb Japans, die visuell oder narrativ stark an Mangas erinnern und daran angelehnt sind, Manga genannt. Typischerweise werden sie mit einem bunten Buchcover und der Inhalt in Schwarz-Weiß produziert. Beim Manga-Lesen wird von hinten nach vorne und von rechts nach links gelesen. Der verwendete Zeichenstil ist speziell, komplex und zeichnet sich durch die Art der Darstellung und Verformung der Augen aus. Nicht nur in Japan erfreut sich dieser Stil großer Beliebtheit, sondern auch in Deutschland wächst der Manga-Markt stetig (vgl. Heyn 2021). Das Umsatzwachstum lag im Jahr 2020 statistisch bei einem Rekordhoch von 16,2 % (vgl. Gottselig 2021) und auch in Japan wurde ein Rekordwert erzielt (vgl. Peters 2021). Jährlich bringen fünf große Verleger deutschlandweit über 800 neue Mangas auf den Markt (vgl. Nitta 2012, S. 143). Dabei ist der Weg zum Manga lang und aufwendig: von der Idee zum Konzept bis hin zum fertigen Manuskript, das zum Endprodukt, dem Manga, führt. Hier will sich der japanische Film- und Anime-Regisseur Makoto Tezuka, dessen bereits verstorbener Vater Osamu Tezuka ein besonders zur Nachkriegszeit bekannter und erfolgreicher Manga-Künstler war, die fortschreitende Digitalisierung zu Nutze machen und diesen Prozess mithilfe Künstlicher Intelligenz (KI) beschleunigen. Hierfür arbeitet er mit dem Unternehmen KIOXIA, ehemals Toshiba Memory, zusammen und hat sich mit ihm gemeinsam zum Ziel gesetzt, basierend auf Analysen früherer Werke des damaligen Manga-Zeichners

---

R. Yasin (✉)
Master Design Interactive Media, Furtwangen University, Großbottwar, Deutschland

Osamu, dessen Zeichenstil nachzuahmen sowie mögliche neue Handlungsstränge zu initiieren. Das Projekt ist ein Teil der Markenkampagne Future Memories (vgl. eeNews Europe 2019). Das daraus entstandene Produkt und der somit erste KI-mitproduzierte Manga wurde im Februar 2020 unter dem Titel *Paidon* (jp. Phaedo) veröffentlicht. Der zweite Teil des Manga-KI-Projektes ist seit Anfang des Jahres 2020 in Arbeit (vgl. Katzlberger 2020; Macaulay 2020). Es stellt sich die Frage, ob der Manga-Markt in Zukunft durch den Einsatz von KI nachhaltig beeinflusst wird bzw. ob dieser Ansatz erfolgsversprechend ist und welche medienökonomischen Implikationen KI-produzierte Mangas für die Zukunft haben.

7.2 Das Projekt TEZUKA2020

Osamu Tezuka ist einer der bekanntesten Mangaka (Manga-Künstler). Er wird als ‚Godfather of Manga' bezeichnet und produzierte etliche Werke für Jung und Alt. Nach seinem Medizin-Studium ging er nach Tokio, um sich hauptberuflich dem Zeichnen und Veröffentlichen von Mangas zu widmen. Nach vielen erfolgreichen Werken und mit dem damals in Japan höchsten Einkommen für Manga-Zeichner (vgl. Tezuka Productions o. J. a), arbeitete Tezuka mit Animationsstudios für seinen ersten Animationsfilm sowie für zwei weitere Filme zusammen.

Zum Gedenken wurde Osamu Tezuka 30 Jahre nach seinem Tod das Projekt *TEZUKA2020* gewidmet. Mithilfe einer KI, die anhand früherer Werke des Mangakas trainiert wurde, sollten neue Charaktere und Handlungsstränge für neue Mangas generiert werden. Die große Frage hinter des im Jahr 2019 gestarteten Projektes lautete daher: „If Osamu Tezuka were alive in 2020, what kind of future would he depict?" (vgl. KIOXIA Corporation 2020c).

KIOXIA erkundigte sich bei Makoto, dem direkten Nachkommen des Manga-Künstlers und einem der Geschäftsführer von Tezuka Productions, dem von Osamu Tezuka im Jahr 1961 gegründeten Animationsstudio (vgl. Tezuka Productions Co., Ltd. o. J. a), ob ein mit KI-produzierter Manga nach dessen Stil denkbar wäre (vgl. KIOXIA Corporation 2020b). Zu diesem Zeitpunkt hatte Makoto wegen eines anderen Projektes viel Kontakt mit KI-Experten. Daher dachte auch er darüber nach, Fans des verstorbenen Osamu Tezuka den ursprünglichen und erfolgreichen Stil erneut zu präsentieren.

Damit könnten entscheidende Wettbewerbsvorteile einhergehen, da sich durch Migration neuer KI-Teilprozesse in den klassischen Wertschöpfungsprozess das Buchmanagement verändern und verbessern ließe. Ein solches Projekt verlangt viel Expertise im Bereich der Künstlicher Intelligenz. Deshalb ist die Unterstützung eines erfahrenen Unternehmens notwendig, um die hierfür erforderliche Technologie zu entwickeln und richtig einzusetzen.

So entstand eine Geschäftsbeziehung zwischen dem Unternehmen KIOXIA, das vorrangig im Bereich der Halbleitertechnik tätig ist und sich auf die Herstellung von Flash-Speichern mit hoher Kapazität, die in verschiedenen Anwendungen – von Smartphones bis hin zu Rechenzentren – zum Einsatz kommen, konzentriert, und dem Animationsstudio Tezuka Productions Co. Ltd.

Das Unternehmen KIOXIA diskutierte erste Ansätze und involvierte dabei Makoto, den Geschäftsführer von Tezuka Productions sowie das von ihm selbst geleitete Kreativteam des Unternehmens. Der Projektträger Ryohei Orihara arbeitet seit mehr als 30 Jahren im Spektrum der Anwendung mit KIs und ist derzeit mit der Nutzung von KI zur Produktivitätssteigerung bei KIOXIA betraut (vgl. KIOXIA Corporation 2020e). Es wurden zudem weitere KI-Technologiespezialisten hinzugezogen, die für die Planung und Gestaltung des technischen Prozesses unentbehrlich sind.

Zunächst beschrieben die Beteiligten die Rolle der KI und diskutierten, wie die Aufgabenverteilung zwischen den Beteiligten theoretisch aussehen könnte. Dabei wurden während des Projektes informationstechnische Vorgänge beschrieben, die auf *Generative Adversarial Networks* (GAN) basieren und teilautomatisiert ablaufen sollten.

7.3 Klassische Wertschöpfungsstrukturen bei Buchverlagen und in der Manga-Produktion

Die klassische Wertschöpfungskette von Buchverlagen nach Wirtz (2019, S. 296) besteht aus fünf Wertschöpfungsstufen: der Beschaffung von Manuskripten und Lizenzen in Bezug auf die Inhalte, dem Lektorat und der Redaktion, die sich mit Planung und Steuerung sowie Ausführung der Produktion befassen, der Verwertungsseite des Lizenz- und Rechtehandels sowie der technischen Produktion (dem Druck) und der Distribution der fertiggestellten Werke direkt oder über die Handelsstufen (vgl. Abb. 7.1).

Hiervon ausgehend wird beleuchtet, was das aktuelle Standardprozedere einer Manga-Produktion ist. Zudem erörtert und adaptiert die Autorin jeweilig relevante Wertschöpfungsstufen aus der klassischen Wertschöpfungskette nach Wirtz (2019) in Bezug auf Mangas. Dies ist insbesondere für die spätere Auseinandersetzung mit einer neuen Aufgabenverteilung aufgrund des Einsatzes von KI bei der Konzeption und Produktion von Mangas von Bedeutung.

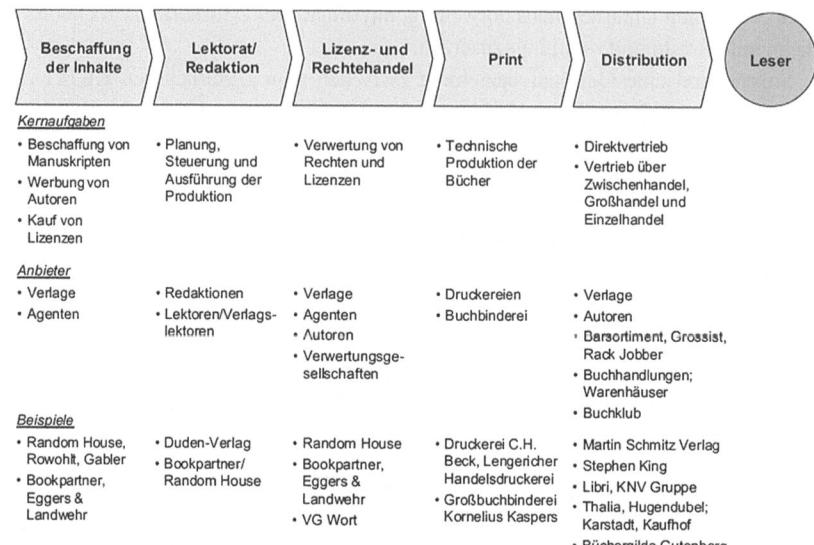

Abb. 7.1 Wertschöpfungskette von Buchverlagen (Quelle: Wirtz 2019, S. 296)

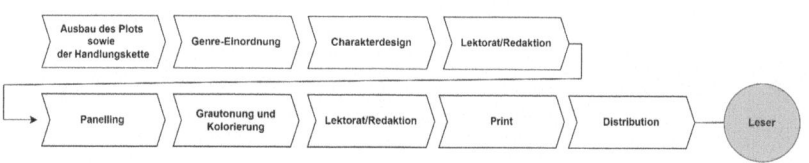

Abb. 7.2 Klassische Wertschöpfungskette einer Manga-Produktion (Eigene Darstellung)

In Abb. 7.2 ist die klassische Wertschöpfungskette mit den entsprechenden Wertschöpfungsstufen für einen Manga-Band abgebildet, die im Bereich der Konzeption und Contentproduktion etwas umfassender ist als bei Wirtz. Hierfür werden die einzelnen Schritte im Produktionsverfahren eines Mangas sowie dazugehörige Tätigkeiten in Deutschland näher betrachtet.

Der Mangaka entwirft in der Phase der Initiierung und Konzeption ein *Konzept* zu seiner Geschichte, die er gedanklich konstruiert hat. Hier enthalten sind, je nach Vorgaben des Verlags, eine knappe Projektvorstellung, die das Genre und den Plot des Manga-Projektes beinhaltet und in welchem Band-Umfang dieses vom Mangaka geplant ist. Dazu gehören Character Sheets, in denen die jeweiligen Hauptfiguren separat mit ihren wichtigsten Merkmalen und deren unterschiedlichen Gesichtsausdrücken vorgestellt werden. Für Weiteres, wie Nebencharaktere oder

7 Automatic Scenario Building System bei Mangas

Lokationen, genügen z. B. beim deutschen CARLSEN-Verlag grobe Skizzen (vgl. CARLSEN Verlag GmbH o. J.). Dann sind 4–6 fertig ausgearbeitete Manga-Seiten einzureichen, welche die Fähigkeiten des Manga-Artisten demonstrieren (vgl. ebd.). Bei einer Zusage wird der Manga anschließend in Zusammenarbeit von Verlag und Mangaka produziert.

Die Geschichte wird hierbei in enger Zusammenarbeit mit dem zuständigen Redakteur ausführlich besprochen, sodass sämtliche Korrekturen und Änderungen in Absprache mit dem Autor erfolgen. Anschließend wird, wie bei Comics üblich, ein finales Layout entworfen, bei dem sogenannte *Panels* Struktur verleihen und für ein passendes Lesetempo sorgen sollen. Panels sind die Rahmen, in denen die Handlung gezeichnet wird. Die Zeichnungen werden dann in digitaler Form produziert, in Graustufen getont und einige Seiten, wie das Buchcover und der Buchrücken sowie die ersten Seiten des Mangas, koloriert (vgl. animando 2015).

Anschließend wird das vollständige Manuskript lektoriert. Die überarbeitete Version wird dann an die Redaktion übermittelt und dort überprüft.

Ist das Manuskript optimiert, geht das Buch in den Druck. Die Kernaufgabe im Druck ist die physische Produktion, bei der in Verlagen zwischen unterschiedlichen Präsentationsformen, wie z. B. einem Hard- oder Softcover, entschieden wird. Abschließend werden die Bücher bzw. Mangas gebunden. In der Distributionsphase findet dann der Vertrieb des Mediums auf verschiedenen Distributionskanälen an die Rezipienten statt. Dies kann direkt oder durch den Groß- und Einzelhandel erfolgen (vgl. Wirtz 2019, S. 296).

Die drei zu berücksichtigenden Akteursgruppen im Projekt TEZUKA2020 sind das Animationsstudio Tezuka Productions sowie das Unternehmen KIOXIA Corporation, die als kooperierende Partner agieren. Die dritte Gruppe bilden die Rezipienten (vgl. Abb. 7.3). Dabei wurde das Projekt TEZUKA2020 von KIOXIA initiiert

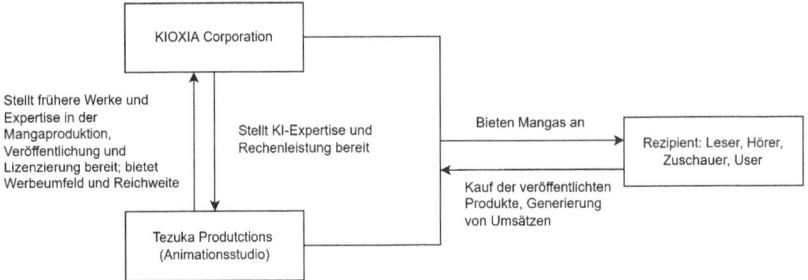

Abb. 7.3 Beziehungen zwischen den Akteuren im Projekt (Eigene Darstellung)

und Tezuka Productions als geeignetes Studio kontaktiert, das als Rechteinhaber die notwendigen vielversprechenden früheren Werke Tezukas bereitstellte. Außerdem hat das Studio eine hohe Expertise in der Animation sowie der Manga-Produktion. Das kreative Team von Tezuka Productions ist der ergänzende Teil zum KI-produzierten Werk, das einzelne erzeugte Puzzleteile für den Manga zusammensetzt und überarbeitet, sodass schließlich eine sinnvolle Erzählung entstehen kann. Das Studio managt zudem jegliche Lizenzierungen für die Werke der ehemaligen Manga-Ikone Osamu (vgl. Tezuka Productions Co., Ltd. o. J. b). Auch bieten sie als Animationsstudio ein zielgruppengerechtes Werbeumfeld, Reichweite und Kontakte, um erzeugte Produkte zu streuen. Mangas werden in Japan üblicherweise kapitelweise im Manga-Magazin veröffentlicht. Erst bei großer Beliebtheit der Serie werden die Kapitel gebündelt, auf qualitativ höherwertigem Papier gedruckt und häufig in gebundener Form in Bänden sogenannte *Tankōbons* herausgebracht (vgl. Pagan 2018).

KIOXIA bietet mit seinen zahlreichen KI-Spezialisten das technische Knowhow für die Umsetzung entsprechender Algorithmen sowie die Rechenleistung für die mögliche Realisierung eines KI-Mangas. So konnten die Kooperateure verschiedene algorithmische Lösungsversuche diskutieren und kritisieren.

Der KI-Manga wurde im japanischen Magazin (vgl. Abschn. 7.7) nach der Druck- und Bindungsphase veröffentlicht und über verschiedene Distributionskanäle, wie den Direktvertrieb über den Buchhandel oder den Online-Handel, distribuiert. Zudem wurde der KI-mitproduzierte Manga auf der Website von KIOXIA veröffentlicht. Wirtz (2019, S. 294) umreißt das Leistungsspektrum der Buchverlage. Mangas würden demnach in die Kategorie der allgemeinen Literatur als z. B. Jugendbücher eingestuft. Diese Kategorie befriedigt die Unterhaltungsbedürfnisse interessierter Rezipienten. Durch den Verkauf des weltweit ersten Mangas, der mithilfe von KI mitproduziert wurde, würden infolgedessen erst dann Umsätze generiert, wenn dieses Unterhaltungsbedürfnis der Rezipienten angesprochen und befriedigt wird.

7.4 Medienökonomische Zusammenhänge bei der Manga-Produktion

Mangas tragen künstlerische und kulturelle Eigenheiten, Osamu Tezuka gilt in Japan als Repräsentant der Manga-Kultur und ist dort sehr bekannt (vgl. KIOXIA Corporation 2020e). Dennoch spielt die medienökonomische Seite bei der Produktion und Vermarktung von Mangas eine bedeutsame Rolle. Es handelt sich bei Mangas um Wirtschaftsgüter, die produziert werden, um mit Ihnen einen Mehrwert zu generieren und Gewinn zu erwirtschaften. Um die ökonomische Seite der Manga-Produktion zu diskutieren, wären unter anderem Kalkulationen einer klas-

7 Automatic Scenario Building System bei Mangas

sischen Manga-Produktion sowie deren Verkaufs- und Umsatzdaten sinnvoll. In Deutschland werden zu Umsatzzahlen und Auflagenhöhe offiziell nur wenig gesicherte Angaben gemacht und nur vereinzelt bekannt gegeben (vgl. Wimmer 2017, S. 15; Johnson-Woods 2010, S. 253 f.). Es können aufgrund dieser unzureichenden Datenlage nur grobe Richtwerte und geschätzte Kalkulationen aus unterschiedlichen Blogs entnommen und verglichen werden. Diese weisen starke Ähnlichkeiten mit eigenen recherchierten Beiträgen in Diskussions- und Frageforen auf. Die hier verwendeten Werte können aber insofern lediglich als grobe Richtwerte gelten.

Für die Situation der klassischen Produktion (d. h. ohne Einsatz von KI) eines deutschen Mangas liegen Orientierungsdaten zur Kalkulation vor. Abb. 7.4 gibt eine ungefähre Vorstellung davon, wie sich die Kosten eines Mangas bei 5000 gedruckten Exemplaren in Deutschland für einen Verkaufspreis von 7 € pro Manga

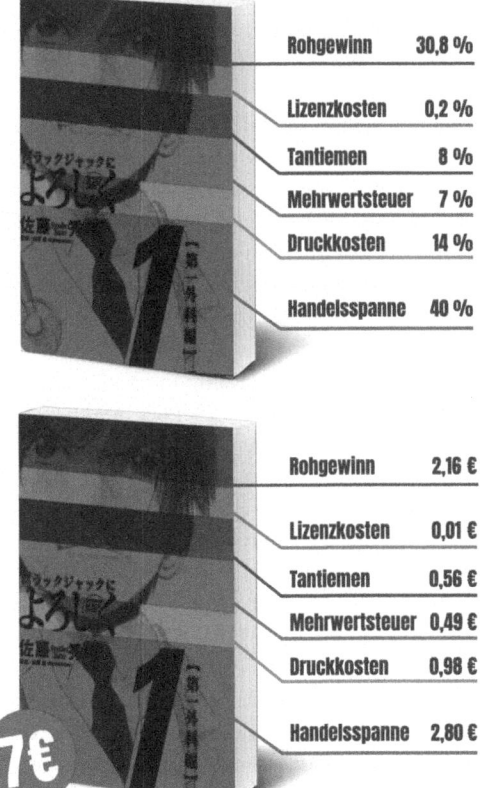

Abb. 7.4 Mangakalkulation (https://www.japaniac.de/die-wahrheit-hinter-der-manga-produktion-kosten-strukturen-etc/)

darstellen (vgl. Gaebelein 2020). Der Verkaufspreis wird vom Verlag vor dem Hintergrund der Buchpreisbindung festgelegt. Nur in Ausnahmefällen kann der Buchpreis nachträglich wieder gesenkt werden (vgl. ebd.). Der Mangaka selbst erhält vom Verkaufspreis eine Gewinnbeteiligung, die von seinem jeweiligen Bekanntheitsgrad abhängig ist. Diese liegt bei einem Prozentsatz von ca. 7–12 % vom Nettoverkaufspreis; im Beispiel wird mit 8 % vom Bruttopreis kalkuliert. Hinzu kommen variierende Druckkosten von 1 bis 3 € für einen geleimten Band (vgl. ebd.); untenstehende Abb. 7.4 kalkuliert mit 0,98 Euro. Zusätzlich fallen Verpackungskosten an, die auch davon abhängen, ob der Manga in Folie eingeschweißt und bzw. oder in extra Kartons verpackt wird. Darüber hinaus sind Gehälter und Honorare, die für die Beteiligung menschlicher Arbeitsleistung anfallen, zu berücksichtigen. Darunter fallen bspw. der Übersetzer, der Cleaner des Mangas, der Schriftsetzer, der Marketingmanager etc. (vgl. animando 2015). Diese Prozesse und Kalkulationen können in Japan hiervon abweichen.

Zusätzlich zu sämtlichen Personalkosten finanzieren Verlage auch die Arbeitsplätze selbst: Büromiete, das Inventar, Lizenzkosten zur Software-Nutzung, Strom, Wasser und Internet etc. Zum Teil werden Tätigkeiten auch ausgelagert, womit sich ein vom Verlag gezahltes Honorar für diese ergibt. Bei Übersetzungsarbeiten von Dritten entstehen variable Kosten, die pro Manuskript- oder Endproduktseite bezahlt werden. Oftmals wird ebenso die Schriftsetzung bzw. das Lettering ausgelagert. Des Weiteren engagieren Verlage teilweise auch PR-Firmen, um ein möglichst breites Spektrum an Personen durch Streuung der Informationen zu neu erschienenen Werken, zu erreichen (vgl. ebd.).

Diese Kosten sind der Beispielkalkulation vom Rohgewinn abzuziehen. Die Höhe der First Copy Costs lässt sich deshalb nicht genau beziffern.

Außerdem ist eine Handelsspanne zwischen ca. 25–50 % pro Manga zu kalkulieren, die bei direktem Kauf vom Verlag grundsätzlich als Rabatt gewährt wird; dies unabhängig davon, welcher der in Abb. 7.5 genannten Vertriebskanäle genutzt wird. Die Mehrwertsteuer in Deutschland liegt für Bücher bei 7 %.

Bei einem angenommenen gleichbleibenden Verkaufspreis von 7 Euro ist anhand der Kalkulation zu erkennen, dass nur einige Bereiche Kostensenkungspotenziale beinhalten, die durch den Verlag realisierbar sind. Vor dem Hintergrund der Annahme, dass die Handelsspanne, Steuer und Lizenzkosten als Ansatzpunkte für Rationalisierungsbestrebungen nicht beeinflussbar sind und die Kosten der physischen Produktion eine Verhandlungsangelegenheit ist, bleiben die Tantiemen sowie die im Rohgewinn versteckten Produktionskosten als Ansatzpunkte für die Steigerung der *produktiven Effizienz* bei der Herstellung von Mangas, also der Verbesserung der Effizienz der Produktionsweise durch Prozessinnovationen, betriebliche Reorganisationen und Kosteneinsparungen (vgl. Heinrich 2001, zit. in Zydorek 2018, S. 71 f.). Diese Rationalisierungspotenziale sind ein erster Anhaltspunkt

7 Automatic Scenario Building System bei Mangas

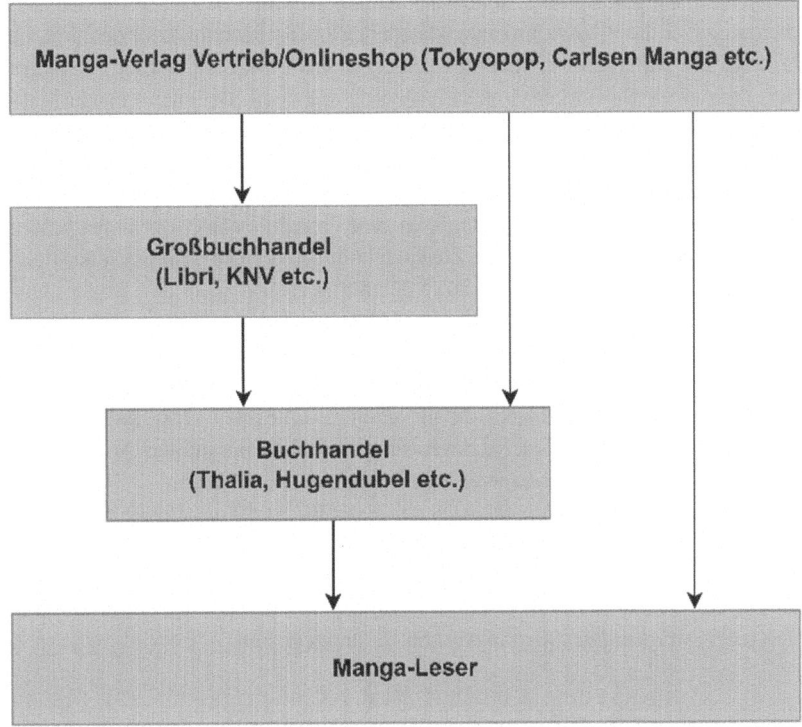

Abb. 7.5 Vertriebsstrukturen beim Manga (Eigene Darstellung in Anlehnung an Gaebelein 2020)

für die algorithmische Prozessautomatisierung in Teilen der Wertschöpfungskette der Manga-Produktion.

Ein zweiter Ansatzpunkt, der in der Wertschöpfungskette der Manga-Produktion eine Rolle spielen kann, ist die Verbesserung der *allokativen Effizienz*, also der Anpassung der Produkteigenschaften und Produktqualität an die Präferenzen potenzieller Konsumenten (vgl. Heinrich 2001, zit. in Zydorek 2018, S. 71 f.).

Jeder Manga-Band ist hinsichtlich des Inhalts sowie in der grafischen Gestaltung ein Unikat. Dies bewirkt im Vergleich zu anderen Massengütern einen Nachteil insofern, dass Erfahrungen mit der Produktqualität bereits konsumierter Produkte (Mangas) nicht ohne Weiteres auf neue Produkte übertragen werden können. Es besteht also eine Unsicherheit eines potenziellen Rezipienten über die Eigenschaften und Qualität des zu erwerbenden Produktes, die ihn vom Erwerb abhalten könnte (vgl. Zydorek 2018, S. 48 f.). Diese *Qualitätsunsicherheit* des

Rezipienten spiegelt sich auf Seiten des Anbieters wider, da dieser vor der Entscheidung über die Produktion eines Mangas eine Einschätzung dafür benötigt, ob die verkaufte Auflage des Produktes seine Produktionskosten wieder einspielen oder sogar einen Gewinn erwirtschaften wird (vgl. ebd.). Bei einem neuen Manga-Band in Deutschland lässt sich der Absatz mithilfe früherer Verkaufszahlen eines älteren Manga-Bandes derselben Serie sehr grob abschätzen. Dennoch ist der Absatz nicht verlässlich zu prognostizieren, da das Interesse und die Aufmerksamkeit potenzieller Rezipienten als knappe externe Produktionsfaktoren zu betrachten sind und deren Einbringung für das Zustandekommen der Unterhaltungsdienstleistung erforderlich ist (vgl. Zydorek 2017, S. 180 f.).

Die Anpassung eines Mangas an den Stil bereits bekannter und weithin anerkannter Manga-Meister, wie Tezuka, könnte in dieser Situation zweierlei Vorteile eröffnen: Erstens eine Erhöhung des Kaufinteresses des Publikums aufgrund der weithin bekannten Marke Tezuka, die für qualitativ gute und interessante Produkte steht. Zweitens erscheint eine exaktere Prognose einer verkauften Auflage aufgrund präziserer Erfahrungsdaten aus der Vergangenheit möglich.

Die *Senkung der Entstehungskosten* sowie der Rückgriff auf *Qualität garantierende Produktionsfaktoren*, in diesem Fall das existierende Werk des anerkannten und erfolgreichen Manga-Meisters Tezuka, können also als Strategien zur Optimierung der wirtschaftlichen Rahmenbedingungen moderner Manga-Produktion interpretiert werden. Dies wird in Abschn. 7.7 aufgegriffen.

7.5 Integration der KI in die Wertschöpfungskette der Manga-Produktion

Ein KI-Manga ist bislang einzigartig; es liegen hinsichtlich seines wirtschaftlichen Umsatzpotenzials insofern keine prognostisch relevanten Erfahrungsdaten vor.

Dennoch waren die im Wertschöpfungsprozess zusammenarbeitenden Akteure, was den potenziellen Markterfolg einer KI-unterstützten Produktion betrifft, ausreichend optimistisch (vgl. KIOXIA Corporation 2020e). Aufgrund des einzigartigen Zeichen- und Narrationsstils, des existierenden Rufs und früheren, die Branche prägenden Erfolgs des Mangakas Osamu Tezuka sowie der Zusammenarbeit der beiden einschlägig kompetenten Unternehmen, gingen sie daher die Realisierung des Projektes an.

Ohnehin präsentierte Tezuka Productions aufgrund der Popularität Osamus schon dessen frühere Werke auf eigenen Webseiten und veröffentlichte eine Biografie (vgl. TEZUKA OSAMU OFFICIAL o. J.).

Um nun ein Projekt, bei dem wesentliche Produktionsschritte die KI übernimmt, zu realisieren, ist es notwendig, einige mit der Digitalisierung zusammen-

7 Automatic Scenario Building System bei Mangas

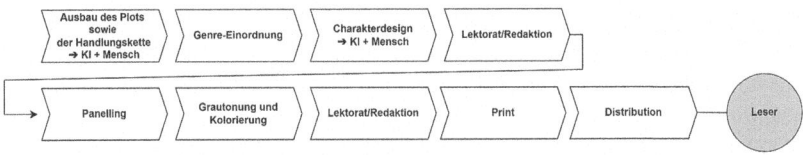

Abb. 7.6 Umgestaltete Wertschöpfungskette einer Manga-Produktion mit KI (Eigene Darstellung)

hängende Vorgaben und Eingrenzungen einzuhalten, die als Bedingungen einer Substitution menschlicher Arbeit durch KI zugrunde liegen (vgl. Schneider 2022, S. 23 f.). In diesem Kapitel wird daher auf die in Abschnitt 3 genannte klassische Wertschöpfungsstruktur im Buchmanagement Bezug genommen und die umgestaltete Wertschöpfungskette in Abb. 7.6 betrachtet. Im Fokus liegt dabei darauf, in welche Wertschöpfungsstufen die KI im Projekt integrierbar war.

Das Unternehmen KIOXIA trainierte die KI bewusst daraufhin, so viele Aufgaben wie möglich selbstständig zu verrichten. Unter anderem ist die KI deshalb in der Lage, Plots *eigenständig zu generieren*. Es ist ihr aber nicht möglich, diese dann selbst auf Schlüssigkeit und Logik zu überprüfen. Zu kalkulieren, ob der ausgeworfene Handlungsstrang in Kombination mit den anderen Plots Sinn ergibt, ist im Hinblick auf den aktuellen technologischen Stand keine Fähigkeit der KI. Insofern ist die Zusammensetzung der zu einer in der Wahrnehmung der Leser logischen Geschichte sowie auch die Einordnung des Ergebnisses in das passende Genre eine Aufgabe, die das Team von Tezuka Productions zu übernehmen hatte.

Aufgrund der durch die Analyse der Werke Osamus generierten Datensätze war die KI jedoch dazu in der Lage, Gesichter zu erzeugen, die dem Stil Osamus stark ähnelten. Das *System erzeugte Character Sheets*, die anschließend durch das Kreativteam optimiert wurden.

Darüber hinaus übernahm das Team von Tezuka Productions das Panelling, damit, wie bei Comics üblich, verschiedene Variationen zur Auswahl stehen. Dieser Prozess orientiert sich im Regelfall an der subjektiven Einschätzung des Mangakas und der Anpassung durch den Verlag, in diesem Fall das Animationsstudio und das Partnerunternehmen KIOXIA. Die Tonung in Graustufen und die Kolorierung übernahmen ebenfalls das Studio.

7.6 Integration der algorithmischen Automatisierung in die Wertschöpfung

In diesem Abschnitt wird dargelegt, auf welche Weise die Integration der KI-Unterstützung in die beiden in Abschn. 7.5 identifizierten Wertschöpfungsstufen erfolgte. Dabei bezieht sich der folgende Abschn. 7.6.1 auf die Plotgenerierung, während Abschn. 7.6.2 die Bilderkennung und Emotionsdarstellung im KI-unterstützten Charakterdesign und Abschn. 7.6.3 die Automatisierung des Zeichenprozesses behandeln.

ASBS steht für Automatic Scenario Building System und ist eine Deep Learning Technologie. Dabei wurde zu Beginn festgestellt, dass die KI auf dem aktuellen Niveau kein eigenständiges Produkt erstellen kann und eine Kollaboration mit Menschen unausweichlich ist (vgl. KIOXIA Corporation 2020b). Das Ziel war daher, neue Entwürfe von Charakteren und Stories zu generieren, um Manga-Künstlern Inspiration zu bieten (vgl. Orihara 2021, Abschn. 3). Hierfür verwendete das Projektteam eine neuere GAN-Technologie: NVIDIA StyleGAN (vgl. ebd.).

7.6.1 ASBS durch Transfer-Learning

Um Osamu Tezukas Stil bestmöglich zu imitieren, wurden der KI 130 seiner Werke zur Analyse aufbereitet (vgl. KIOXIA Corporation 2020e). Laut den beteiligten KI-Experten benötigte dieser Ansatz eine Vielzahl verschiedener Geschichten und Charaktere, um damit eine inhaltliche Grundlage für den Einsatz der Technologie zur Generierung neuer Comics zu haben. Selbst für Menschen ist es schwierig und zeitintensiv, sich neue Plots und Charaktere in diesem Ausmaß von Grund auf innerhalb kurzer Zeit auszudenken. Die Aufgabe der KI ist es daher, Ideengrundlagen (original: the seeds of ideas) als Basis und Hintergrund von Handlungssträngen (backbones of storylines) und Vorlagen für die beteiligten Charaktere (templates of characters) zu generieren, sodass Menschen diese kreativ weiterdenken können (vgl. ebd.). Die KI arbeitet dabei mit vordefinierten Charakteren sowie vorliegenden Plots, die in eine schlüssige Geschichte umgewandelt werden können (vgl. ebd.).

Zerlegung und Konvertierung der Arbeit von Tezuka in Daten
Die essenzielle Arbeit von Osamu Tezuka stellt das Fundament des Projektes dar; so wurden 130 Geschichten, sogenannte *One-Shots*, die jeweilig in einem Band abgeschlossen sind, im ASBS verwendet. Das Team von Tezuka Productions zerlegte die ausgewählten Werke in 13 Phasen, um ein grobes Modell für einen Handlungsaufbau darzustellen (vgl. Fuxjäger 1997).

Dieses Gebilde diente dazu, die aufbereiteten Daten, die sich aus den Werken ergeben, anschaulich abzubilden (vgl. Abb. 7.7). Das Team dekonstruierte die Geschichten und teilte sie in Themen, Hintergrundwelt und Charaktere auf (vgl. KIOXIA Corporation 2020e). Die Zerlegung wurde nach dem 3-Akt-Schema vorge-

7 Automatic Scenario Building System bei Mangas

Components of Stories Employed in Automatic Scenario Building System (ASBS)

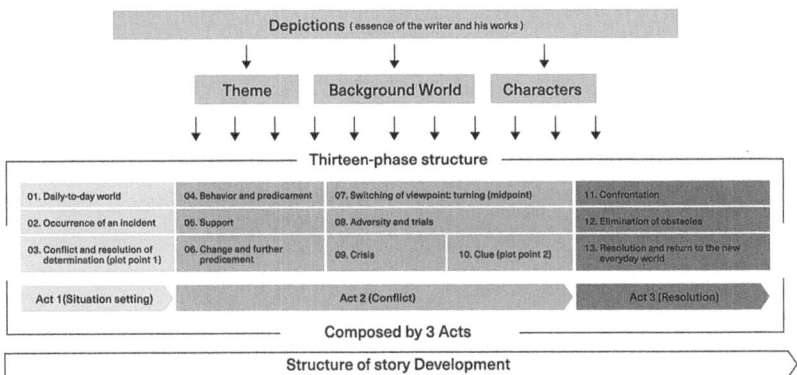

Abb. 7.7 Story-Komponenten im Automatic Scenario Building System (ASBS) (https://brand.kioxia.com/en-jp/articles/article17.html)

nommen und stellt die strukturelle Entwicklung einer Geschichte dar. Sogenannte *Plot Points* grenzen die Akte dabei voneinander ab (vgl. Fuxjäger 1997).

Die Hauptfunktionen der drei Akte Anfang, Mitte und Ende ist die Darlegung von Geschichten, da diese grundsätzlich einfach aufgebaut sind (vgl. Nielsen 2021). Im ersten Akt wird das Story Setting festgelegt. Dazu gehören die Erklärungen des Aufbaus und die Darstellung der Welt, in der sich das Geschehen abspielen soll (vgl. ebd.). Im zweiten Akt geht es um den Konflikt. Die Situation wirkt sich auf das Verhalten der Charaktere aus und spiegelt sich in den Aktionen wider.

Der letzte Akt beinhaltet die Auflösung. Nebenhandlungen werden hier wieder zusammengeführt und Konsequenzen werden verdeutlicht (vgl. ebd.). Die drei Akte setzen sich in diesem Fall aus den oben genannten 13 Phasen (je drei für Akt 1 und 3 sowie sieben für den Hauptakt) der Geschichte zusammen (vgl. KIOXIA Corporation 2020e).

Handlungsstränge auf Basis der Komponenten des ASBS
Nachdem die KI die Struktur der 13 Phasen in Osamu Tezukas Werken gelernt hatte, generierte diese den Umriss der Geschichte. Die Herausforderung lag darin, eine für die Weiterverarbeitung geeignete und lesbar geformte Ausgabe dieser Plots durch die KI zu realisieren. Als Ergebnis produzierte die KI 129 fertige Plots (vgl. KIOXIA Corporation 2020b).

Generating the plot

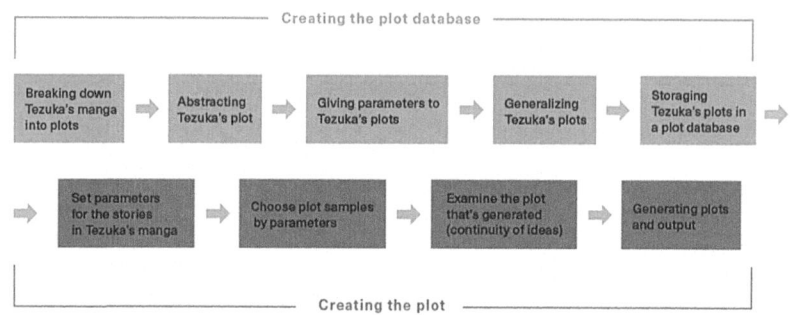

Abb. 7.8 Plotgenerierung (https://brand.kioxia.com/en-jp/articles/article17.html)

Wie in Abb. 7.8 zu sehen, wurden, um zunächst die Plot-Datenbank zu erstellen, die Mangas von Tezuka in Handlungsstränge bzw. Plots zerlegt und abstrahiert. Diesen Plots wurden dann Parameter zugeordnet und die Plots wurden verallgemeinert. Anschließend erfolgte die Speicherung der Plots in einer Datenbank, die als Sammelpunkt sämtlicher Handlungsstränge diente.

Um nun die neuen Plots zu generieren, parametrisierte das Team die Stories in den Mangas Tezukas. So konnten Plot Samples anhand von Parametern ausgewählt werden. Diese wurden untersucht und fungierten als Basis für die zu erstellenden Plots durch die KI. Nun konnte die KI einzelne Plots generieren und ausgeben.

Die erzeugten Plots wurden vom Kreativteam überprüft. So bewirkte das Verfahren, dass brauchbare Schnipsel an Handlungssträngen entstanden, die sich weiterverwerten ließen.

Generierte Szenarien als Beispiel

Von den 129 generierten Plots, machten nur etwa 20 % insofern Sinn, dass hieraus eine logische Geschichte entwickelt werden konnte (vgl. KIOXIA Corporation 2020e). Interessant ist, dass jene Handlungsstränge überraschend und unerwartet waren, aber den ausgefallenen Ideen und Plots der Arbeit von Osamu Tezuka sehr nahekommen.

> We have created 129 stories in total. From them, the new manga Phaedo was born. The story is set in Tokyo in 2030, where the philosopher 'Phaedo' and the small bird robot 'Apollo' work together to solve various cases. (vgl. KIOXIA Corporation 2020b).

Abb. 7.9 Beispielhafte KI-generierte Szenarien nach 3-Akt-Schema (https://brand.kioxia.com/en-jp/articles/article17.html)

Die in Abb. 7.9 zu sehende Rohdatenstruktur von beispielhaft generierten Szenarien fungierte als Grundlage für weitere Nacharbeiten. Auf Basis dieser Daten konzentrierte sich das menschliche Kreativteam auf die Narrative. Das Team gestaltete diese mithilfe der von der KI generierten Plots aus und entwickelte eine aufeinander aufbauende logische Handlung.

7.6.2 Bilderkennung und Emotionsdarstellung im KI-unterstützten Charakterdesign

150.000 Seiten Manuskriptdaten von Osamu Tezuka wurden für die KI aufbereitet, um spezifische Charakteristiken des Künstlers zu analysieren (vgl. KIOXIA Corporation 2020a). Das sind sämtliche Manuskriptseiten, die Osamu in seiner Lebenszeit produzierte. Diese wurden durch die AI-Bilderkennungssoftware der Future University Hakodate geleitet und als *Rahmen, Sprechblasen, Gesichter* und *Körper* getaggt und klassifiziert. Beim Taggen werden die Bilder dabei für gewöhnlich auf Farben und Formen, Vektoren sowie andere visuelle Merkmale untersucht und anschließend mit einer Referenzbibliothek verglichen (vgl. Forster 2018). In dieser sind Objektnamen hinterlegt. Ermittelt die KI nun einen Treffer, wird ein mit einem Wert für Zuverlässigkeit versehener Tag zurückgegeben. Dieser spiegelt die Höhe der Wahrscheinlichkeit des Algorithmus wider, einen korrekten Treffer gefunden zu haben (*confidentiality score*) (vgl. ebd.).

Um die Qualität der später von der KI generierten Bilder zu verbessern, wiederholten die Mitarbeiter den Prozess, bis die KI Bilder generierte, die sich für eine Weiterverwendung eignen könnten. Es wurden zusätzliche Trainingsdaten für die KI z. B. durch Drehen der Bilder erzeugt (vgl. Abb. 7.10 & Abb. 7.11).

Durch die Vielfalt dieser Bilder schien es, als seien sie nicht nur von einem einzigen Manga-Artisten gezeichnet. Außerdem archivierte und bewahrte Tezuka Productions sämtliche Werke der Manga-Legende auf, sodass Vergleiche zwischen den KI-produzierten und den originalen Zeichnungen möglich waren. So stellte sich heraus, welche technisch kreierten Entwürfe der Arbeit Osamus am nächsten

Abb. 7.10 Tagging und Klassifizierung (https://brand.kioxia.com/en-jp/articles/article16.html)

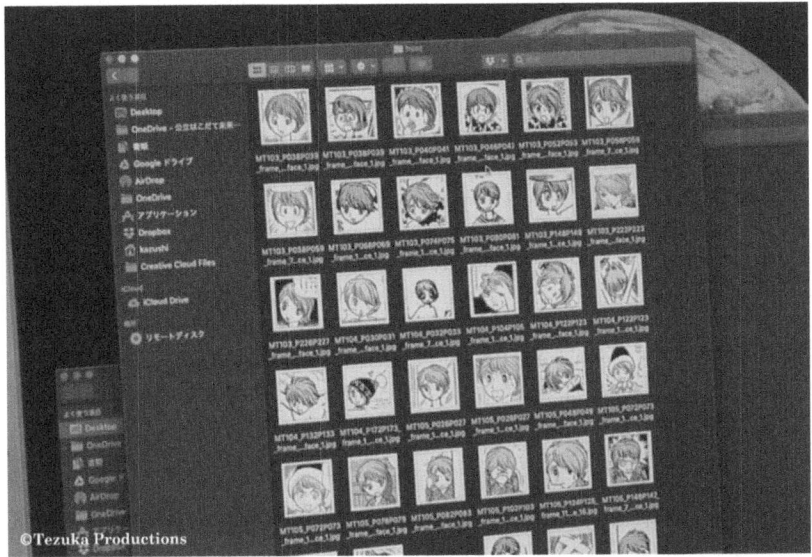

Abb. 7.11 KI-Bildgenerierung (https://brand.kioxia.com/en-jp/articles/article16.html)

kamen. Sein Stil spiegelt sich in der verwendeten Linienstärke und den Proportionen wider. Dabei entstand der Eindruck, dass er seinen Stil gekonnt der jeweiligen Zielgruppe entsprechend anpasste und eine Art eigene Ausdrucksweise verwendete, um die Leserschaft anzusprechen. Diese Erkenntnisse konnte das Team auch aus früheren Werken, die zu Beginn ausschließlich in Japan veröffentlicht wurden, ziehen. Daher war der spezielle zeichnerische Stil die ausgeprägteste Stärke Osamus. Dieser Stil sollte nun der KI begreiflich gemacht werden.

Aus diesem Grund war es für das maschinelle Charakterdesign die Aufgabe der KI-Spezialisten, das System zu instruieren, welche Eigenschaften ein Gesicht grundsätzlich ausmachen. Probleme für die Erkennungssoftware stellten dabei unter anderem die für den Manga-Stil typischen Verzerrungen in Tezukas gezeichneten Figuren dar. Denn i. d. R. werden charakteristische Merkmale eines Gesichts, z. B. der Augenabstand oder die Höhe der Wangenknochen, in Datenpunkte zerlegt, die ursprünglich zur Identifizierung menschlicher Gesichter verwendet werden. Nach diesen Datenpunkten sucht die KI-Gesichtserkennung gezielt und versucht dabei, leichte Variationen, wie den Abstand zur Kamera oder den Winkel des Gesichts, zu berücksichtigen (vgl. RecFaces 2021).

Deshalb beschloss das Team, bis zu 10.000 Bilder von Gesichtern auszuwählen, die verwendbar und nicht stark verzerrt waren. Verschiedene Werke wie *Black Jack*, *Astro Boy* oder *Phoenix* wurden hierfür hinzugezogen und ausgewertet. Aufgrund der mangelnden Flexibilität der Software sollte der Computer nicht nur Charaktereigenschaften aus Tezukas Werken, sondern auch von Gesichtern aus der realen Welt lernen. Eingespielt wurden außerdem auch Daten, die das Gesicht eines Charakters aus verschiedenen Perspektiven und Winkeln zeigten, die durch Drehung nach rechts und links erzeugt wurden (vgl. KIOXIA Corporation 2020a).

Die KI, die für die Bilderzeugung verwendet wurde, konnte relevante Merkmale eines Gesichts lernen, als sie mit einer großen Anzahl von Gesichtsbildern gefüttert wurde. Auf dieser Basis war sie dann in der Lage, realistische Gesichter zu erzeugen. Das Training der KI mit Figuren, die von Osamu Tezuka stammten, bestand daher aus etlichen Versuchen, monochrome Manga-Strichzeichnungen bzw. Gesichter, zu generieren.

GAN-Architektur

Die KI-Technologie GAN stellt das Kernelement der Generierung von Charakteren dar. Mithilfe dieser Technik ist es möglich, realitätsnahe Bilder zu erzeugen, indem der KI beigebracht wird, was real ist und was nicht. Ein GAN besteht aus zwei Netzwerken. In Abb. 7.12 ist zu sehen, dass der Generator falsche Objektdaten bzw. Gesichter im Manga-Stil erzeugt, die Verzerrungen bzw. Deformierungen aufweisen. Anschließend werden diese Daten gleichzeitig mit realen Gesichtsbildern von Menschen (vgl. Orihara 2021, Abschn. 3) in das zweite Netzwerk, den Diskriminator, eingeführt. Dessen Aufgabe ist es nun zu entscheiden, welches Bild

GAN architecture

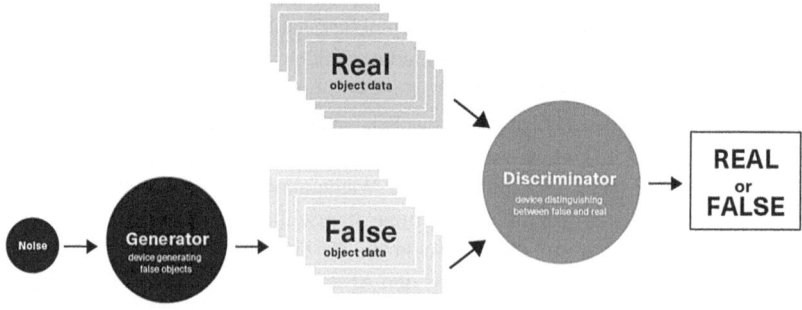

Abb. 7.12 GAN-Architektur (https://brand.kioxia.com/en-jp/articles/article16.html)

7 Automatic Scenario Building System bei Mangas

Charakteristiken eines echten Menschengesichts aufweist und welches ein deformiertes bzw. verzerrtes Manga-Gesicht ist. Das Resultat erhält der Generator als Eingabe, um die Generierung weiterer Bilder anzupassen. Ursprünglich wurde dieses System bei KIOXIA zur Verbesserung des Halbleiterdesigns und der Fertigungsqualität eingesetzt. Für dieses Projekt generierte es Charaktere (vgl. ebd.).

GAN benötigt i. d. R. Zehntausende von Bilddaten, doch da Details und Formen der Charaktere in den Arbeiten von Osamu Tezuka variierten, konnten lediglich Tausende von Daten verwendet werden (vgl. KIOXIA Corporation 2020b). Dieser komplexe Prozess stellte die KI vor neue Herausforderungen. Das Ziel war hierbei, charakteristische Merkmale im Zeichenstil von Tezuka zu erkennen und zu untersuchen. Aufgrund dessen wurde dieses GAN-System, das jene Eigenschaften untersuchte, mit zwei weiteren KI-Technologien kombiniert, um erste Charaktere zu generieren. Im Verlauf des Projektes wurden drei Systeme entwickelt, die jeweils verbesserte Ergebnisse erbrachten.

GAN (1)

In dem ursprünglich vorgeschlagenen GAN wurde ein Bild des gesamten Gesichts in einem einzigen Prozess generiert, sodass die Gesichtsdetails nicht vollständig waren (vgl. Abb. 7.13). Aus diesem Grund versuchte das Team, konsistente Bilder mit einer neuen GAN-Methode zu produzieren, bei der feine Details wie Augen, Nase und Mund schrittweise aus groben Darstellungen, wie z. B. Konturen, erzeugt wurden. Bildähnliche Generierungsergebnisse wurden schon erzielt, nachdem zunächst nur mit etwa 4500 Bildern trainiert wurde (vgl. KIOXIA Corporation 2020a). Später wurden diese gelernten Bilder zusätzlich nach links und rechts gespiegelt. Durch das Training mit den gespiegelten Daten lernte das System etwa 18.000 Datensätze, sodass die Detailgenauigkeit der Gesichter deutlich anstieg (vgl. ebd.).

Abb. 7.13 GAN (1) (https://brand.kioxia.com/en-jp/articles/article16.html)

GAN (2)

Trotz dieser Bemühungen war das Resultat noch weit vom gewünschten Ziel entfernt. Deswegen wurde der Lernprozess ausschließlich mit weiblichen Figuren aus Tezukas Mangas neugestaltet (vgl. Abb. 7.14). Auf Basis dieser geschlechtsspezifischen Analyse erzeugte der Algorithmus dann optimierte Ergebnisse. Die grafischen Muster bei weiblichen Charakteren waren für die KI einfacher zu identifizieren. Hierfür wurde mit verschiedenen Ansätzen experimentiert, wie dem Mischen der Charakterbilder (vgl. ebd.). Bei diesem Ansatz kombinierte die KI Charaktere und warf ein geschlussfolgertes Bild aus.

GAN (3)

Schließlich entschieden sich die KI-Spezialisten für eine Technologie namens *Transfer-Learning*. Die Experten brachten der KI Gesichtsmerkmale anhand von Mangas bei. Diese bestehen fast ausschließlich aus zweidimensional menschlichen Gesichtern. Daher wurden der KI vorher anhand von Bildern realer Menschengesichter die Strukturen menschlicher Gesichter beigebracht.

So verbesserte KIOXIA unter Einbeziehung von Hunderttausenden von Datenpunkten das System anhand einer anderen KI, die gelernt hatte, was menschliche Gesichtszüge sind. Anschließend analysierte diese KI Tezukas Manga-Charaktere. Erst dann war es möglich, Charaktere in hohem Maß fehlerfrei zu erzeugen und die dem Stil des verstorbenen Mangakas sehr nahekamen (vgl. Abb. 7.15).

Das Projekt entwickelte sich so maßgeblich positiv, dass die Geschichte Phaedo bzw. Paidon entstehen konnte (vgl. Abb. 7.16).

Der eigentliche Durchbruch gelang also in Phase 3 mit einer Änderung des Ansatzes zur Einführung des Transfer-Learning im genannten zweistufigen Lern-

Abb. 7.14 GAN (2) (https://brand.kioxia.com/en-jp/articles/article16.html)

7 Automatic Scenario Building System bei Mangas   187

Abb. 7.15 GAN (3) (https://brand.kioxia.com/en-jp/articles/article16.html)

Abb. 7.16 Erster KI-mitproduzierter Manga „PHAEDO" (https://brand.kioxia.com/en-jp/articles/article19.html)

prozess. Durch das Mischen verschiedener individueller Merkmale war es zudem möglich, attraktive Charaktere zu generieren (vgl. ebd.).

7.6.3 Realisierung der Automatisierung des Zeichenprozesses

Um möglichst originalgetreue Linien wie die des berühmten Mangakas zu reproduzieren, wurde ein Roboterarm verwendet (vgl. KIOXIA Corporation 2020d). Mithilfe dieses Arms sollten die präzise gezeichneten Linien Charaktere lebendiger wirken lassen und ihnen Ausdruck verleihen. Doch da der emotionale Aspekt, der bei der Erstellung in diesen Werken miteinfließt, nicht in Daten konvertiert werden kann, sind dazu weitere Forschungen nötig. Stattdessen werden einzelne Elemente und Merkmale definiert und in Informationen umgewandelt, die schließlich einer KI vorlegbar sind. Der Versuch gilt hierbei dem Extrahieren dieser Pakete, sodass ein messbarer und qualitativ kalkulierbarer Mehrwert für die KI erkennbar wird. In Abb. 7.17 ist ein skizzierter Plan zu sehen, wie der Roboterarm idealerweise zeichnen sollte. Es wurde versucht, den Zeichenprozess des Mangakas nachzuahmen, der spezifische Voraussetzungen zu erfüllen hat. So führte Osamu Tezuka z. B. den Stift in einem recht nahen Winkelabstand zum Papier (vgl. ebd.).

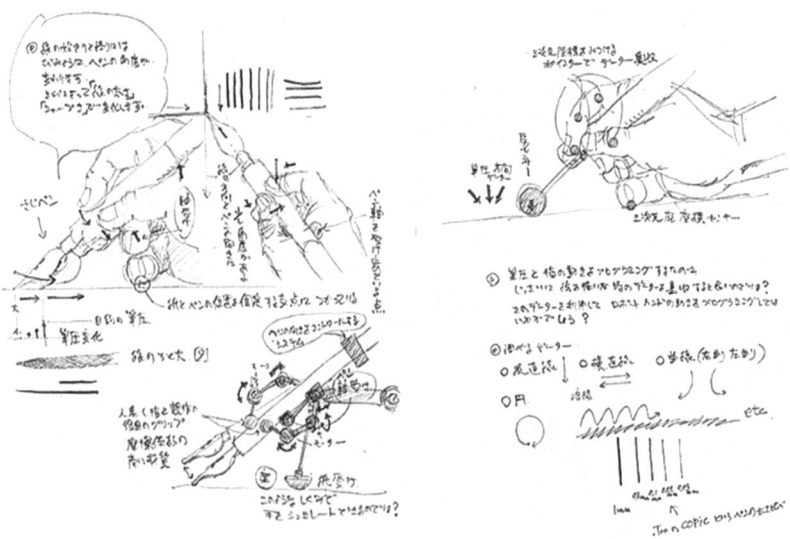

Abb. 7.17 Der Roboterarm und wie Manga-Artisten zeichnen (https://brand.kioxia.com/en-jp/articles/article15.html)

7.7 Algorithmische Prozessautomatisierung als Lösungsansatz für ökonomische Bezugsprobleme der Manga-Produktion

Der Initiierungsaufwand des Projektes TEZUKA2020 zur Entwicklung der KI ist vor allem zu Beginn sehr hoch gewesen (vgl. KIOXIA Corporation 2020b). Bis die KI anfing, annähernd brauchbare Ergebnisse zu produzieren, waren diverse Versuche und Modifikationen notwendig. Diese führten schließlich dazu, dass der Manga Paidon im Stil Osamu Tezukas produziert werden konnte (vgl. Abb. 7.18).

Algorithmische Lösungen werden in der Medienwirtschaft als Mittel der wirtschaftlichen Rationalisierung in verschiedenen Stufen der Wertschöpfungskette der Medieninhalte eingesetzt (vgl. Zydorek 2018, S. 167 f.). Diese Rationalisierung fokussiert, wie unter Abschn. 7.4 beschrieben, die Steigerung der *produktiven* und der *allokativen* Effizienz der Medienproduktion. Beide Ansätze können im Projekt TEZUKA2020 identifiziert werden.

Die Steigerung der *produktiven Effizienz* setzt an der Kostenoptimierung der Content- Konzeptions- und Produktionsprozesse an, die dort wesentlich mit der Einsparung von Aufwendungen für menschliche Arbeit verbunden werden können.

Das 2018 von NVIDIA eingeführte generative Netzwerk StyleGAN, das für das TEZUKA2020-Projekt verwendet wurde, konnte die Stufen der Plotgenerierung und des Charakterdesigns zu einem guten Teil ohne die Kollaboration mit dem Menschen bewältigen. Bei dem Prozess der Plotgenerierung handelt es sich um einen ursprünglich zutiefst kreativen menschenbezogenen Prozess, der aufwendig ist und eine sehr begrenzte Anzahl von Ideen generiert. Dies konnte in diesem Projekt durch die Generierung und über 20 sinnvollen Plot-Ideen (129 x 20 %) deutlich verbessert werden. Das Kreativteam musste allerdings für Nachbearbeitungen, Korrekturen und Ergänzungen hinzugezogen werden.

Aufgrund der diskutierten KI-Unterstützung in der Manga-Produktion ist also festzustellen, dass zunehmend anspruchsvollere Kerntätigkeiten, denen ursprünglich menschliche Fähigkeiten und Tätigkeiten zugrunde lagen, auch hier algorithmisch automatisiert werden können.

So können wesentliche *Entscheidungen in der Konzeptionsphase* zur Generierung der Entwürfe von Handlungssträngen sowie auch zu Charakter-Entwürfen algorithmisch getroffen werden. Bei einer künftigen standardisierten Anwendung eines solchen Systems könnten folglich Kostensenkungen im Bereich der First Copy Costs der Produktion weiterer Mangas ermöglicht werden.

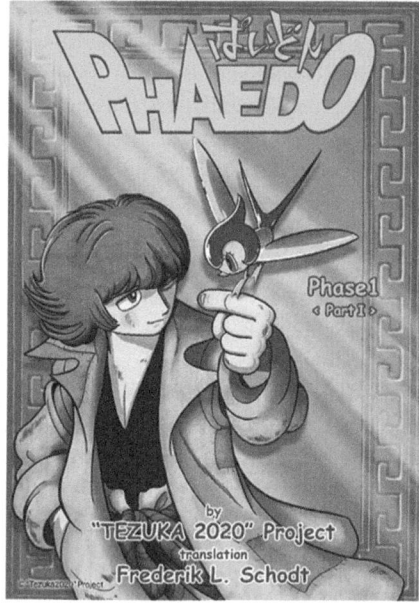

Abb. 7.18 Paidon im wöchentlich in Japan erscheinenden Morning-Magazin (https://twitter.com/MangaMogura/status/1230634472397250560 und https://mms.businesswire.com/media/20200603005356/en/795686/5/52229796_KIOXIA_phaedo_part1_0413last-1_v2.jpg?download=1)

Die Steigerung der *allokativen Effizienz* lässt sich in diesem Projekt gut anhand der Absicht studieren, den Stil Osamu Tezukas möglichst nahe zu imitieren. In der Medienökonomie ist eine weithin bekannte Strategie zur Minimierung des Investitionsrisikos in neue Produkte mit hohen First Copy Costs die Imitation von Erfolgsprodukten, z. B. durch Orientierung an wiedererkennbaren Erfolgsformaten und bekannten Marken, durch die Nutzung Erfolg versprechender Produktionsfaktoren wie Stars, bekannte Fachleute (vgl. Zydorek 2017, S. 143, 189, 191; 2018, S. 73). Durch die weitreichende Bekanntheit des verstorbenen Osamus wurde diese Strategie verfolgt. Da keine eindeutigen Verkaufszahlen des KI-Mangas vorhanden sind, kann hier noch nicht beurteilt werden, ob der Ansatz bislang einen wirtschaftlichen Erfolg erbracht hat. Auch ob eine signifikant hohe Leserschaft existiert, die zukünftig ähnliche Produkte kauft, ist nicht gewiss. Zudem wäre ein Verkaufserfolg des KI-Mangas aufgrund der detaillierten Dokumentation des oben beschriebenen Projektes in der Öffentlichkeit, Pressearbeit durch Interviews, TV-Ausstrahlungen, Veröffentlichen von Artikeln und der Vorveröffentlichung von Produktproben in japanischen Magazinen durchaus denkbar (vgl. Wunderman Thompson o. J.). Insofern müssen diese Erwägungen an dieser Stelle spekulativ bleiben.

Weiterhin lässt sich am Projekt TEZUKA2020 die Absicht studieren, dass sich Medienunternehmen in Zusammenarbeit mit Technologieunternehmen darum bemühen, *neue komplexe Kernressourcen* zu entwickeln, die als Grundlage für künftigen Erfolg dienen könnten. Die Kooperation von KIOXIA und Tezuka Productions ermöglichte die Kombination technischer Infrastruktur und technischen Know-hows mit der Content-bezogenen Expertise seitens des Kreativteams von Tezuka Productions bzw. dessen mit der Anime- und Manga-Produktion zutiefst vertrautem Personal, um die anspruchsvolle Implementierung komplexer Algorithmen zu ermöglichen. Eine zur Imitation von Zeichenstilen befähigte KI, die kostengünstig eine Vielzahl von Konzeptideen und die mit ihnen verbundenen Charaktere generiert, könnte ein nachhaltiges Alleinstellungsmerkmal gegenüber der Konkurrenz darstellen und zu dauerhaften Wettbewerbsvorteilen führen, die schwer imitierbar und sehr teuer zu substituieren wären.

Die Entscheidung der am Projekt beteiligten Kooperationspartner, bereits im beginnenden Jahr 2020 die Produktion eines zweiten Teils der Geschichte zu initiieren, spricht dafür, dass diese sich von der eingeschlagenen Strategie künftigen Erfolg versprechen und die Erreichung wirtschaftlicher Ziele der beteiligten Unternehmen erwarten.

Literatur

[animando] (2015): MAKING OF MANGA | Wie entsteht ein deutscher Manga? – Sonderausgabe #05 [YouTube-Video] https://www.youtube.com/watch?v=RIZFlXv38F8 [abgerufen am 05.12.2021].

CARLSEN Verlag GmbH (o. J.): Wie werde ich Mangaka?, Carlsen, [online] https://www.carlsen.de/manga/wie-werde-ich-mangaka [abgerufen am 06.02.2022].

eeNews Europe (2019): Toshiba Memory changes name to Kioxia, EENewsEurope, [online] https://www.eenewseurope.com/en/toshiba-memory-changes-name-to-kioxia/ [abgerufen am 09.02.2022].

Forster, Ramon (2018): Artificial Intelligence in Content Management: Fact, Fiction and Future – Picturepark, Picturepark, [online] https://picturepark.com/de/content-management-blog/best-practices-fur-dam-ai-auto-tagging-content-management-blog [abgerufen am 06.02.2022].

Fuxjäger, Anton (1997): Was zum Teufel ist ein ‚Plot Point'?: Zur filmwissenschaftlichen Anwendbarkeit eines Begriffs von Syd Field, in: *Maske und Kothurn*, Bd. 43, Nr. 1–3, S. 149–162, [online] doi:10.7767/muk.1997.43.13.149.

Gaebelein, Sebastian (2020): Die Wahrheit hinter der Manga-Produktion (Kosten, Strukturen etc.), Japaniac, [online] https://www.japaniac.de/die-wahrheit-hinter-der-manga-produktion-kosten-strukturen-etc/ [abgerufen am 11.07.2021].

Gottselig, Maximilian (2021): Der Manga-Markt 2020 – Ein Rückblick, Manga Passion, [online] https://www.manga-passion.de/news/2612/der-manga-markt-2020-ein-rueckblick [abgerufen am 10.07.2021].

Heyn, Guido (2021): Der Manga-Markt hört nicht auf zu wachsen, Börsenblatt, [online] https://www.boersenblatt.net/news/der-manga-markt-hoert-nicht-auf-zu-wachsen-166841 [abgerufen am 09.07.2021].

Johnson-Woods, Toni (2010): Manga: An Anthology of Global and Cultural Perspectives (English Edition), Continuum (Hrsg.), , New York, Vereinigte Staaten: Continuum International Publishing Group.

Katzlberger, Michael (2020): Künstliche Intelligenz verfasst Manga, Katzlberger, [online] https://katzlberger.ai/2020/03/04/kuenstliche-intelligenz-verfasst-manga/ [abgerufen am 12.07.2021].

KIOXIA Corporation (2020a): Astro Boy, Black Jack, Phoenix … We took on an unprecedented project to create manga characters of Tezuka with AI. – TEZUKA2020 VOL.4 Character – | Future Memories, KIOXIA, [online] https://brand.kioxia.com/en-jp/articles/article16.html [abgerufen am 06.02.2022].

KIOXIA Corporation (2020b): Can AI draw manga? The unprecedented project that recreated the style of Osamu Tezuka, Japan's master of manga. What is behind the release of the first new Tezuka manga in 31 years? | Future Memories, KIOXIA, [online] https://brand.kioxia.com/en-jp/articles/article3.html [abgerufen am 06.02.2022].

KIOXIA Corporation (2020c): If Osamu Tezuka were alive now, what kind of future would he depict? – TEZUKA2020 VOL.1 – | Future Memories, KIOXIA, [online] https://brand.kioxia.com/en-jp/articles/article19.html [abgerufen am 13.07.2021].

KIOXIA Corporation (2020d): Sometimes delicate, sometimes bold. The challenge of investing characters with emotions, using a unique touch for each. – TEZUKA2020 VOL.5 Drawing – | Future Memories, KIOXIA, [online] https://brand.kioxia.com/en-jp/articles/article15.html [abgerufen am 06.02.2022].

KIOXIA Corporation (2020e): What is science, the future, and freedom? Osamu Tezuka drew the universal theme of human existence. We took on the challenge of his overwhelming imagination. – TEZUKA2020 VOL.3 Story – I Future Memories, KIOXIA, [online] https://brand.kioxia.com/en-jp/articles/article17.html [abgerufen am 06.02.2022].

Macaulay, Thomas (2020): AI-penned manga Paidon to be published this week, TNW, [online] https://thenextweb.com/news/ai-penned-manga-paidon-to-be-published-this-week?utm_campaign=Feed%3A+TheNextWeb+%28The+Next+Web+All+Stories%29&utm_medium=feed&utm_source=feedburner [abgerufen am 12.07.2021].

Nielsen, Eva Maria (2021): Die 3-Akt-Struktur = Der Makroaufbau einer Geschichte, Storyanalyse.de, [online] https://storyanalyse.de/blog/aufbau/makroaufbau-geschichte/ [abgerufen am 06.02.2022].

Nitta, Seigo (2012): Manga-Boom in Deutschland —Entstehung der deutschen Manga-Kultur, in: Ryozo Maeda (Hrsg.), *Transkulturalität. Identitäten in neuem Licht: Asiatische Germanistentagung in Kanazawa 2008*, S. 143, [online] https://docplayer.org/22978962-Manga-boom-in-deutschland.html.

Orihara, Ryohei (2021): Applications of AI Technologies in Flash Memory Business, in: *2021 5th IEEE Electron Devices Technology & Manufacturing Conference (EDTM)*, [online] doi:https://doi.org/10.1109/edtm50988.2021.9421020.

Pagan, Amanda (2018): A Beginner's Guide to Manga, The New York Public Library, [online] https://www.nypl.org/blog/2018/12/27/beginners-guide-manga [abgerufen am 21.11.2021].

Peters, Megan (2021): Japan's Manga and Comic Industry Hits Record Profits in 2020, ComicBook, [online] https://comicbook.com/anime/news/japan-manga-anime-industry-profit-2020-success/ [abgerufen am 10.07.2021].

RecFaces (2021): What Is AI Facial Recognition Tech and How does It Work?, RecFaces, [online] https://recfaces.com/articles/ai-facial-recognition [abgerufen am 21.11.2021].

Schneider, Thomas (2022): Algorithmen, Möglichkeiten und Grenzen, in: *Digitalisierung und Künstliche Intelligenz: Einsatz durch und im Controlling: Einsatz durch und im Controlling*, Wiesbaden, Deutschland: Springer Fachmedien, S. 23–34.

TEZUKA OSAMU OFFICIAL (o. J.): TEZUKA OSAMU OFFICIAL, [online] https://tezukaosamu.net/en/ [abgerufen am 07.02.2022].

Tezuka Productions (o. J.): ABOUT TEZUKA OSAMU|HISTORY|1950s, TezukaOsamu.net(EN), [online] https://tezukaosamu.net/en/about/1950.html [abgerufen am 10.02.2022].

Tezuka Productions Co., Ltd. (o. J. a): Company Profile, TEZUKA PRODUCTIONS, [online] https://tezuka.co.jp/en/company/index.html [abgerufen am 06.02.2022a].

Tezuka Productions Co., Ltd. (o. J. b): TEZUKA PRODUCTIONS, TEZUKA PRODUCTIONS, [online] https://tezuka.co.jp/en/index.html [abgerufen am 06.02.2022b].

Wimmer, Carolin (2017): *Medienprodukt Manga – Distribution im Sortimentsbuchhandel*, Institut für Buchwissenschaft (Hrsg.), [online] doi:10.25593/978-3-940338-47-1.

Wirtz, Bernd (2019): Buchmanagement, in: ders. (Hrsg.), *Medien- und Internetmanagement*, 10. Aufl., Wiesbaden, Deutschland: Springer Fachmedien Wiesbaden, S. 273–331.

Wunderman Thompson (o. J.): TEZUKA 2020 Project, Wunderman Thompson, [online] https://www.wundermanthompson.com/work/tezuka-2020-project [abgerufen am 29.12.2021].

Zydorek, Christoph (2017): *Einführung in die Medienwirtschaftslehre*, 2. Aufl., Wiesbaden, Deutschland: Springer Gabler.

Zydorek, Christoph (2018): *Grundlagen der Medienwirtschaft: Algorithmen und Medienmanagement*, Wiesbaden, Deutschland: Springer Gabler.

The manufacturer's authorised representative in the EU is Springer Nature Customer Service Centre GmbH, Europaplatz 3, 69115 Heidelberg, Germany. If you have any concerns regarding our products, please contact ProductSafety@springernature.com

Printed and bound by CPI Group (UK) Ltd, Croydon, CR0 4YY

23/03/2026

02076457-0005